■ 현대성서주석

사도행전

목회자와 설교자를 위한 주석

Acts

INTERPRETATION

윌리먼
(William H. Willimon)

2000

한국장로교출판사

사도행전

목회자와 설교자를 위한 주석

총편집자 제임스 루터 메이스
구약 편집자 패트릭 D. 밀러
신약 편집자 폴 J. 악트마이어

사도행전

저자 : **윌리암 H. 윌리먼**

· 듀크대학교 교목
· 듀크대학교 신학부 실천신학과 교수

한 · 미 공동 주석편집/번역위원회 편

번역위원 : **박선규**

· 전주대학교, 장로회신학대학교(M. Div.)
· 샌프란시스코신학대학교(D. Min.)
· Far East Apostolic Mission, UPC Mission 등에서 통역(12년)
· 「알기 쉬운 신약개론」, 「칼빈주석」 등 역서 다수
· 한 · 미 공동 주석편집 번역위원
· 현재, 태릉시민교회 담임목사

이 책은

미국장로교출판사인 Westminster / John Knox Press와의

정식 계약에 의해 번역, 출판되었다.

William H. Willimon

Acts

INTERPRETATION

A Bible Commentary
for Teaching and Preaching

tr. by Publishing House of the PCK

INTERPRETATION / 현대성서주석

사도행전

초판발행 2000년 7월 10일 / 2015년 11월 20일 3쇄발행
저자 : 윌리암 윌리먼(William H. Willimon)
번역 : 한·미 공동 주석편집 / 번역위원 박선규

기획 · 편집
기획 · 편집인 : 박노원
미국장로교총회(PCUSA) 한국어자료개발실 김춘자
Rev. Grace Choon Kim
Curriculum and Resource Development, Korean Adult, CMD
100 Witherspoon St. Louisvill, KY 40202-1396, USA
Tel (502)569-5478, 5484 / Fax (502)569-8329, 8263

발행
한국장로교출판사
발행인 : 채형욱
주소 / 110-470 / 서울시 종로구 대학로3길 29
(한국교회100주년기념관 별관)
전화 / (02) 741-4381 / 팩스 (02)741-7886
등록 / No.1-84(1951. 8. 3.)

ISBN 978-89-398-0236-0 / 978-89-398-0231-5(세트)
Printed in Korea

값 16,000원

한국어판 발간사

새로운 천년이 시작되는 첫해인 2000년 아침에, 한국교회는 현대성서주석시리즈라는 뜻깊은 축복의 선물을 받게 되었다.

한국장로교출판사는 새로운 천년을 맞아 수년 간의 준비와 노력 끝에, Westminster/John Knox 출판사에서 절찬리에 발간되고 있는 Interpretation/현대성서주석시리즈를 번역하여 출간하게 된 것을 자랑스럽게 생각하며, 그 기쁨을 여러분과 함께 나누고 싶다. 이 주석 시리즈는 교회에서 성경을 해석하는 이들에게는 훌륭한 안내자로서, 성경을 가르치고 설교하는 이들에게는 풍부한 말씀의 샘으로써 큰 기여를 하게 될 것으로 믿는다.

이 주석 시리즈의 특징은 역사적 연구와 신학적 이해를 결합시키고, 이를 오늘날의 삶과 신앙에 다양한 방식으로 접근시키는 데에 있다. "21세기 성서해석의 결정판"이라고 불려질 현대성서주석시리즈는 한국교회뿐만 아니라 해외에서 목회하는 한인교회를 위해서도 크게 공헌할 것으로 확신한다.

전 43권으로 발행되는 방대한 주석서를 번역함에 있어서 한국장로교출판사는 먼저 저자들과 상의하여 역자를 선정하기도 하였고, 전문적으로 성서신학을 공부한 분들을 중심으로 번역위원을 구성하였다. 번역작업에 있어서 원서의 어떤 부분은 한국장로교출판사의 신학적 견해와 일치하지 않는 내용이 있음에도 불구하고, 원문에는 충실하였음을 밝힌다. 이렇게 함은 저자들과 Westminster/John Knox 출판사와의 약속에 의한 것이다.

또한 내용에 있어서는 신학적 흐름이 한국의 그것과 다를 수 있으며, 전통적인 입장과는 차이를 보이는 학자들의 견해라도 하나의 학문적인 자료로서 소개되고 있다는 점을 염두에 두기 바란다. 그럼에도 불구하고 이런 학자들의 연구 결과는 목회자들의 설교강단을 풍요롭게 하는 데 적지 않은 도움을 줄 것으로 기대한다.

이 귀중한 작업은 한국장로교출판사 전임 사장 김봉익 목사와 미국장로교총회 회중사역부 김춘자 목사의 노고가 없었다면 이루어질 수 없는 일이었기에 두 분에게 깊은 사의를 표한다.

이 현대성서주석시리즈를 통해서 교회사역의 주요 부분인 설교와 성경공부를 성공적으로 이끌어 갈 수 있기를 기대한다. 또한 새로운 천년을 맞은 한국교회의 강단에, 그리고 선교 21세기의 복음사역에 큰 공헌이 될 수 있기를 간절히 소망한다.

한국장로교출판사
사장 **채형욱** 목사

한국어판 기획 · 편집에 즈음하여

Interpretation/현대성서주석은 현재 미국의 교회와 신학계를 대표하는 세계 유수의 성서학자들이 오늘의 교회와 목회자들을 위해 각고의 노력을 기울여 집필한 주석시리즈이다. 이처럼 큰 연구 성과를 오랜 준비 기간을 거쳐 번역, 출간하게 된 기쁨을 한국의 교회와 모든 목회자들과 함께 나누고 싶다.

이 새로운 주석시리즈는 성경본문의 각 구절들과 낱말들을 일일이 다루기보다는 성경을 가르치고 설교하는 데 사용되는 본문 덩어리들을 차례대로 다룸으로써, 설교와 성경공부를 중심으로 하는 목회사역을 성공적으로 준비하는 데 많은 도움을 줄 것이다. 아울러 이 주석은 성경본문이 말하고자 하는 것이 무엇인지를 잘 이해하게 함과 동시에, 그러한 이해를 가지고서 오늘날의 삶과 신앙이 안고 있는 비판적인 문제들과 더불어 대화를 나눌 수 있게 해줄 것이다. 이로 인하여 오늘날의 교회와 그리스도인들은 성경본문이 오늘의 신앙과 삶에 어떤 의미를 주는지를 분명하게 깨달을 수 있을 것이며, 그것을 자신의 일상적인 삶에 적용하는 데 큰 도움을 얻을 수 있을 것이다.

바라기는 이 주석시리즈로 인하여 한국교회 강단의 영적인 깊이가 더해지고, 말씀이 더욱 풍성하게 되기를 소원한다. 그리하여 강단마다 교회마다 생수의 강이 흐르고, 생명의 떡을 배설하는 잔치자리가 되기를 희망한다. 또한 이 성서주석이 한국교회는 물론이고 전세계에 흩어져 있는 한국 이민목회자들과, 그들의 설교와 성경공부 사역에 생명력을 불어넣을 것을 기대한다.

이 번역서는 성서원문에 충실하고자 했으며, 우리말 성경은 한글개역판을 사용하였다. 그리고 때로는 시대적 요청에 맞추어 개역개정판을 사용하기도 하였다. 이 주석의 번역위원들은 국내외의 탁월한 번역가들인 동시에 전문적인 성서학자들이다.

이 주석시리즈의 번역과 출판은 한국장로교출판사가 1992년에 미국장로교출판사인 Westminster/John Knox Press와 정식으로 계약하여 오늘에 이르렀다. 이 주석의 기획과 편집은 미국장로교총회(PCUSA) 회중사역부 내의 한국어자료개발실 김춘자 목사와 한국장로교출판사의 김봉익 목사가 공동으로 추진하였으며, 모든 실무 작업은 한국장로교출판사의 자료개발실에 있는 이희숙 실장이 맡아서 수고해 주었다.

그리고 무엇보다도 이 시리즈의 번역사업을 추진함에 있어서, 미국장로교총회 교육부에서 수고하시다가 은퇴하여 지금은 '카이로스 연구원'의 책임을 맡으신 최창욱 목사와 역시 미국장로교총회 한미목회 총무로 계시는 김선배 목사의 도움이 컸다. 이 두 분의 도움에 힘입어 한국장로교출판사는 미국장로교총회 회중사역부 한국어자료개발실과 공동으로 이 주석시리즈를 기획, 편집, 번역, 출판하기로 협의하여 이제까지 그 작업을 진행하여 왔다. 그동안 협력해 주신 번역위원들과 수고하신 모든 분들께 마음 깊이 감사를 드린다.

2000년 1월 일

Interpretation/현대성서주석 한·미 공동 기획, 편집인

박노원 · 김춘자

한국어판을 위한 서문

Interpretation 주석시리즈(*Interpretation : a Bible Commentary for Teaching and Preaching*)를 한국 독자들에게 소개하게 된 것을 영광스러운 특권으로 생각한다. 본 주석시리즈의 편집자들과 저자들은 한국장로교출판사가 본 주석시리즈에 대해 관심을 갖고 한국어판을 출판하기 위해 기울인 헌신적인 작업을 감사히 여기고 있다.

이 주석의 한국어판이 한국장로교출판사에 의해 준비되는 것은 적절한 일이다. 이 주석은 원래 미국장로교(PCUSA) 안에서 계획하고 준비되었다. 비록 본 주석의 저자들은 다양한 교단의 배경을 갖고 있으나 그 성격과 의도는 전적으로 장로교단이 결정했다. 이 주석은 교회의 예배와 성경공부 모임에서 설교하고 가르치는 일에 성경이 얼마나 중요한 비중을 차지하는지를 단적으로 입증하고 있다. 이 주석은 성경이 우리에게 하나님의 백성이 무엇을 믿어야 하며, 하나님은 당신의 백성들이 어떻게 살기 원하는지를 가르친다는 확신을 바탕으로 준비되었다.

성경에 대한 이러한 확신과 성경의 가르침에 대한 신뢰는 한국장로교회의 특성이다. 이러한 확신은 한국과 미국의 장로교회를 공부하는 교회로 만들 것이다. 미국교회에서 이미 그 유용성이 입증된 본 주석이 한국에서도 성경공부에 공헌할 수 있기를 간절히 소망한다. 각 주석의 저자들은 디모데후서 3 : 16 이하의 말씀이 얼마나 옳은 말씀인지를 보여주려고 노력했다 : “모든 성경은 하나님의 감동으로 된 것으로 교훈과 책망과 바르게 함과 의로 교육하기에 유익하니, 이는 하나님의 사람으로 온전케 하며 모든 선한 일을 행하기에 온전케 하려 함이니라.” 이러한 의도가 한국에서 본 주석을 통하여 이루어지기를 기도한다.

제임스 루터 메이스
총편집자
사이러스 맥코믹 히브리어/구약학 명예교수
버지니아 유니온신학교
1999년 5월 일

PREFACE FOR THE KOREAN EDITION

It is an honor and a privilege to present *Interpretation : a Bible Commentary for Teaching and Preaching* to Korean readers. The editors and authors of the commentary series are grateful to the editors of the Publishing House of the Presbyterian Church of Korea for their enthusiastic interest in Interpretation and for their devoted work in producing a Korean version.

It is fitting that the Interpretation commentary should be sponsored in Korea by the Publishing House of the Presbyterian Church. The series was planned and developed in the context of the Presbyterian Church in the United States of America. Though its authors come from different churches, it is a thoroughly Presbyterian project in character and purpose. The commentary is a witness to the vital importance of the Holy Scriptures for the gathering and instruction of the Church of Jesus Christ through preaching and teaching. The foundation of the series is the conviction that the Bible provides the knowledge of what the people of God are to believe about God and what kind of life God requires his people to live.

This confidence in the Bible and reliance on its illumination is characteristic of the Presbyterian Church in Korea. It is a confidence that binds the Churches in Korea and in America into a community of study. I earnestly hope that these volumes, which have proved so useful in the American Church, will also prove fruitful for the study of the Bible in Korea. The authors of the individual commentaries have sought to show how the Scripture is "profitable for teaching, for reproof, for correction, and for training in righteousness that the man of God may be complete, equipped for every good work" (2 Timothy 3 : 16f.). I pray that this purpose will be fulfilled in the use of the commentary in Korea.

James Luther Mays
General Editor
Cyrus McCormick Professor Emeritus
of Hebrew and the Old Testament
Union Theological Seminary in Virginia

사도행전

INTERPRETATION / 현대성서주석

사도행전

차 례

한국어판 발간사 / 1
한국어판 기획 · 편집에 즈음하여 / 3
한국어판을 위한 서문 / 제임스 L. 메이스 / 5, 7
시리즈 서문 / 15
저자 서문 / 윌리암 H. 윌리먼 / 19

서 론 / 23

사도행전이란? / 28
사도행전의 목적 / 33
데오빌로 각하 / 37
사도행전의 그리스도 / 40
사도행전의 위치 / 43
사도행전의 설교들 / 44

▶ 주석

머리말

사도행전 1 : 1~26 47

1 : 1~14	회복을 기대하며 기도	47
1 : 15~26	공동체의 지도자 보완	52

제 1 부 예루살렘, 유다, 사마리아에서의 증언
사도행전 2 : 1~9 : 43 ········· **57**

공동체의 탄생 : 오순절날의 사건 2 : 1~47 ········· **59**
2 : 1~13 강력한 바람소리 : 오순절 61
2 : 14~41 사건의 의미 : 오순절날의 설교 68
2 : 42~47 공동체 안에서의 복음의 실현 76
복음의 역할 3 : 1~4 : 31 ········· **80**
3 : 1~10 성전에서의 신유와 증언 81
3 : 11~26 사람들 앞에서 증언 85
4 : 1~22 관원들 앞에서 증언 87
4 : 23~31 담대한 증언을 위한 기도 89
안과 밖에서의 도전 4 : 32~6 : 7 ········· **91**
4 : 32~5 : 11 재물이 연관된 도전 92
5 : 12~42 다시 병고침과 다시 일어난 반대 96
6 : 1~7 공동체 내부의 지도력 100
스데반의 사건 6 : 8~8 : 3 ········· **103**
6 : 8~7 : 53 체포와 증언 104
7 : 54~8 : 3 스데반의 순교와 교회에 대한 핍박 108
예루살렘 밖에서의 전도 8 : 4~9 : 43 ········· **112**
8 : 4~25 복음은 마술이 아니며 돈으로도 살 수 없는 것 113
8 : 26~40 방해받지 않은 복음 117
9 : 1~19a 원수가 형제로 : 사울의 개종 119
9 : 19b~31 핍박자가 핍박받는 자 되다 130
9 : 32~43 베드로가 애니아를 치료하고 다비다를 살려내다 134
특주(特註) : 누가와 동료 유대인들 137

제 2 부 이방인 전도

사도행전 10 : 1~19 : 20 145

이방인 선교 시작 10 : 1~14 : 28 .... **147**

10 : 1 ~ 11 : 18 이방인에게도 전도 150

특주(特註) : 사도행전에 나타난 개종 157

11 : 19 ~ 30 두 회중 : 안디옥과 예루살렘 164

12 : 1 ~ 25 핍박과 구출 : 왕들을 경계하다 172

특주(特註) : 누가의 정치론 177

13 : 1 ~ 14 : 28 이방인 선교를 확정 : 바울과 바나바의 사역 187

선교에 성공, 교회에는 문제 15 : 1~35 .... **194**

여러 교회에서 사역 15 : 36~19 : 20 .... **200**

15 : 36 ~ 16 : 10 계속된 이방인 선교 : 마게도냐로 201

16 : 11 ~ 40 빌립보에서의 투옥과 석방 205

17 : 1 ~ 15 소란해진 제국 : 데살로니가와 베뢰아 212

17 : 16 ~ 34 아덴에서의 바울, 문명인들의 우상숭배 213

18 : 1 ~ 19 : 20 바울이 얻은 성공과 기회 216

제 3 부 마지막 선교 여행

사도행전 19 : 21~28 : 31 221

교우들을 격려 19 : 21~21 : 16 .... **224**

19 : 23 ~ 41 에베소의 소요 226

20 : 1 ~ 12 위로의 복음 227

20 : 13 ~ 38 교회의 지도력 : 바울이 에베소의 장로들에게 당부하다 232

21 : 1～16 제자됨의 대가 236
바울이 붙잡혀 로마로 가다 21 : 17~28 : 28(29) **240**
21 : 17～26 예루살렘으로 돌아옴 241
21 : 27～22 : 21 하나님을 향한 열심 - 바울이 성전 뜰에서 연설하다 244
22 : 22～23 : 11 공회 앞에서 답변 251
23 : 12～25 : 12 너희 안에 있는 소망을 인하여! 255
25 : 13～26 : 32 아그립바 앞에서 답변 258
27 : 1～28 : 16 위험한 항해 268
28 : 17～28(29) 하나님의 구원 275
방해 없이 설교하고 가르치다 28 : 30~31 .... **279**

참고문헌 **285**

시리즈 서문

이 주석시리즈는 성경 각 권들에 대한 해석을 담고 있다. 이 시리즈는 현대적인 강해 주석을 원하는 학생과 교사, 목회자, 사제 등의 필요에 부응하고자 만들어진 것이다. 이 책들이 역사비평적인 주석이나 설교학적인 보조자료들을 대신할 수는 없을 것이다. 오히려 이 시리즈의 목적은 제3의 자료－곧 성경본문들에 대한 역사적이고도 신학적인 작업의 통합된 결과를 보여 주는 주석－를 제공하는 데에 있다.

본래적인 의미에서 볼 때 해석 작업이라는 것은 본문, 해석자, 그리고 해석을 필요로 하는 사람 등을 포함한다. 여기서 말하는 본문은 '예언자들과 사도들' 의 시대 이후로 전해 내려오는 성경의 기록을 가리킨다. 본문은 신앙생활을 가르치고, 그것에 생기를 불어넣고, 또 그것을 인도하려는 목적으로 읽혀진다. 해석자는 본문에 충실하면서도 교회에 유익한 해석을 만들어 내려고 애쓰는 사람이다. 이 시리즈는 성경을 신앙공동체에서 가르치고, 설교하고, 연구하려는 사람들을 위해 쓰여진 것이다.

이 시리즈의 주석은 일반적으로 강해적인 에세이의 형태를 취하고 있다. 그것은 성경을 사용할 때 생겨나는 여러 필요들과 질문들에 비추어 기획되고 쓰여진 것이다. 본 주석시리즈는 효과적인 강해를 위해 현대적인 학문연구의 통찰들과 결과들을 충분히 활용하였다. 해석자들은 주석가들로서, 그리고 신학자들로서 이 시리즈를 집필하였다. 그들의 작업은 본문이 말하고자 하는 것을 취급함과 동시에, 그것이 신앙과 생활에 주는 의미를 분별하려는 목적을 가지고 있다. 그러므로 강해는 한 해석자의 통일된 작업의 결과이다.

본 시리즈는 표준 개역성경(Revised Standard Version)을 주석의 기초로 삼고자 한다(한글판에서는 '개역한글판' 을 사용하였다 – 편집위원회 주). 이 영문 번역판의 일반적인 용이성으로 번역 본문을 다시금 반복할 필요가 없게 되었으며, 주석 공간을 확보하는 데에도 도움을 주었다. 본 주석은 해당되는 책의 특성에 맞게끔 각각의 본문을 세분하였다. 이 시리즈의 주석은 낱말이나 구절의 의미를 낱낱이 밝히는 방법보다는 모든 본문들을 전체로 취급하는 방법을 취하고 있다.

이 시리즈의 저자들은 자신에게 맡겨진 책들을 강해하는 데 필요한 것들에 맞추어 본 주석서를 기획하였다. 성경의 각 책들은 그 성격이나 내용, 배열 등에 있어서 서로 다르다. 그들은 또한 나름대로 교회의 예전이나 사상, 경건 등에서 사용하는 방식에 있어서도 서로 다르다. 저자들은 주석방법이나 강조점, 주석 공간의 활용 등에 대한 결정을 내림에 있어서 개개 책들의 독특성이나 용례를 고려하였다. 이 주석시리즈는 저자들로 하여금 그들의 해석 결과를 가장 잘 드러나게 하는 형식을 개발하도록 허용하였다.

저자들과 편집자들은 이 시리즈가 성경본문들을 바르게 설명하고 적용하는 주석이기를 바라며, 또한 성경본문들의 의미와 중요성을 제대로 다루는 훌륭한 해설서이기를 희망한다. 물론 성경 각 권들에 대한 모든 주석은 집필자 자신의 방법론과 그의 독특한 교회관과 세계관을 반영한다. 그것은 달리 집필될 수도 있고, 또 마땅히 그러해야 할 것이다. 따라서 이 시리즈에 있는 해석은 그것이 어떤 종류의 것이든 간에 개별적인 (각각의 독특성을 갖고 있다 – 편집위원회 주) 것이다. 그것은 어디까지나 본문에 대한 다양한 해석들 중의 하나에 지나지 않는다. 그러나 교회 안에서 성경을 해석하는 일에 종사하는 모든 이들은 다른 사람들이 성경본문을 어떻게 읽고, 어떻게 해석하는가를 통해서 그들 나름의 도움과 자극을 받을 필요가 있다. 만일에 이 주석시리즈가 그런 식의 해석작업에 이바지하고 또 그것을 자극한다면, 이 시리즈를 준비하고 출판하는 그 목적을 충분히 이루었다고 볼 수 있겠다.

편집자 일동

저자 서문

나는 주석을 하는 사람으로서, 과연 옛 역사를 오늘의 그리스도인들에게 생생하게 전해 줄 수 있을까 하는 두려움을 갖고 사도행전에 착수했다. 나는 오늘의 그리스도인들을 잘 알고 있다. 그들은 과거의 사람들, 심지어 바울이나 베드로 같은 유명인사들의 행적이라도 우리를 감동시키지 못함을 알고 있다. 그리고 설교자로서 나는 오랫동안 주일 오전마다 별로 마음 내켜 하지 않는 회중을 달래서 어둡고 정체된 역사의 바다 속으로 들어가도록 필사적으로 애를 써왔다. 그 20분 동안 과거 속으로 들어가 보는 것이 자신들에게 큰 유익이 된다고 그들을 설득하면서 말이다. 반세기 전에 포스딕(Fosdick)은 우리 설교자들에게 경고했었다. 그는 회중석에 앉아있는 사람이라면 누구나 여부스인들에게 되어진 일들을 전해 듣고 놀랄 것이라고 잘못 생각하는 것은 위험하다고 말했었다.

성경을 공부할 때 종종 생겨나는 일인데, 나는 사도행전 시대에도 오늘에 있는 것과 동일한 것들이 있었음을 보고 놀랐다. 바로 이 사실 속에 교회개혁에 도움이 되는 회고할 만한 가치가 숨어 있는 것이다. 교회는 사도행전이 기록될 당시에도 벌써 개혁과 자기 비판, 그리고 대담한 반성이 필요했었다. 어느 시대에나 교회는 과거를 돌이켜봄으로써 살고, 숨쉬고, 성장한다.

과거에 대한 회상은 교회를 위해서는 하나의 위험스런 모험이다. 그러나 늘 그런 것만은 아니다. 내 서재에는 아마 내가 있는 지역 교회의 교회사를 쓴 책들이 열두 권은 있을 것이다. 이 교회사들의 대부분은 전화번호부만큼이나 읽기에 흥미롭다. 그것들은 모두 그 지역의 신실한 역사가들에 의하여 애정 어린 마음으로 쓰여졌다. 교회 정면 계단의 난간 공사에 사랑하는 모티머(Mortimer) 씨가 기부금을 낸 것을 잊지 않도록 확실히 해 두기 위해서다. 그러한 교회사들은 짜임새는 좀 부족해도 애착을 갖고 사실들을 검토한, 참으로 읽을거리가 되는 자료들을 가진 소박한 성인전(聖人傳, hagiography)이며 이상적인 회고록이다. 교회의 목적에 관련된 심한 논쟁 – 1948년의 성탄절 헌금을 어디에 쓸 것인가에 관한 당회의 토론이나 1959년에 새로 부임할 목사 선정에 있어 화내고 큰소리를 친 사람의 기록 – 은 어디에도 없고 말끔히 삭제되었다. 대신에 역대 목사의 명단이나 남자 성경공부반의 교사들, 그리고 새로 사들인 목사관의 크기에 관한 상당히 눈길을 끄는 자료들이 나열되어 있다.

사도행전의 저자는 그 시대의 한 작은 성인전을 쓰는 그 이상의 범위를 뛰어넘지 못하고 있다. 그러나 우리는 사도행전에 긴 시간을 소비하지 않고, 사도행전이 예루살렘 제일교회의 공적(公的) 역사를 기록한 책이라기보다는 보다 의미 있는 노력을 하고 있다는 사실을 발견하게 된다. 사도행전을 처음 대하게 되면 현혹될 수도 있다. 우선 하게 되는 생각은 "나는 역사와 대면하고 있다."이지만, 그러나 조금 더 읽어 가면 사도행전에 역사보다 더욱 흥미 있는 어떤 특성이 있음을 발견하게 된다. 과거를 유쾌한, 아니면 좀 이상적인 관념으로 회상하게 될 때 현실을 향하여 어떤 공격을 감행할 수 있게 된다. 그리고 과감하게 교회의 모양을 바꾸게 되고, 우리의 현행 제자론(弟子論)에 대한 비판을 가할 수 있게 된다. 처음에는 역사나 사도들에 대한 회고의 기록으로 보여졌던 것들이 교회의 본질과 그리스도인의 생활의 의미, 그리고 제자직(弟子職)의 계승 등에 관하여 강하고 거센 논쟁을 불러일으킨다. 오늘날에도 우리가 오직 성경으로부터 듣고, 그리하여 그것을 가르치고 설교하고자 애쓰는 이유가 무엇인가? 우리들의 교회 안에서 이와 동일한 결과를 얻고자 하지 않는다면 무엇 때문에 그렇게 하겠는가?

나는 프랭클린 영(Franklin Young), 프레드 크래닥(Fred Craddock), 무디 스미스(Moody Smith) 같은 학자들, 그리고 원고를 읽고 조언을 해주신 본 주석시리즈 편집인들의 도움이 컸다. 사도행전의 성격상, 그리고 목사로서 나의 직무상 내게 더 큰 도움을 준 사람들이 있다. 나의 목회 20년 동안에 내게 목회할 수 있는 특전을 준 우리 교회의 교인들이다. 그들은 데오빌로처럼, 사도행전이 대답해 주는 많은 질문들을 나에게 해주었다. 그리고 이들이야말로 오늘날 하나님의 참된 교회가 되기 위하여 그들 스스로 노력하는 가운데 성경이 제시하는 질문에 대답해야 할 사람들이다. 나의 작은 노력이 그 신실한 대화에 도움이 되기를 바란다.

윌리암 H. 윌리먼(William H. Willimon)

말씀의 종들,
윌리암 파커(William L. Parker)와
베시 파커(Bessie B. Parker), 그리고
칼 파커(Carl L. Parker)에게
이 책을 드립니다.

서 론

사도행전은 A.D. 70년에서 100년 사이에 지중해 연안 어느 곳에서 쓰여졌다. 우리가 알기로 본서는 누가복음과 같은 시기는 쓰여지지 않았다. 그러나 이 제3의 복음서를 써서 우리에게 준 그 독창적 신학자에 의해서 쓰여졌다. 어떤 사람이 누가복음과 사도행전을 썼는지 정확하게는 알 수가 없다. 빌레몬서 24절에서 그렇게 말하고는 있지만, 누가가 바울의 동역자라는 사실에는 의심이 간다. 하지만 전통적인 견해를 따라 본서의 저자를 그냥 누가라고 부르자. 신약성경 전체의 거의 4분의 1을 기록한 그 저자로 말이다.

사도행전에서 누가는 초기 그리스도인들이 가졌던 상당량의 자료들을 활용하였다. 그는 하나님의 전능한 행위들을 널리 알리기 위하여 그 자료들을 여러 가지 문학적 기교로 표현하였다. 본서에서 전해지고 있는 이야기들은 개방적이다. 왜냐하면 오늘 우리 모두의 교회 안에서도 그 이야기들은 계속되고 있기 때문이다. 그 이야기들은 반복해서 말할 가치가 있다. 왜냐하면 교회 안에서 언제나 있는 문제들을 취급하고 있기 때문이다. 예컨대, 그리스도인들과 유대인들 또는 이방인들 사이의 관계에 대한 의문점들, 기도해야 할 문제들, 교회 안에서의 설교와 가르침의 목적, 그리고 오늘 아침 신문에 보도된 주요 사건들과의 관계보다 더욱 오늘의 교회를 내리누르고 있는 수많은 또 다른 해결이 안된 문제들 등이다. 우리는 오늘의 교회 안에서 가르치고 설교하는 사람들을 돕기 위하여 사도행전을 생생하게 읽어 보고자 한다. 우리는 왜 누가가 그러한 문학적 형식들을 선택했는지, 그가 이야기를 전개하는 방법으로 교회를 향하여 무엇을 말하고 있었는지에 대하여 캐물을 것이다. 우리는 좋은 이야기를 들으며 귀기울일 때 사람들이 보여야 하는 바로 그 반응을 보이고자 할 것이다. 이야기 그 자체는 더욱 신중하게 받아들이고, 그 이야기에 관한 '현대적' 의문점들은 좀 덜 신중하게 받아들일 것이다. 우리는 본서를 해석함에 있어서, 사도행전의 정당성, 실제성, 역사적 명확성에 관한 문제들을 밝혀 내려고 하기보다는 우리를 향하여 질문하고 있는 본서의 본문에 귀기울이는 데 역점을 두기로 할 것이다.

사도행전의 교회는 교회가 언제나 존재했던 바로 그대로 존재한다 - 우리가 그것을 받지 않고는 알 수 없는 그 어떤 것을 자기들이 안다고 주장하는 그런 무리의 사람들로서 존재한다. 사도행전은 생겨날 그 무엇을 기다리고 또 어떤 말씀에 귀기울이고 있는 그 공동체와 함께 시작된다. 만약 하나님께서 아무 일도 해주지 아니하시고 아무 말씀도 해주지 아니하셨더라면 교회는 존재하지 않았을 것이다. 당신의 교회도 이와 똑같은 상황 속에서 존재한다 - 침묵하기를 싫어하시는 말씀의 하나님과 듣고자 하는 한 공동체 사이에서 생겨나는 대화의 결과로서 존재한다. 언제나 당신의 교회에서 사도행전과 같은 성경이 읽혀지고 해석될 때에는, 당신의 교회는 사도행전을 만들어 낸 그 본래의 활동에 참여하고 있는 것이다. 사도행전의 사람들은, 누가가 알기로는, 유일한 참 '성경' 인 히브리어 성경에 귀를 기울였다. 그때에 그들의 물음은 "성경이 무엇을 말해 주느냐?" 일 뿐만 아니라 "하나님께서는 성경을 사용하여 우리에게 무엇을 시키려 하고 계신가?" 였다(David H. Kelsey, p. 90 참조).

사도행전을 읽을 때 당신은 어떤 이야기, 즉 모아 놓은 이야기들을 읽고 있음을 곧 알게 될 것이다. 하우어워즈(Stanley Hauerwas)는 교회란 "이야기가 얽힌 공동체"로서 존재한다고 했다(p. 46). 교회는 이른바 생각이 행동으로 나타난 이야기들로 짜여진 상상에서 유래된 구조물이다. 이런 개념을 갖게 될 때 당신과 나 또한 상상의 구조물이 된다. 우리는 누구나 세계와 삶으로부터 무엇인가를 이야기할 때 이치에 맞게 말하려고 하고, 사람의 생애를 이야기할 때 그렇게 하듯이, 의미 있는 시작, 줄거리, 양식, 일관성, 주요 결론을 염두에 두면서 이치에 맞게 이야기하려고 하기 때문이다. 성경은 어떤 특이한 사건이 그들 중에 일어났던 어떤 특이한 사람들의 이야기이다. 어떤 것들은 강조되고, 또 다른 것들은 삭제되면서 그 사건들은 그 어떤 방법으로 취급되었다. 사도행전의 이야기와 같은 그런 이야기들에 귀를 기울일 때 우리에게는 어떤 일들이 일어난다. 왜냐하면 사람이면 누구나 교인들 앞에서나 삶 속에서 이야기를 의미 있게 해주려고 하기 때문이다. 이야기들, 특히 성경의 이야기들은 세 가지 특징을 가지는데, 이 특징들은 사도행전 해석과 연관되어 있다.

1. **이야기들은 의미를 전한다.** 이야기는 어떤 것을 의미할 뿐만 아니라 어떤 일을 **하게도** 한다. 이야기는 전달받고, 듣고, 기억할 때 어떤 행동을 일으킨다. 사도행전에 있는 이야기들을 전하는 가운데 우리는 나타난 사건의 배후에, 그 이야기에 일관성과 의미를 주면서 작용하고 있는 실체가 있다는 한 가지 사실을 보기 시작한다. 나중에 밝혀진 바와 같이 사울이 다메섹으로 가게 된 것은 우연이 아니었고 맹목적인 운명도 아니었다. 믿는 이들이 오순절날에 다락방에 모이게 된 것은 아무것도 아닌 일이 결코 아니었다. 이런 일들은 어떤 **의미를 전해 주는** 이야기의 한 부분이다. 누가보다 더한 어떤 분, "우리가 그를 힘입어 살며 기동하며 있는"(17 : 28) 바로 그 주체를 보여 주고 있는 이야기의 한 부분이다. 하나님은 이야기 속의 한 인물이 아니다. 오히려 하나님은 그 이야기를 있게 하신 주체이다. 그리고 그분의 본성과 목적들은 그 이야기가 전해지는 가운데 나타나게 된다.

2. 사도행전의 이야기들은 하나님의 본성을 설명해 주고, 우리에게 새 하늘과 새 땅을 주신다(계 21 : 1)는 약속을 실현하게도 한다. 누가복음과 사도행전의 하나님은 약속에 충실하신, 우리가 의존할 수 있는 약속의 하나님이시다(Ronald Thiemann, *Revelation and Theology : The Gospel as Narrated Promise,* pp. 110, 142). "이 약속은 너희와 너희 자녀와 모든 먼데 사람 곧 주 우리 하나님이 얼마든지 부르시는 자들"(2 : 39)에게 해주신 약속에 대한, 하나님의 신실성에 관한 이 이야기를 듣고 있으면 우리에게는 어떤 일이 생겨난다. 본서를 읽는 자들은 그 약속을 받는 자들이 된다. 하나님이 설명되고 있을 뿐만 아니라 새로운 세계도 설명되고 있다. 사도행전에서 우리에게 보여 주는 그 세계는 단순히 고대 중동이나 1세기 로마의 어떤 한두 가지 모습이 아니다. 본서에 설명되고 있는 세계는 창조의 전반적 과정 중에 진행되는 세계이다. 사도행전의 세계는 현재 있는 세계를 묘사한 것만이 아니다. 하나님에 의해서 장차 있게 될 세계를 상상하면서 묘사한 것이다. 시저(Caesar)가 다스리고, 남자와 여자 사이에도 미움과 이기심이 있으며, 또 죽음이 있는 지금의 세계를 대신해 줄 그 세계를 시적(詩的)으로 묘사해 준다. 이 세계는 하나님께서 약속하신 것을 이행하느라 바쁘신 그 세계이다. 그리하여 미래는 완전히 닫히거나 끝나거나 고정되어 있지 않다. 하나님은 지금까지 신실하셨고(역사, 歷史) 다시 신실하실 것(계시, 啓示)이다. 본서의 이야기에는 침묵이 철저하게 거부되고, 그 세계가 불변의 것이라고 받아들이는 것도 철저하게 거부된다. 그리하여 사도행전의 '세계'는 실재하는 세계이며, 삶 속에 실제로 진행되는 세계이고, 인류의 궁극적 의미이자 운명이다. 우리가 이 '세계'에 관한 이야기를 말하고 전하면 전할수록 이 '세계'는 우리의 것이 된다. 우리는 스가랴와 엘리사벳이라는 불운한 늙은 부부에 관한 짧은 이야기(눅 1 : 5－25)를 줄곧 들어왔다. 그 이야기를 들으면서 약속이 성취되었던 그들의 이야기에 의해 우리들 스스로가 변화되고 또 어떤 모양을 이루어 간다. 그리하여 우리는 그들의 이야기를 통하여 우리들 자신을 생각하게 된다. 우리는 하나님께서 약

속을 하시고 또 그것을 이행해 주시는 세계 속에서 살고 있다.

우리가 우리의 삶이나 교회에 관하여 어떤 이야기를 할 때면 그 이야기를 상당히 환상적으로 꾸며 말하고 싶은 마음을 가질 수 있다. 그리고 어떤 것은 숨기고 또 속여 말하고 싶은 마음도 있다. 우리의 삶을 진실하게 본다는 것은 어려운 일이다. 우리는 공포를 느끼는 존재들이다. 그리하여 의미도 있고 우리에게 희망과 안전을 주는 이야기가 없으면 그 공포심을 떨쳐 버리기 위하여 우리들에 관한 이야기를 다르게 꾸며 보고자 애쓰게 된다. 나 자신의 세계는 자기 기만과 비뚤어진 감정에 의한 잘못된 환상 때문에 어쩔 수 없이 굴절된다. 나에게는 그 어떤 이야기가 필요하다. 매우 집착력이 있고 의존할 만하며 진실되면서도 매우 소망에 찬 것이어서 나로 하여금 내 이야기를 진실하게 말하게 하는 그러한 이야기가 필요하다. 대개 그리스도인들은 사도행전의 이야기들이 – 때로는 그렇기도 하지만 – 흥미 있고 흥분할 만하며 역사적으로 가치가 있는 그 이상의 어떤 것들이라고 주장한다. 우리는 우리들의 교회 안에서 우리가 설교하고 가르쳐야 되는 이 이야기들이 **사실** 그 이상도 그 이하도 아니라고 주장하고자 한다. 다시 말해서, 그 이야기들은 우리를 도와서 세계를 세계 그대로 보도록 해준다고 본다. 세계는 진실로 하나님의 약속에 따라 좌우되는 곳이며, 우리에게는 그 사실이 중요하다.

3. 지나치게 지식으로만 들려지지 않도록 이 사실을 명심하자 – **사도행전은 성경의 다른 말씀들과 같이 자체의 목적을 갖고 있다. 그 목적은 제자들을 삼고 그 제자들을 무장시키려는 것이다.** 예수께서는 인생의 흥미있는 철학을 가지고 오시지 않았다. 그는 사람들을 삶과 죽음의 새로운 길로 부르기 위하여 오셨다. 사도행전의 이야기들은 창조자이신 하나님을 알리고 새로운 세계인 하나님의 세계를 보여 준다. 이뿐 아니라 그 이야기들은 삶의 새로운 방식과 교회 안에서의 제자의 도리를 보여 주기도 한다. 하나님이 어떤 분이신가를 알게 되고 하나님의 세계로 가는 길을 알게 되면 생명의 길은 쉽게 알아진다. 우리가 초대교회의 조직 방법과 주변 문화와의 대면에 관하여 읽고, 바울과 같은 사람들의 개

척사역에 관하여 읽으면 나그네 인생이 무엇인가를 알게 된다. 그리고 충성스런 사람들에게 다가오는 위험과 현세에 따라다니는 제약과 그 인생을 잘 보내기 위해서는 어떤 인격이 요청되는가도 알게 된다. 그뿐 아니라 충성스럽게 살아감으로써 받게 되는 보상도 알게 된다. 성경은 모든 좋은 이야기들과 함께 모험도 소개한다. 그리고 당신과 나와 같은 보통 사람들이 어떻게 이 세상을 살아갈지, 어떻게 오늘날의 교회를 이루어 갈지, 또 어떻게 실패하게 되는지 알 수 있도록 단서를 보여 준다. 불신자들이 "당신들의 복음이 진실인가를 우리가 어떻게 알 수 있는가?" 라고 물어올 때, 우리는 사도행전처럼 논리적인 확실한 대답과 더불어 부족하지만 우리의 삶을 떳떳하게 보여 주어야 한다. 이들 이야기에 대하여 우리가 해줄 수 있는 최상의 지원은 우리가 영위하는 생활로 그 뒤를 받쳐 주는 것이다.

누가복음의 이야기들은 제자들이 명령을 받는 것으로 끝났다. 그 명령은 하나님의 약속의 성취로서 나타난 그리스도의 삶과 죽음과 부활을 증언하라는 것이었다(24 : 44－47). 누가복음에서 시작된 이 증언의 이야기는 사도행전에서 계속되고 있다. 그리고 이 증언은 "예루살렘과 온 유대와 사마리아와 땅 끝까지" 교회가 실행해야 하는 본분이 되었고, 또한 미쁘시고 자비로우신 하나님께서 자기의 신실한 사람들을 통하여 계속하고 계신다.

사도행전이란?

사도행전을 읽을 때 우리는 무엇을 읽는가? 이 질문은 매우 중요하다. 왜냐하면 우리가 어떤 기록의 유형을 알지 못하면 그것의 기능을 알 수 없기 때문이다. 그리하여 잘못 해석하게 된다. 예컨대 요한계시록이 묵시라는 것을 모르면 그것을 어떻게 해석할 수 있겠는가? 그러므로 사도행전을 해석하고자 함에 있어서 유의해야 한다. 하르낙(Adolph Harnack) 같은 학자는 "신약성경 중에서 사도행전만큼 비평가들로부터 많은 고통을 받은 책도 없다.…… 신약성경 비평론에서 저질러진 모든 오류들은 사도행전 비평론에 집중되어 왔다."(p. 122)고 말했다.

사도행전을 초기 기독교의 문학적 범주 속에 두려는 여러 가지 시도가 있어 왔다. 소덴(Hermann von Soden)은 누가복음과 사도행전이 전기(傳記)를 닮았다고 했다. 특히 그는, 탈버트(Charles Talbert)가 그렇게 불렀듯이, 헬라-로마 세계의 "종교집단의 전기물"이라고 썼다. 어떤 종교집단이든지 창설자의 생애에 관한 설화에는 그의 후계자들과 제자들의 이야기가 덧붙여진다. 누가복음과 사도행전은 예수에 관한 이야기를 전한다. 그리하여 예수는 새 공동체의 창설자로, 그가 떠나간 이후에 공동체의 지속을 위한 준비를 해준 창설자로 그려져 있다. 더군다나 그 이야기는 열두 제자와 바울이 그들의 삶 속에서 예수의 지상 생애를 재생하고 있었다는 식으로 전해진다. 그리하여 새 공동체의 생활양식은 예수 자신의 생애에 뿌리박혀 있는 것으로 보여지고 있다.

사도행전을 처음 대하는 현대의 독자들은 자신이 역사를 읽고 있다고 상상할 것이다. 비록 소박하고 꾸밈이 없는 역사, 확실히 고전적 역사서인 두키디데스(Thucydides)나 플루타크(Plutarch)보다 더욱 원시적이기는 하지만 말이다. 사도행전은 정체가 분명한 인물들과 장소들을 배경으로 한 어떤 사건들을 전해 준다. 그러나 사도행전에는 많은 기적들과 환상들, 꿈, 그리고 소설과 같은 사건들(예를 들면, 바울의 바다 여행)이 가득 차 있다. 그리하여 요세푸스(Josephus)와 같은 고대의 역사가들까지도 본서의 이야기가 역사로서 정당한지에 대해서 의문을 가질 것이다.

사도행전이 "종교집단의 전기물"이라는 탈버트(Talbert)의 견해는, 사도행전이 다른 많은 고전적 전기들과 같이 매우 실제적이고 교훈적인 목적을 갖고 있음을 암시한다. 그 목적이란, 그리스도와 그가 만든 새 공동체의 이야기를 전함에 있어서 창설자와 그의 직속 후계자들이 오늘날 모방되어지도록 한다는 것이다. 사도행전의 저자는 과거의 이야기를 기록하는 그 이상의 무엇을 하고자 한다. 오히려 그 과거를 강단(講壇)이 되게 하여 그것으로부터 현재를 향하여 설교하도록 하고 있다.

이러한 기록은 교회 안에서 언제나 쓸모가 있다. 과거로부터 현재를 향한 선포와 감동을 주는 것으로서 뿐만 아니라 방어로서도 그러하다. 믿음의 공동체를 자신들의 모습대로 개조하고자 전통을 부정하고 원형을 변경시키는 자들을 제지하는 방어로서 말이다. 사도행전은 표준과 규범으로서의 기능을 갖는다. 사도행전에는 이른바 참그리스도인들이라고 할 수 있는 초대교회가 있다. 초대교회는 교회가 되고자 하는 차후의 모든 시도에 있어서 표준이 된다.

우리는 사도행전을 어떻게 읽고 있는가? 만일 우리가 사도행전을 역사로 읽는다면 실망할 것이다. 디벨리우스(Martin Dibelius)는 이 사실을 알게 하는 데 도움을 준다. 왜냐하면 우리는 '역사' 라는 말을 '사실' 에 대한 '객관적인' 냉철한 보고라고 정의하고 있는데, 사도행전은 역사가 아니며 본서 자체도 역사라고 주장하지 않기 때문이다. 과거의 많은 성경해설자들은 사도행전을 바울 서신과 비교하면서 연구하였다. 그러나 그들이 누가복음을 연구함에 있어서는 다른 공관복음서들과 병행하면서 연구했다. 이렇게 함으로써 사도행전에 관한 역사적 의문점들은 신학적 의문점들보다 더욱 중요하게 다루어졌다. 그리하여 사도행전은 하나의 빈약한 2차적 자료의 수준으로 밀려났다. 초기의 기독교를 재구성해 보기 위한 자료를 찾아내는 하나의 자료집으로, 초대교회의 낭만적이고 이상적인 역사로, 아니면 오래 잊혀진 어떤 교회 내부의 불화를 노골적으로 눈가림하고자 고도의 논증법을 쓰고 있는 책으로 여겨졌다. 이러한 접근법은 설교자들과 교사들에게 아무런 성과도 주지 못한다.

사도행전의 사실 여부는 어떤 역사적 사건을 보고함에 있어서 그것의 정확성으로 측정되어서는 안 된다. 오히려 본서가 갖고 있는 예수 그리스도에 대한 사도적 신앙과 일치하는가, 그렇지 않은가로 측정되어야 한다. 이 사도적 신앙이 교회를 이룬다. 바울이 아그립바 앞에서 한 말과 벨릭스 앞에서 한 말을 보면, 그 두 연설의 내용은 분명히 역사적으로 일치하지 않음을 보게 된다. 그의 말에 대한 사실상의 청중은 로마 법정의 어떤 법관들이 아니라 교회이다. 그렇다고 해서 그가 상대하여 말했던 사람들－두 명의 로마 행정관들－이 순전히 가정의 인물이라는 의미는 아니다. 사도행전의 저자는 사도행전의 신학적 목적을 위하여 역사적 자료들을 제시하고 있었던 것이다.

에즈라 파운드(Ezra Pound)는 한때 소설을 정의하면서 "계속 뉴스로 남는 뉴스"(news that stays news)라고 하였다. 사도행전이 그러하다. 잠시 동안 흥분으로 가슴을 두근거리게 하고 대중의 관심을 불러일으키는 신문의 주요 뉴스가 있다. 그런가 하면 계속해서 수백만의 사람들의 생활을 조정하고 여러 세대 후에 사람들의 삶에 의미를 주는 뉴스는 생각해 볼 만한 가치가 있다. "맥베스"(*Macbeth*) 연극을 보고 "그런데, 그런 일이 **실제로** 있었나요?"라고 묻는 사람은 믿을 수 없을 만큼 둔감한 사람이다. 그건 바른 질문이 아니다. 고등학교 영어 교사라면 "맥베스"의 역사적 사실성에 관한 의문과 있을 법한 역사적 선례들, 그리고 유사한 문학적 모델 등에 관심을 가질 것이다. 만약 "맥베스"의 가치가 단지 그것의 역사성에만 있다고 본다면 오늘날 그것이 상연될 때 찾아갈 사람은 거의 없을 것이다. 불행하게도 "맥베스"에 관한 많은 흥미로운 역사적 의문들은 결코 해결되지 않을 것이다. 왜냐하면 우리는 그 의문들에 관한 자료를 갖고 있지 않기 때문이다.

사도행전 연구에 있어서 역사적 의문들이 관계가 없는 것은 아니다. 맥베스라는 사람이 실제로 살았었는지는 중요하지 않다. 그러나 예수라는 사람이 실제로 살았었는지의 문제는 매우 중요하다. 예수라는 이름을 가진 분이 살았었다. 그를 따르던 사람들은 그들의 삶의 뿌리를 그분의 생애에 두었었다. 그들이 그렇게 한 의미는 무엇인가?

누가복음과 사도행전의 서문에는 그 두 책의 목적이 있다. 있었던 사건들을 **순서대로**, **정확하게** 해 두려는 것이라고 한다(눅 1 : 1-4, 행 1 : 1-2). 한편으로는 역사성을, 다른 한편으로는 누가가 임의대로 짜맞춘 것을 문제삼는 것은 옳지 않다. 사도행전에는 바울의 (초기) 서한서들에서 얻을 수 있는 내용과 상충하지 않는 내용들이 많이 있다. 누가는 신학적 소설이나 자신이 은밀하게 받은 계시를 쓰고 있지 않다. 그는 역사적 자료, 즉 실제 사건들을 해석하고 있다. 역사와 선포는 서로 배타적이지 않다. 그리스도를 설교한다는 것은 역사를 설교하는 것으로 "그 배운 바의 확실함을 알게 하려 함"(눅 1 : 4)이다(M. Hengel).

현대인들은 종종 역사란 사건을 객관적으로 보고하는 것이라고 정의한다. 그러나 학문적 객관성이란 신화이다. 이 주장은 리쿠어(Paul Ricoeur) 같은 사람들의 연구에 의해 이미 인정을 받고 있다. 모든 역사는 역사가들의 어떤 주관적 관심 때문에 쓰여지고 있다고 그들은 힘주어 말한다. 그러한 주관적 관심이 없다면 사료편찬이란 의미가 없고 서로 연관이 없는 뒤범벅을 해 놓은 그 무엇일 것이다. 역사 속에서 아무것도 찾지 않는 사람은 아무것도 찾아내지 못한다. 누가는 진정한 역사가이다. 고대의 역사가이긴 하지만 말이다. 그는 "예수의 행하시며 가르치시기를 시작하심"(1 : 1) 속에서 숨어 있는 의미를 찾고 있다.

본 주석은 학자들의 저작으로부터 도움을 받았다. 그 저작들은 사도행전의 역사적 상황이나 사도행전과 유사한 문학의 이전에 있었던 것, 사도행전의 사회-정치적 정황 등을 연구한 것들이다. 우리는 본서를 해설함에 있어서 그 학자들의 쓸모 있는 식견(識見)들을 소개할 것이다. 그러나 독자들에게 부담을 주지 않기 위하여 본서 해설에 직접 관련이 있는 것들은 논하겠지만, 그렇지 않은 학술적이고 역사적인 문제점들은 상세하게 논하지 않을 것이다. 헨첸(Ernst Haenchen)이 쓴 사도행전 주석은 매우 훌륭하고 학문성도 있어서 사도행전 주석가들에게 가치가 크다. 그의 주석을 본 주석과 함께 사용한다면 설교자와 교사들이 모두 도움을 얻을 것이다. 무엇보다 우리의 관심은 기본적으로 사도행전의 신학적 내용에 있다. 그러므로 우리는 사도행전을 신학적 문서로 읽고자 애쓸 것이다. 또한 본 주석은 사도행전 연구에 관한 문학비평으로부터 도움을 받았다. 누가복음과 사도행전은 병행해서 읽어야 한다. 누가복음은 사도행전을 해석하는 데 도움이 되고, 사도행전은 누가복음을 해석하는 데 도움을 준다. 그렇게 함으로써 우리는 그의 신학적 견해를 알아보기 위해 누가의 이야기 문학 세계 속으로 들어가고자 한다. 그의 신학적 견해는 그로 하여금 자료를 선택하고, 어떤 방법으로 그것을 배열하며, 고전적인 문학 방법을 폭넓게 활용하면서 그것을 제시하도록 한다. 이는 교회를 향하여 생(生)과 사(死)에 관한 중요한 그 무엇을 말하기 위해서이다.

사도행전의 목적

사도행전이라 불리는 이 이야기를 기록한 목적은 하나의 논란의 대상이 되고 있다. 본서의 독자는 본서의 제목이 그다지 도움을 주지 못함을 곧 알게 된다. 왜냐하면 **사도행전은 모든 사도들의 행적에 사실상 관련되고 있지 않기 때문이다.** 처음에 맛디아가 유다의 자리를 채우기 위해서 선택된다. 그리고는 그 열두 사람들 중에 몇 사람에 관한 말은 전혀 나오지 않는다. 야고보에 대한 칭찬의 말은 단 한 줄 밖에 안 되고(12 : 2), 요한이 약간 더 관심의 대상이 된다. 베드로와 바울은 뛰어난 제자들로 묘사된다. 그러나 복음 확산을 위한 매우 의미 있는 돌파력은 그 열두 사람에 의한 것이 아니라 스데반, 빌립, 그리고 이름이 밝혀지지 않은 구브로와 구레네의 사람들에 의한 것이라고 한다(11 : 20). 놀랍게도 바꾸어진 사실은 바울이 한때 그렇게도 비난했던 그 사상을 위해 가장 앞장선 대변자가 된다는 것이다. 그리고 베드로는 유대인들을 지나쳐서 어떤 선교사역의 땅으로 마지못해 부르심을 받아 간다(10 – 11장). 그리하여 "사도들의 행전"이라는 전통적인 명칭은 이 저작물의 목적에 관련된 많은 것을 알리는 데 실패하고 있다.

어떤 이들은 이 저작물에 대한 더 나은 명칭이 「성령의 행전」(*The Acts of the Holy Spirit*)이 아니겠냐고 말한다. 예수께서는 성령에 의하여 나사렛에서 말씀을 전하시고(눅 4 : 16 – 30) 갈릴리로 인도되기도 하셨다(4 : 14). 성령은 누가복음에서와 마찬가지로 사도행전에서도 가장 중요한 분이 되신다. 교회로 하여금 큰 장벽들을 넘어서 복음을 전하도록 몰아가시는 데 있어서 그러하다. 예수께서는 나사렛에서 말씀하셨다. 성령이 자신으로 하여금 하나님의 약속들이 **오늘날** 이루어졌음을 선포하게 하셨다는 것이다. 사도행전에서 성령은 하나님의 구원이 새로운 세대의 믿는 이들에게 나타나고, 또 효력을 내주는 계속적인 권능이 되고 있다. 그리고 예수를 과거의 역사 속에서 증거되신, 혹은 과거의 믿는 이들이 경험한 범위 안에 국한시키려는 그 어떠한 시도에도 저항하는 권능이 되고 있다. 그러나 누가복음이 예수를 그려내는 식으로 사도행전이 성령을 그려내고 있다고 미루어 짐작한다면 이는 잘못이다. 그가 시작해 놓은 것을 진전시키는 이는 다른 이가 아닌 살아 계신 그리스도이시다(행 1 : 1). 사도행전 전체에 걸쳐서 '예수', '성령', 그리고 '하나님'이 쉽게 바뀌고 있다(예컨대 10장에서). 저자는 그리스도와 성령 사이에 엄격한 구분을 두고 있지 않음을 과시하고 있는 것이다.

사도행전에는 성령이 언급되지 않았거나 그저 지나치면서 언급된 부분이 많다. 주요 관심사는 성령 자체보다는 성령이 무엇을 하시느냐에 있는 것 같다. 선교에 있어서 하나님은 계획자요, 행위자시며, 하나님의 말씀은 성령에 의하여 힘을 얻어 그 계획을 완성하는 일을 한다(Haenchen, p. 98).

아마 누가의 관심은 복음이 **어떻게 이방세계의 구석진 곳까지 확산되었는가를 보여 주는 데 있었던 것 같다.** 나는 잘 기억하고 있다. 우리 교회의 청년회가 여러 달 동안 애써서 지중해 연안 세계의 큰 지도를 만들었다. 그리고 사도행전을 따라, 바울의 여행을 통하여 복음이 마침내 로마에 이르게 된 것을 보여 주었었다. 사도행전 1 : 8은, 누가가 그렇게 하는 습관 그대로, 그의 이야기 전달에 있어서 (예루살렘, 유대, 사마리아, 땅의 끝이란) 하나의 지리적 골격을 보여 주고 있다. 그러나 누가의 관심이 지리적 문제에 있었는지에 대해서는 의심이 간다. 우리는 바울이 어떻게 로마에 가게 되었는지를 알 수가 있다. 그러나 복음이 어떻게 그곳에 이르렀는지에 대해서는 알지 못한다. 복음을 가로막는 것은 민족적, 신학적, 교리적, 그리고 경제적인 장벽이지 지리적인 장벽은 아니었던 것이다.

그의 주석에서 헨첸은 사도행전이 **기독교와 로마 사이의 정치적 문제에 대한 응답이라고** 말했다(pp. 102, 726). 그는 사도행전이 기독교 건설의 시도, 즉 유대교처럼 제국 안에서 눈에 띄는 종교들 중 하나로 기독교를 세우려는 시도라고 보았던 것이다. 기독교는 유대교가 받고 있는 관대한 묵인을 받지 못하고 있었다. 그리하여 누가는 국가가 없애 버리고자 가해 오는 그 공격에 대항하여 기독교를 방어해야만 했다는 것이다. 그러나 누가복음과 사도행전의 대부분이 이방 로마인들에게는 알려져 있지 않았으며, 벨릭스와 같은 로마인 관리가 기독교를 알고자 누가복음과 사도행전을 읽었다고는 상상할 수가 없다(Jervell). 누가복음은 권세 있는 자가 내리침을 받을 것(1 : 52)이라는 선언으로 시작되고 있으며, 빌라도, 벨릭스, 베스도에 대한 기록을 읽고 로마의 관리들이 좋아할 것 같지는 않다. 신약성경의 다른 책들과 마찬가지로 사도행전은 **교회**를 향한 말씀이지 행정부를 향한 말씀은 아니다(*특주 : 누가의 정치론*을 참조하라.).

바우어(F. C. Baur)는 사도행전을, 베드로와 바울을 따르는 자들 사이에 있었던 불화의 틈을 메우려는 2세기의 중재안으로 보았다. 그러나 사도행전은 실제 틈이 야고보와 바울 사이에 있었음을 암시하고 있다. 베드로는 여러 사람들로부터 집중공격을 받는 처지였다(행 11 : 1-18, 21 : 17-26, 갈 2 : 11-14). 바울에 의하면, 할례를 받지 않은 사람들과 친해지는 것에 관하여 베드로를 위협한 사람은 다른 사람이 아닌 야고보였다. 의심의 여지없이 사도행전은 신앙공동체 안에 갈라진 틈이 있었음을 말해 주고 있다. 그러나 그 틈이 베드로와 바울 사이에는 없었다.

최근에 콘첼만(Conzelmann)은 **종말이 늦어지고 있음에 대한 실망**이 누가복음과 사도행전의 배경이 되고 있음을 발견했다. 믿음에의 소망은 종말론에서 역사적 신학으로 바뀐다. 이 역사적 신학에서는 교회가 신성한 전통을 공적으로 전달해 주는 기관이 되고, 구원의 독점적 수단이 된다. 예수의 시대는 '시대의 중간'(the middle of time)에 끼여 있어서 교회의 시대로 가는 길을 터주었다. 누가는 그리스도의 재림이 멀지 않았으나 반드시 임박하지는 않았다고 해석한다. 그러나 이러한 이론은 본문에 나타나고 있는 증거들을 무시함으로써만 주장이 가능하다. 누가복음 11 : 20을 무시해야 하며, 세례 요한을 예수로부터 분리시켜야 하고, 누가복음과 사도행전에서 적게 취급하고 있는 문제들을 오히려 강조해야 한다. 누가가 역사를 나누고 있기는 하다. 그러나 콘젤만의 주장처럼 세 부분(율법과 선지자의 시대, 예수의 시대, 교회의 시대)으로 나누고 있지는 않다. 누가복음과 사도행전에는 약속과 성취에 관한 두 시대가 있는 것으로 보인다 : (1) 예언으로 나온 약속의 시대와 (2) 교회 안에서의 종말론적 성취의 시대이다. 교회의 종말론적 시대 안에는 역시 두 큰 기간이 있다 : (1) 유대인을 향한 선교(9 : 43)의 기간과 (2) 이방인을 향한 선교(11 : 18)의 기간이다. 이 두 기간은 고넬료의 개종 사건으로 나누어진다고 볼 수 있다.

종말에 관한 누가의 비유들을 살펴보면(눅 12 : 35－38, 39－40, 41－48, 19 : 12－27), 누가의 논증은 그리스도의 재림에 대한 날짜를 정하는 자들을 상대하고 있음을 알게 된다. 교회가 그리스도 재림 이전의 기간이 처음에 생각했던 것보다 긴 것을 깨달았다고 해서 재림에 대한 기대가 깎인 것은 아니었다. 누가의 비유들이 암시하고 있듯이, 재림이 생각했던 것보다 더디기는 하지만 갑자기, 그리고 예기치 못한 때에 있을 것이다. 누가는 설명이 곤란한 경우를 최대한 다르게 말해 보려고 하지 않는다. 오히려 종말 이전의 시간은 징계와 구속(救贖)으로 자기 백성을 찾아오기 위한 하나님의 계획에 들어 있는 시간이다. 그들이 돌아와서 회개하도록 하기 위해서이다. “이방인의 때는 완료되어야 한다”(눅 21 : 24). 누가는 불트만(Bultmann)이 주장하듯이 종말론적 약속을 비신화화(demythologized)하지 않으며, 그 약속을 왜소(矮小)시켜 교회의 역사 속으로 집어넣음으로써 억지로 친근하게 하지도 않는다. 오히려 누가는 재림의 약속을 모양을 바꾸어 구약 예언의 성취 형태에 근사하게 일치시키고 있다. 이스라엘은 하나님의 나라가 임하기까지(단 7 : 27) 진노의 기간을 기다려야 했다. 교회 역시 자기의 사람들에게 그리스도께서 돌아오시는 확실한, 그러나 예상할 수 없는 그날까지 기다리는 것을 배워야 한다.

예수 탄생이야기, 세례받으심, 그리고 사도행전 1 : 4, 10 : 41 등의 누가의 기록들을 제쳐놓으면서, 탈버트(Talbert)는 누가복음과 사도행전이 **영지주의(Gnosticism)에 대한 방어**를 하고 있다고 말한다(*Luke and the Gnostics*). 누가가 영지주의적 경향에 대하여 마음을 쓸 수도 있었겠지만, 우리는 그의 복음서 안에서 이러한 관심에 대한 흔적을 볼 수가 없다. 그리고 사도행전에는 그 흔적이 확실히 없다. 이러한 이론의 대부분에는 문제가 있다. 사도행전과 같이 내용이 복합적이고 풍부한 이야기를 어떤 한 가지 요인으로 분석하기 위해 축소시키기란 쉽지 않기 때문이다. 우리가 말했듯이 누가복음과 사도행전은 이야기들로 구성되어 있을 뿐만 아니라 그 자체가 하나의 이야기이다. 그리고 하나님이 그리스도 안에서와 그의 교회 안에서 무엇을 하시는가에 대한 이야기이다. 어떤 이야기라도 하나의 추상적인 관념이나 특정의 목적에 맞추기 위해 쉽게 축소시킬 수 있는 것은 결코 좋은 이야기가 아니다. 사도행전은 훌륭한 이야기이다. 복합적이고 내용이 풍부하므로, 다양하고 신비로우므로, 그리고 삶 그 자체와 같이 사실이므로 그러하다. 그러므로 우리는 사도행전을 해석함에 있어서 어떤 하나의 요점만을 내세우는 것에 대해서는 의심을 가져도 좋다. 그리고 우리는 판단을 내리고자 어떤 목적은 더 좋거나 덜 좋고, 근본적이거나 지엽적이라는 말에 반대하여야 한다. 오히려 우리는 이 이야기를 그 자체의 상황 그대로 받아들이고, 그 이야기가 직접 우리를 상대하도록 하면서 이야기를 읽도록 해야 할 것이다.

데오빌로 각하

사도행전의 목적에 관한 여러 이론들을 보면 누가의 목적이 본문 안에 있다기보다는 본문의 배후에 있는 어떤 요인이라고 주장하는 것 같다. 사도행전 연구는 본서 자체가 그 목적을 데오빌로에게 밝히고 있는 첫 부분(1 : 1-5)에서 시작해야 하지 않겠는가? 사도행전은 본서의 목적이 '케리그마' (Kerygma) - **생겨난 일을 선포함** - 라고 주장한다. 이 선포나 증언은 누가복음으로부터 직접적으로 계속되고 있다(1 : 1). 사도행전의 머리말에는 누가복음과 비슷한 문장형태로 동일한 독자 데오빌로에게 하는 말이 있다. 이 머리말에는 전에 쓴 책에 대한 분명한 말도 있다. 약속과 성취라는 우리에게 익숙한 누가의 주제는 서로 겹치는 누가복음 끝부분과 사도행전 시작부분에서 계속되고 있다. 누가복음은 아버지의 약속이 예루살렘에서 실현될 것(눅 24 : 49)이라는 말씀과 승천기사로 끝나고 있다. 사도행전은 이 승천의 기록을 오순절의 성령강림으로 이어나갔다.

사도행전은 선포이다. 불신앙자들을 개종시키기 위한 복음전도식 설교가 아니라 이미 믿는 이들을 굳세게 하기 위한 교리문답식 선포이다. 우리들과 마찬가지로 데오빌로는 그리스도에 관하여 이미 알고 있었다. 데오빌로는 다른 어떤 것을 알아야 했으며, 또 누가는 그것을 말해 주어야 했던가? 누가는 그의 이야기 중에 그 시대의 어떤 위기를 말하고자 그의 이야기에서 이탈하고 있지 않다. 우리는 "주의 말씀이 힘이 있어 흥왕하여 세력을 얻으니라."(19 : 20)고만 듣고 있다. 주의 말씀이 무엇과 겨루어서 이기고 흥왕하여 세력을 얻었을까? 우리가 사도행전을 연구해 가면서 복음을 가로막았던 것들을 모아서 표를 만들 수 있을 것이다. 가브리엘은 "대저 하나님의 모든 말씀은 능치 못하심이 없느니라."(눅 1 : 37)고 마리아를 확신시켰다. 그럼에도 불구하고 공적 반대나 폭력, 오해나 마귀의 역사에 부딪치면 믿는 이들은 데오빌로와 같이 절망하기 일쑤다. 아니면, 어떤 문제들이 교회 자체 안에 긴장을 야기시켰던가? 사도행전의 시초에는 유다가 주를 배반한 사건이 있고, 교인들은 서로 속였으며(5 : 11-11), 이방인들을 받아들이는 문제에 관하여 격렬한 논쟁이 있었다. 초대교회에 관한 누가의 기록은, 때로는 낭만적이고 이상적인 데 가까이 가고 있다. 그러나 그는 또한 이 공동체 내부에 위기가 있었음을 말해 주는 데도 거리낌이 없다. 이들 기록은 환상을 잃어버린 데오빌로에게 희망을 주려는 것이었는가? 데오빌로에게 이 이야기를 해주게 만든 상황이 정확하게 무엇이었든지, 또 데오빌로가 어떤 인물이었든지 간에 그는 바로 우리 모두인 셈이다. 오늘의 교회 안에서 때로 외부로부터 오는 반대 때문에, 또는 교회의 내부적인 사소한 다툼 때문에 자신의 믿음이 시련을 겪지 않는 사람은 없기 때문이다.

이 머리말은 사도행전의 핵심이 되는 관심거리가 무엇인지에 우리의 눈을 돌리게 한다. 다시 말하면 지금의 위기 속에서 예수 그리스도께서 자기의 교회와 맺은 그 관계로 우리의 관심을 모으게 한다. 누가가 전해주는 메시야의 오심에 관한 이야기는 계속되고 있다. 그러나 어떻게 계속되고 있는가? 이 두 번째의 머리말에서 저자는 과거가 현재로 계속 이어지고 있음을 주장하고 있다 – 전에 하던 이야기가 계속되고 있다는 것이다. 그러나 누가는 예수의 땅 위에서의 사역이 지금은 역사(歷史)임을 잘 알고 있다. 사도들은 그 어떤 임무를 위하여 하나님에 의해 선택되었다(1 : 2). 그들은 부활에 의해 확고해졌다(눅 1 : 4). 그리고 이 부활은 "확실한 많은 증거"로(1 : 3) 확증되었다. 이 40일 동안에 살아나신 그리스도는 그 나라에 관하여 제자들을 교훈하셨다. 흥미롭게도 이 교훈은 누가복음에 기록되어 있지 않다. 아마 그 나라에 관한 말씀은 지금 부활과 승천 사이의 이 기간에 사도들에게만 해주시는 것으로 한정하신 것 같다. 이 '계속'을 확실히 해 두시기 위해서이다. 사도들은 부활의 목격자들로(1 : 21 – 22), "우리 중에 이루어진"(눅 1 : 1) 일에 참여했던 자들로 알려졌다. 데오빌로는 누가복음과 사도행전의 이야기를 신뢰하였을 것이다. 왜냐하면 그 이야기들은 목격자들로부터 직접 받은 것이었기 때문이다. 그 이야기들은 오늘 우리의 믿음이 사도적인 믿음으로 계속되어야 하며, 사실에 근거하여야 함을 확실하게 말해 준다.

목격자들을 이렇게 강조하는 것은 예수의 시대와 교회의 시대가 기억에 의존한 단순한 역사적 연결고리(historical link of memory)나 교회가 지속되었다는 사실에 의해 그 범위가 정해진다는 것을 의미하지는 않는다. 결정적인 요인은 사도들이 받고자 기다렸던 성령이다. 성령에 의하여 권능을 받게 될 것이라는 약속이 이루어진 것은 '땅 끝까지' 증인이 되기 위하여 능력을 받게 되었던 오순절날이었다. 성령은 그 '사실들' 이 계속적으로 교회에 영향을 미칠 수 있게 하셨다. 그리하여 사도행전을 읽을 때 우리는 초대교회의 역사만을 읽고 있지 않다. 사도들이 '하나님의 말씀' 을 가지고, 또 그들이 당한 환난을 이길 수 있도록 그들을 무장시킴에 있어서 성령은 중추적인 역할을 하셨다. 이러한 성령의 역할은 우리에게 하나님 말씀의 권세에 관한 중요성을 알려 주기도 한다. 하나님의 말씀은 모든 장벽을 뛰어넘어 하나님의 놀라운 계획을 선명하게 해줌으로써(12 : 24) "하나님의 말씀이 점점 왕성하여 예루살렘에 있는 제자의 수가 더 심히 많아지기" 때문이다(6 : 7).

머리말은 저자가 '그 모든 일을 근원부터', '자세히', 그리고 '차례대로' 기록하기를 원하고 있었다고 우리에게 말해 준다. 그러므로 우리는 누가가 실제로 있었던 역사를 편성하고 해석한 사람이요, 그 사실들을 신중하게 수집하고 비판적으로 정리하여 설교하고 또 기교 있게 기록한 사람이라고 보면 틀림이 없을 것이다. 사도행전은 우리의 믿음을 굳세게 하기 위하여 창조적으로 하나의 전통을 만들어 보여 준다.

누가는 교회의 믿음을 굳세게 하기 위하여 여러 가지 관심을 갖고 있었다. 따라서 훗날의 학자들이 사도행전의 목적을 하나의 단순한 요인으로 줄여 보려는 노력은 어렵게 되었다. 그러나 본서의 풍부함과 다양함과 범위는 데오빌로의 교회, 즉 우리들의 교회에서 본서가 그만큼 더욱 쓸모 있는 책이 되게 한다.

사도행전의 그리스도

누가는 "두세 사람이 내 이름으로 모인 곳에는 나도 그들 중에 있느니라."(마 18 : 20)는 약속을 확증하는 데 나름대로의 방법을 갖고 있다.

하나님의 말씀은 언제나 "예수 그리스도의 이름으로" 선포되었다(4 : 30). 그리스도의 이름에 의해 죄가 사하여졌다(10 : 43). 그리고 마귀도 쫓겨났다(16 : 18). "예수 그리스도의 이름"이라는 어구는 그리스도의 임재에 대한 누가의 표현이었다. 그러나 어떤 마술적 방법은 아니었다. 오히려 선포된 말씀은 부활하신 그리스도의 능력을 풀어 놓았다. 그리하여 지상의 예수와 부활하신 주 사이에는 성령에 의해 다리가 놓여졌다.

사도행전에 있는 많은 설교들은 한결같은 형식을 보여 준다 : 설교들은 그리스도께서 살아 계시고 하나님과 함께 다스리신다는 말씀으로 끝난다. '하나님의 능하신 사역'에 근거하여 회개를 호소하고(2 : 38), 용서, 복, 성령, 평안, 그리고 구원과 같은 은혜가 제시된다(4 : 12, 13 : 26). 새 소식이 되는 그 좋은 소식은 이스라엘에게 오래전에 해주신 약속이 이제 이행되었다는 것이다. "……선지자들과 모세가 반드시 되리라고 말한 것"(26 : 22)을 기필코 보여 주시기 위함이라 하였다.

누가는 이 좋은 소식의 내용을 구약성경의 관점에서 정의하였고, 또 그 관점에서 옹호했다. 누가복음에 나타나는 예언을 근거로 하는 호소는 사도행전에서는 더욱 빈번하다(3, 7, 13장). 40일 간의 부활임재 기간에는 그렇게 할 수 있었으나, 이제 교회가 승천하신 주와 더 이상 직접 마주칠 수 없었기에 그리스도의 임재는 그의 사도들이 선포한 말씀 안에서 접근이 가능했다. 이스라엘에게 해주신 약속은 이제 말씀을 통하여 실현되었다.

사도행전에는 실제로 *ordo salutis*(구원의 질서)가 있다. 이 구원질서의 수단은 반복적이고 지속적으로 개론되고 있다. 이 수단에 의해서 당시 예수의 지상사역에 함께하지 못했던 자들이 "이 약속은 너희와 너희 자녀와 모든 먼데 사람 곧 주 우리 하나님이 얼마든지 부르시는 자들에게 하신 것"(2 : 39)을 확신하게 된다. 이 사실은 누가가 그만의 독특한 방법으로 부활하신 주의 지속적인 임재를 증명하고 있는데, 성경해설자들이 이것을 못 보고 있음을 넌지시 말해 준다. 그들은 마태복음 18 : 20, 28 : 20이나 요한복음 17장과는 다르게 누가가 그리스도 부재(不在)의 신학을 말하고 있다고 논한다. 예수께서는 승천 이후로는 더 이상 육신의 모습으로 나타나시지 않는다. 지금은 하나님의 '우편'에 계신다.

그러나 우리를 자기 안에 살고 기동하게 하시며, 있게 하시고(17 : 28), 자기 교회는 매우 가까이에서 관여하신다. 그리하여 교회의 우두머리 핍박자에게 "……네가 어찌하여 나를 핍박하느냐?"(9 : 4)라고 말하는 그분은 바로 승천하신 그리스도시다.

예수의 사역은 성령의 능력을 통하여 그의 종들 가운데서 지속되었다. "너희 말을 듣는 자는 곧 **내 말을** 듣는 것이요, 너희를 저버리는 자는 곧 **나를** 저버리는 것이요"(눅 10 : 16, 굵은 글씨는 저자가 강조함.). 누가복음 6 : 40의 약속, "제자가……그 선생과 같으리라."는 그대로 이루어졌다. 이 약속은 그리스도께서 행동하시고 친히 고난을 당하신 그대로, 선생님이 하셨던 대로 행동하고 그리스도의 진리를 위하여 고난을 겪었던 이들, 사도행전의 증인들을 통하여 이루어졌다. 그리하여 어떤 사람이 "예수의 이름으로"(3 : 6, 16) 고침을 받았다고 말하는 대신에, 베드로는 "예수 그리스도께서 너를 낫게 하시니"(9 : 34)라고 바꾸어 말했다.

오순절날에 성령이 강림하심으로써(행 2장) – 이 사실을 베드로는 구약성경의 본문에서 주의 날이 시작되는 것으로 해석했는데 – 말세(the last days)가 시작되었다. 처음에 사도들에게만 일어나고 있었던 것이 지금은 모든 믿는 이들에게도 일어나고 있다. 성령에 의한 자유와 은사들, 그리고 성령이 사람들을 감동시키실 때 일어나는 놀라운 사실들은 그것이 하나님에 의한 것임을 증명했다. 사도들은 안수함으로써(8 : 18) 성령을 전해 줄 수 있었으나, 그 성령을 돈으로 살 수는 없었다(8 : 14–24). 고넬료와 같은 이방인에게 성령이 선물로 임하신 사실은 이방인이라도 하나님의 은혜를 받을 수 있는 후사(後嗣)가 됨을 증명했다. 그리스도의 임재에는 한계가 없었다.

오순절날에는 하나님의 구원이 우주적으로 범위가 넓어졌음이 선포되었다. 모든 사람들이 자기네 말로 "하나님의 큰 일을" 들었기 때문이다(2 : 11). 이방인을 하나님의 백성에 포함시킨 일은 사도행전의 주요 관심사이다. 그러나 우리는 이 사실을 누가가 보는 대로 – **이스라엘에게 해주신 약속의 실현으로** – 보지 않으면 안 된다. 누가의 신분에 관한 전통적인 이론과는 반대로, 나는 누가가 이방인이라기보다는 유대인이거나 최소한 유대교에 입교한 사람이라고 본다. 사도행전을 통틀어 누가가 보여 주고자 의도하는 것이 있다. 그것은 그리스도 사건이 하나님께서 이스라엘에게 해주신 약속에 확고하게 근거하고 있다는 것이다. 누가는 하나님께서 어떤 새로운 백성을 택하신 연후에 이스라엘이 버린 바 될 것을 말하지 않는다. 역사를 통틀어 언제나 그러했듯이 신실한 이스라엘 사람들은 좋은 반응을 보였다. 이스라엘이 불순종한 부분이 있다고 해서 그 약속이 폐기되지 않았고, 이방인들이 이스라엘의 유산을 얻게 되었다고 해서 그 약속이 무효가 된 것은 아니다. 하나님은 계속해서 '자기 이름을 위한' 오직 한 '백성'을 거느리신다. 그리고 하나님은 성령의 은사를 통하여 계속해서 자기의 신실한 자들과 함께하신다.

사도행전의 위치

신약성경의 정경 안에서 사도행전의 위치는 해석에도 영향을 미친다. 어떤 이들은 사도행전이 현재의 위치에 자리잡혀 있었다고 주장한다. 복음서들과 서신서들 사이에서의 역사적 연결을 위해서였다는 것이다. 최근의 연구에 의하면 사도행전은 신약성경의 순서를 매길 때 눈에 띌 만큼 모습을 드러내지 못했다고 한다.

우리가 알기로는 누가복음과 사도행전은 한 사람의 저자에 의한 저작이다. 그럼에도 불구하고 사도행전은 누가복음보다 약간 늦게 정경에 포함된 것 같다. 누가복음과 사도행전이 원래 어떻게 연결 되어 있었는지는 모르겠으나, 정경 안에서 이 두 책은 서로 나뉘어져 있었다. 누가복음은 사중복음집(four-fold Gospel collection)의 일부였고 그 부류 안에서 해석되었다. 사도행전은 다른 위치로 가게 되었는데 사도들의 증언과 연결되는 위치였다. 그리하여 복음서 기자들과는 떨어지게 되었다. 그러나 정경 안에서 사도행전의 현재 위치가 지나치게 강조되어서는 안 된다. 후대의 성경해설자들이 하나의 정경기록으로서 사도행전에 대하여 주목해야 하는 사실이 있었다. 그것은 정경결정자들이 바울의 편지들과 사도행전을 함께 모아 보전했다는 사실이다. 그렇게 함으로써 그들은, 바울의 편지들을 알지 못한 채, 본서를 기록한 저자의 입장과는 다른 맥락 속에서 본서의 자리를 정했다. 사도행전은 바울의 사역에 다소 연관이 있는 역사 비슷한 이야기를 제공하고 있다. 그리하여 바울의 편지들에는 거의 없는 지리적, 역사적 골격을 갖고 있다. 그 동안의 경과를 볼 때, 교회는 사도행전을 서신서들을 해석하는 안내서로 활용하였다. 근래의 성경해설자들이 사도행전과 서신서들 사이에 긴장이 있음을 알아내기까지 그렇게 해 왔었다. 사도행전은 신약성경의 다른 기록들이 그러했던 것처럼 바울의 시대를 멀리 지나서 정경 속에 들어갔다. 그렇게 함으로써 교회가 바울을 교회신학의 주요 위치에 둘 필요를 느끼는 일에 한몫을 했다. 사도행전은 교회 안에서의 바울의 위치와 그의 신학을 확고하게 하는 일을 도왔던 것이다.

이제 우리는 누가와 바울의 신학들 사이에 약간의 사실상의 긴장이 있음을 알게 되었다. 이 긴장은 어느 한편이 다른 쪽의 증언을 파기하지 않는 한 해결될 수 없다. 그러나 사도행전은 근래의 성경해설자들에게 해석의 한 모형을 분명하게 제시해 준다. 사도행전은 바울의 생애와 증거의 중요성을 보여 주려는 초기에 있었던 시도들 중 하나의 실례이다. 바울의 사역에 실제로 함께하지 못한 새 세대의 믿는 이들에게 보여 주려고 했다. 바울과 열두 사도는 교회의 지도자들로 함께 일했었다. 그러나 사도행전은 바울을 열두 사도의 아래에 둔다. 이는 사도행전의 방법인데, 모든 종교적 경험의 권위는, 바울의 그것을 포함하여, 예수의 사역에 의해 세워진 표준에 따라야 한다는 것이다(열두 사도는 예수를 직접 목격한 자들이다 - 1 : 21 - 22).

사도행전의 설교들

복음서들이나 바울의 서신서들까지도 설교를 위한 가치를 지니고 있다는 사실에 의심을 갖는 설교자는 없을 것이다. 그러나 사도행전은 어떠한가? 사도행전은 분명 예수 그리스도보다는 교회에 관한 이야기가 아닌가?

초기 기독교 선교사들이 선포한 말씀 속에는 교회가 어떻게 설립되었는지에 관한 열정적인 보고들이 있었다(롬 1 : 8, 고후 3 : 1-3, 살전 1 : 8-10). 핍박에 맞서기 위하여 어떤 교회가 가졌던 자랑할 만한 능력은 다른 회중들을 위로하는 자료가 되었다(살전 1 : 6, 살후 1 : 4). 복음을 요약한 고린도전서 15 : 3~11의 기록에는 사도들과 그들의 회중이 전해준 전통도 들어 있다. 이뿐 아니라 누가복음에서는 한 사람의 경험이 선포하기에 가치 있는 자료임을 보여 준다. 예수께서 귀신 들렸다가 고침받은 사람에게 "집으로 돌아가 하나님이 네게 어떻게 큰일 행하신 것을 일일이 고하라."(눅 8 : 39)고 말씀하셨기 때문이다. 사도행전 26 : 16에서는 부활하신 그리스도께서 바울에게 말씀하셨다 : "내가 네게 나타난 것은 곧 네가 나를 본 일과 장차 내가 네게 나타날 일에 너로 사환과 증인을 삼으려 함이니." 당초부터 선포된 말씀들은 예수의 의도나 그리스도 사건의 사실에 관한 것이었다. 그리고 그 사건에 의하여 그 생활이 변화된 사람들에게 이 사건이 의미하는 것에 관한 것이었다.

오늘날 설교와 교육을 통하여 사도행전을 해석하는 데에는 어려움이 있다. 더욱 근본적인 어려움은 그리스도 안에서 이루어지는 하나님의 구원에 대한 전달자요 결과로서의 교회에 대한 우리 시대의 혼동과 불신에 있다. 교회를 그리스도로부터 매우 쉽게 분리시키는 사람들이 많은데 교회 안에도 많다. 교회를 그리스도 사건과의 관계로 볼 때, 없어도 되고 있으나마나 하며, 불필요하기까지 한 기관으로 보기 때문이다.

교회에 대한 누가의 선입견은, 초기 주석가들로 하여금 그를 '초기 가톨릭주의'(early Catholicism) 신봉자로 비난하게 만들었다. 이 말의 의미가 무엇이든지 간에, 이 말은 하나의 느낌을 자아낸다. 사람이 교회의 형성에 크게 관심을 갖게 되면 예수의 순수하고 원래 그대로의, 다른 것이 섞이지 않은 말씀에 관심을 덜 갖게 된다는 것이다. 사도행전은 능숙한 말로 책망을 하면서 그러한 관념에 도전한다. 메시야를 그의 메시야적인 공동체로부터 분리시킴으로써 그리스도의 실체를 없애려고 한다든지, 사도적 증언에 의하여 시험되고 도전받는 데서 교회를 분리시키려고 하는 어떤 노력도 본서는 책망한다. 부활하신 그리스도는 자기 교회에 매우 밀접하게 연관되어 계셨기 때문에 사울이 교회를 핍박했을 때 "네가 어찌하여 나를 핍박하느냐?"라고 그에게 말씀하실 수 있었다(9 : 4-5, 22 : 7-8, 26 : 14-15). 누가를 "그리스도 없는 그리스도론자"(C. F. D. Moule)라고 비난하는 사람들이 있다. 그들은 그리스도께서 이 세상에서 자기의 소유로 선택하신 그러한 존재로서의 교회를 (좋든 나쁘든) 설명해야 한다.

사도행전은 궁극적으로 유대교와 기독교를 분리하는 것이 기독론임과 동시에 교회론이었다고 주장한다. 사도행전은 회당과 교회 사이에 있게 되는 논쟁의 한 부분이다. 어떤 사람들이 하나님의 백성을 구성하며, 이스라엘의 신앙이 어떻게 인류공동체 안에서 미래지향적으로 구체화되느냐에 관한 논쟁에 있어서 그러하다. 왜냐하면 신앙이 구성되고 모양을 이루게 되는 것은 기독교적인 교육과 설교의 중심을 어디에 두느냐에 달려 있기 때문이다. 그리고 사도행전은 우리에게, 누가가 데오빌로를 위하여 글을 쓸 때만큼이나 오늘날 우리 교회들을 위해서도 심히 중대한 하나의 토론을 하게 하고 있기 때문이다.

머리말

사도행전 1 : 1~26

1 : 1~14
회복을 기대하며 : 기도

"주께서 이스라엘 나라를 회복하심이 이때니이까?"(행 1 : 6, 눅 9 : 11) 이 질문은 모든 사람의 마음속에 있던 의문이었다. 제자들은 산 위에서 모세가 그렇게 했던 것처럼(출 24 : 12－18) 40일 간 그리스도로부터 가르침을 받았다(1 : 3). 그럼에도 불구하고 그들은 여전히 궁금하였다. 이제 그들은 약속해 주신 성령을 선물로 받기 위해 예루살렘에서 기다려야만 했다(1 : 5). 부활하신 그리스도께서는 그 나라의 회복에 관한 제자들의 질문에 대하여 두 가지로 대답하셨다 : (1) "때와 기한은……너희의 알 바 아니요"(1 : 7). (2) "오직 성령이 너희에게 임하시면 너희가 권능을 받고 예루살렘과 온 유대와 사마리아와 땅 끝까지 이르러 내 증인이 되리라"(1 : 8).

수년 전에 케제만(Ernst Käsemann)은 사도행전 1 : 6의 말씀이 누가복음과 사도행전의 목적을 밝혀 주는 말씀이라고 느꼈다. 세계가 내일 끝나리라고 예상하는 사람은 교회의 역사를 쓰지 않을 것이다. 사도행전의 기록은 한때 그리스도의 재림이 가까이 왔다는 그 긴박한 기대가 지금은 느슨해졌다는 신호를 해준다. 종말론적 소망은 데오빌로의 교회를 더 이상 자극하고 있지 않다. 그러나 이 관념은 복합적인 성격을 띤 종말론적 소망을 제대로 보지 못한 것이었다. 왜 그런가? 바울에 있어서 그러했던 것처럼 누가에게도 "이 세상의 형적은 지나감"(고전 7 : 31)이기 때문이다. 그리스도께서 오신 뒤로는 전부터 있어 온 권세에 관련된 모든 것이 바뀌고 있다. 이 말은 세계가 곧 끝나기를 기대한다는 의미가 아니라 전부터 있어 온 세계관, 즉 세상의 가치와 중요성을 결정하는 방법과 평가가 끝났다는 의미이다. 이제는 하나의 새로운 현실이 있게 되었다.

누가에게 있어서 그 새로운 현실은 우주를 창조하신 분과 함께 다스리기 위하여 부활하신 그리스도의 포부를 내포하고 있다. 죽음, 즉 궁극적인 '끝내기'(ending)－우리의 영역과 가치와 계획의 대부분을 결정짓는 주요 사실－는 그리스도의 부활과 함께 끝났다. 누가의 '역사'는 그 새로운 현실에 관한 이야기이다. 그 새로운 현실이란 세상을 뒤집고, 현존하는 모든 관계들을 상대적인 것이 되게 하며 신자들로 하여금 '두 시대 사이에서' 사는 백성이 되게 하는 것이다. '두 시대 사이'란 죽음과 악의 세력에 의해 붙들린 옛 시대의 종말과, 미래가 충분히 실현되고 성령의 운동이 개방되는 새 시대의 사이를 말한다.

부활절을 지내고 제자들이 모였을 때, 이 제자들은 기다리면서도 한편으로는 의문을 갖는 자들처럼 행동했다. 그들은 부활 중에 어떤 일들이 있었는지 알고 있었다. 부활에 관한 이 지식은 그들이 가졌던 소망과 간절한 기다림의 근원이었다. 그들은 이미 시작한 일을 끝내기 위해서, 그리스도께서 회복에 관해 하신 약속을 이행하여 주시기 원했다. "언제입니까?" 그들은 묻고 있었다. 그들은 주의 명령을 받은 자들로서, 그분의 죽음과 부활에 대한 증인들로서 그분이 결정적인 싸움을 싸우시고 이기셨음을 알고 있었으나 아직 이루어지지 않은 것이 있다고 여겼다. 지금 그들은 아버지의 신실성에 의존하면서 기다리고 있다. 그러면서도 그들은 예수 안에서 시작된 그 일을 끝내시기 위해서 충분한 시간을 허락하고 계시는 자비의 하나님이 갖고 계시는 시간계획을 참고 기다리지 못하는 자들이었다. 바르트(Karl Barth)는 승천하심으로부터 오순절까지의 기간을 하나님의 능한 행위들 중간에 끼여 있는 "의미심장한 멈춤"(significant pause)이라고 말했다. 교회로 하여금 기다리고 기도하도록 하기 위한 멈춤이다. *Veni, Creator Spiritus.* 그리하여 「공동 성구집」(*Common Lectionary*)에는 이 본문이 부활절과 오순절 사이에 있는 부활절 후 일곱째 주일에 성령을 기다리는 시간에 읽혀지는 말씀으로 수록되어 있다.

그들은 공허한 중에 기다리고만 있지는 않았다. 그들은 소망 중에 기다렸다. 자기들의 주께서 승천하셔서(1 : 2) 하나님의 우편으로 올라가 계신(2 : 33) 사실을 알고 기다렸다. 그 승천 이후에 그리스도인들이 하나님에 관하여 말할 때면 그리스도에 관하여도 말해야 했다. 그리스도는 지금 하나님과 함께 다스리고 계시기 때문이다. 그리스도를 따르던 자들은 자신들을 위하여 봉사하고 가르치고 사랑했던 그분이 지금은 자신들을 위하여 다스리고 계심을 알고 있었다. 그러나 이러한 인식은 특별한 혜택을 받은 최초 소수의 사람들만이 가진 그저 자랑스런 지식(知識, *gnosis*)이 아니었다. 이 지식은 증언을 해야 하는 지식이었다. 그리하여 지금 그들은 수행해야 하는 임무를 받았고, 그렇게 하기 위해서는 역량도 가져야 했다. 부활절과 그 나라의 회복 사이의 기간은 은혜의 기간인 바 증언을 하기 위한 기간이다. 본서를 시작하고 있는 이 사건은 "어찌하여 서서 하늘을 쳐다보고 있느냐?"라는 천사의 책망으로 끝나고 있다. 해야 할 일이 있었다 : 지금은 교회가 그 일에 착수해야 한다. 자신의 제자들로부터 그처럼 극적으로 떠나가신 예수께서 동일한 방법으로 되돌아오실 것이라는 약속을 확고하게 믿으면서 말이다.

처음 몇 절에서 누가는 두 가지를 지적하고 있다. 계시에 의한 소망을 갖지 못한 교회의 절망과 답답해 함과 함께 열정과 획일화된 계시론에 의한 억측이었다. 마치 교회가 돌아가신 예수에 대한 추모집단인양 떠나가신 지도자를 사모하기만 하고 있는 교회에 대한 책망도 하고 있다. 동시에 예수께 권능을 덧입혔던 그 힘은 교회와 함께할 것이라는 약속도 제시한다.

이 명령과 책망과 약속에 대한 제자들의 반응은 좋았다. 그들은 기도하기 위하여 모였다(1 : 12－14). 행동의 세대 사람들은 제자들이 어떤 더 '유용한' 활동을 행사하였으면 하고 기대할 수도 있을 것이다. 그들은 "땅 끝까지" 증인이 되라는 명을 받았었다(1 : 8). 그리하여 그들이 첫째로 보인 반응은 기도였다. 교회에 요구되는 행위는 사업이나 인간의 열정적인 노력 그 이상의 것이다. 제자들은 약속된 나라가 하나님이 정하신 시간에 선물로 주어진다고 들었었다. 그리고 약속된 성령 역시 하나님의 은혜로 주어진다고 들었다. 그들의 사명은 그들의 열정적인 노력 이상을 요청하였다.

그리하여 그들은 순종하기 위한 능력을 얻고자 기도하였다. 예수께서 누가복음 11 : 9～13에서 약속해 주신 말씀에 대한 반응이었다. "구하라, 그러면 너희에게 주실 것이요……하물며 너희 천부께서 구하는 자에게 성령을 주시지 않겠느냐?" 그들은 "항상 기도하고 낙망치 말아야 될 것"(눅 18 : 1)을 알고 있었기에 약속해 주신 그 나라를 위하여 기도했다. 기다리고 기도하기 위하여 모였던 것은 신실한 교회의 두 가지 기본적인 활동으로(사 40 : 31) 설명된다. 지체 없이 모든 것을 해결하는 시대에 살고 있는 컴퓨터화되고 기술적으로 성급한 현대인들인 우리들에게 있어서 기다림이란 힘든 부담이다. 그리고 교회로서도 힘든 일 중의 하나이다. 우리가 기다린다는 사실은 우리가 세상에서 실행해야 하는 일들이 단순히 우리의 노력이나 프로그램, 대중 운동만으로 성취하기에는 우리의 능력 밖에 있음을 암시해 준다. 어떤 다른 능력을 받아야 한다. 그리하여 교회는 기다리고 기도했었다. 우리가 기다리고 기도하는 것은 성령의 은사가 교회의 보장된 전유물이 아님도 암시한다. 성령의 은사는 기도 중에 지속적으로 새롭게 구해야 하는 은사이다.

예수에 **관하여** 모든 것을 안다고 할지라도, 그리고 40일 동안 예수께로부터 말씀을 직접 받았다고 할지라도, 교회의 사명을 다하는 데는 충분하지 않다. 교회가 해야 하는 도전은 예수에 관하여 말해 줄 수 있는 충분한 **지식**을 갖춘 지적 도전이 아니다. 오히려 증인들이 예수의 일을 **해낼** 수 있는 계속 이어지는 권세와 능력을 갖춘 도전이다. 사실을 잘 알고 있었던 그들이었지만, 능력을 체험하기까지 예루살렘에서 기다리고 기도한 행위야말로 잘한 일이었다.

누가가 승천을 두 가지 다른 방법으로 알려 주고 있는 것 같은 사실은 우리를 혼동케 하는 것인가? 승천은 부활하신 날 저녁에(눅 24 : 51) 있었는가, 아니면 40일 이후에(행 1 : 3) 있었는가? 어떤 사람들은 이 두 기록이 서로 어긋난다고 말하고자 많은 이유들을 생각해 내고, 또 말해 왔다. 누가가 부주의해서 그렇게 기록했다고 주장하기도 한다. 누가는 사도행전을 그의 복음서보다 훨씬 뒤에 기록했기 때문에 승천이 언제 있었는지를 잊어버렸을 것이라고 억측하면서 그렇게 주장한다.

누가는 집필자였지 신문기자는 아니었다. 승천의 기록이 서로 다른 것은 저자의 의도가 무엇인지를 말해 주는 단서이다. 누가복음 24장의 승천은 하나의 결론으로, 예수의 지상 사역을 극적으로 끝내고 있다. 빌라도와 가야바가 무덤 속에 가두어 버리려 했던 분이 영광 중에 올리워 가신 것이다. 사도행전 1장의 승천은 교회가 그것을 기반으로 하는 시작의 전제이다. 이야기가 계속 이어지기 때문에 끝이 시작이 되고 있다. 누가는 동일한 승천을 각각 다른 견지에서 보고, 그 공동체를 위한 각각 다른 의미를 이끌어 내고 있는 것이다.

사도행전에는 그리스도 안에서 발생한 것을 설명하기 위하여 두 개의 언어가 사용되고 있다. 그 하나는 죽음에 대한 승리인 **부활**의 언어이며, 다른 하나는 하나님 우편에 앉으심과 권세를 받으심인 **승천**의 언어이다. 이 두 가지 주제는 사도행전 2장의 오순절날에 서로 만나게 된다. 이 날에 그리스도의 생명과 권세가 성령을 통하여 제자들에게 주어졌다. 데오빌로와 교회 안에 있는 그의 동료들이 자기네 일이 잘 되지 않을 때, 세상이 싫어질 때, 일들의 결과가 불만스러울 때, 그리고 혼란이 위협해 올 때, 누가 이 모든 것을 담당하고 있으며 다스리고 있는지를 아는 것은 중요하다. 옛날 승천일 찬송가의 가사에, "하나님 올라가셨네"(*Deus Ascendit*)가 있다. 이 말의 의미는 그분이 교회로부터 떠나가 버리셨다는 것이 아니라 교회를 위하여 권능을 주시는 자가 되기 위하여 올라가셨다는 것이다. 우리는 이 사실을 다음 장에서 생생하게 알게 될 것이다.

1 : 15~26
공동체의 지도자 보완

1장의 나머지 부분에서는 부활절 이후에 이 공동체가 필요로 했던 지도력이 관심사가 되고 있다. 기다리고 기도하기 위하여 모였던 이 공동체는 좀 별난 단체였다 – 누가가 1 : 14에, 갈릴리로부터 예수와 함께 있었던 여자들(눅 8 : 2, 23 : 49, 55, 24 : 10 – 11)과 예수의 어머니와 형제들이라는, 끼워 넣은 말로 기록해 놓은 것을 보면 그렇다. 이 공동체의 명부에는 여자들도 포함되어 있다. 2세기의 독자들이 이때 벌써 남녀의 벽을 허물어 버린 단체가 있었다는 사실을 그냥 못 보고 넘어가지는 않았을 것이다.

이뿐 아니라 우리는 그들이 이스라엘의 집을 위하여 사명을 받은, 철저하게 유대적인 공동체였음을 알고 있다. 누가복음 9 : 1~6에서 그 열둘은 이스라엘로 보내심을 받았었다. 예수께서는 이 열둘이 열두 지파를 심판하는 보좌에 앉게 하겠다고 약속하셨다(눅 22 : 28 – 30). 열두 지파이므로 열두 증인들이 있어야 했고, 따라서 본론에서의 관심은 배신자 유다의 자리가 어떻게 채워지는가를 알아보는 것이었다.

120이라는 수 역시 이스라엘의 임무에 관련된 눈에 띄는 숫자이다. 유대인의 법에 의하면 일개 회당의 자치회가 구성되려면 120명의 남자가 필요했었다 – 제자들은 이미 하나의 합법적인 공동체를 이루기 위한 충분한 사람들을 갖고 있었다. 누가는 유대주의에 충실한 가운데 모든 것이 이루어지고 있었다고 말하고 있다.

베드로가 일어나서 말했을 때(16 - 22절) 그의 연설은, 사도행전의 다른 모든 연설과 마찬가지로 누가의 독자들을 위하여 짜맞추어진 것이었다. 우리는 베드로의 설교를 그가 한 말 그대로 전해 주는 기록을 읽고 있는 것은 아니다. 베드로는 헬라어로 된 70인역(Greek Septuagint)으로부터 인용하고 있다. 이 역본은 헬라어를 사용하는 유대인들이 사용하는 성경이다. 마치 청중이 아람어 - 원래 예루살렘의 유대인 - 그리스도인들의 언어 - 를 모르고 있는 것처럼 그들을 위하여 '아겔다마' 라는 아람어를 해석하기까지 한다. 그러므로 이 해석에 관련하여 과연 베드로가 이런 식으로 이 말들을 했던가에 대한 답변은, 그것은 역사적 사실이 아니었다는 것이다. 그러나 이 말들을 통하여 베드로 당시의 공동체보다 이후 시대의 공동체에 속한 그의 독자들에게 누가가 말하고자 했던 것이 무엇인가라는 설교학적 문제는 다르다. 뿐만 아니라 베드로의 이 말이 사도행전 이야기의 줄거리와 진행에 얼마나 보탬이 되었는가라는 이야기 전달의 문제 또한 별개의 문제이다.

베드로의 말은 두 부분으로 되어 있다. 각 부분은 헬라어형 *dei*, "마땅하도다"로 시작되고 있다(16, 21절). 생겨난 일은 모두 성경의 필연적인 성취와 하나님의 목적으로서 그렇게 되어졌다(행 4 : 12, 5 : 29, 눅 2 : 49, 4 : 43, 12 : 12, 13 : 14 참조). 비극적인 사건들, 예컨대 유다가 예수를 배신한 사건까지도 하나님의 목적이 진행되는 과정으로 이해될 수 있다. 유다는 예수를 죽이려는 자들과 힘을 모아 예수를 배신하였다. 그리하여 그리스도는 하나님과 함께 다스리기 위하여 하늘로 가셨고, 유다는 "제 곳으로" 갔다(1 : 25). 유다는 "본래 우리 수 가운데 참예하여 이 직무의 한 부분을 맡았던 자"였으나(1 : 17), 배반자가 되어 이에 합당한 운명을 맞았다(1 : 18 - 20).

그리하여 교회는 새로운 지도력이 그 공동체로부터 나오도록 기도하였다. 교회가 하나님의 인도하심을 구하는 모든 경우에 보여지는 그러한 성격을 지닌 절차였던 것이다(1 : 14, 4 : 31, 9 : 11, 10 : 2, 12 : 5, 13 :

3). 맛디아 선거는 바울이 포함될 수 없는 정의로, 누가로 하여금 사도를 정의하는 기회를 갖게 했다(1 : 21-22). 사도는 그 열두 명 중에 속한 자이다. 그리고 "요한의 세례로부터 올리워 가신 날까지 예수와 함께 있던 자"여야 했다.

사도들은 예수사건을 믿음직스럽게 설명해 줄 수 있는 목격자들로부터만 나온다(눅 1 : 1-4). 이 직접적인 증인에 대한 관심은 자기 기록에 대한 확실함을 보증하는 누가의 방법이다. 누가가 '제자들' 을 말할 때면 그는 그 열두 명을 별도로 한 모든 그리스도인을 말한다(눅 6 : 1, 9 : 1 참조). 마태와 마가가 그 칭호를 사용할 때와는 달랐다. 그 열둘을 그는 '사도들' 이라고 불렀다. '역사적 예수' 에 관한 어떤 믿을 만한 사실들을 찾아내려 할 때 우리의 능력에 깊은 회의를 느낄 때가 있다. 그리고 자기들의 관념을 떠받치고자 교묘하게 재구성한 예수를 제시하려는 이런 저런 시도를 해보는 여러 가지 신학들이 있다. 이러한 경우에 우리가 믿을 만한 '사실' 의 전달자들로 누가가 목격자들을 강조하고 있음을 중요하게 고려하는 것은 잘하는 일이다. 예수사건의 '사실' 들은 우리가 예수와 그가 전하신 좋은 소식을 우리가 원하는 어떤 것으로 조작할 만큼 정해진 형태가 없는 그런 것은 결코 아니다(이는 여러 유형의 영지주의[Gnosticism]의 위험 요소가 된다.). 우리는 전해 주는 대로의 이야기에 주의하여야 한다. 증인들은 예수와 그의 메시지에 관하여 우리가 알기를 원하는 모든 것을 우리에게 전해 주고 있지는 않다. 그러나 그들은 오늘의 해설들을 판별할 수 있도록 '자세히, 차례대로' 된 기록을 우리에게 주고 있다.

맛디아는 그 열둘에 소속되었고, 그 수는 다시 채워졌다. 이 새로운 공동체 안에서의 지도자는 자격(21-22절)과 하나님의 선택(24절)에 근거를 두었다. 이 지도자는 '바닥에서 위로' , 즉 그 기도하는 공동체가 자기들을 이끌어 주도록 선택한 사람들로부터, 그리고 '정상에서 아래로' , 즉 그 공동체가 사명을 완수하기 위해 필요한 안내자 없이 자기의 공동체를 떠나시지 않는 은혜로우신 하나님의 선물로서 주어진 것이었다.

이 지도자는 그 공동체가 임의로 선택할 수 있는 것이 아니었고, 권세잡기를 원하는 권위주의자들이 한때 자유롭고 민주적인 교회에서 그렇게 했던 그런 형태로 후대에 고안된 어떤 것도 아니었다. 교회에 유익한 지도자들은 교회와 그 교회를 생겨나게 한 사건들을 연관지어 주는 자들이다. 그리고 자신들의 노력과 증언으로 교회가 자체의 사명을 완수할 수 있도록 수단이 되어 주는 자들이다.

이런 점에 있어서 교회 안에서의 지도력은 증인이 된다는 말로 설명되고 있는 것 같다. 다시 말해서 사도는 보고 들은 사람, 즉 지금 다른 사람들에게 부활을 증언하는 사람이었다. 베드로가 그러했던 것처럼 사도들은 그 일이 교회 안에서 계속적으로 일어나도록 전에 있었던 일을 증언했다.

그런데 베드로의 말에는 우리로 하여금 생각하게 하는 것이 있다. 지금까지 있었던 일들을 말해 주는 그의 이야기에는 사도직과 함께 배신도 있다는 사실이다. 사도들은 모든 면에 있어서 참으로 훌륭했다는, 어떤 이상적인 모습을 그려내는 것과는 매우 다르게, 누가는 배신자가 시초부터 사도들 가운데 끼여 있었다는 침울한 사실을 생각하게 하기 위해서 유다에 관한 베드로의 말을 서두에 기록했다. 그런가 하면 부활절 이후의 공동체 안에서 누가 최초의 설교자였던가? 어둠 속에서 도망치고, 비자(婢子)와 마주쳤을 때 자기의 주님을 큰소리로 부인했던 바로 그 사람이었다(눅 22 : 56－62). 배신은 지도자로 있던 그들 가운데서 최초로 있었던 것이다. 속임수와 배신은 교회가 경멸하고 있던 이방인들 중에서 생겨나지 않았고, 교회의 처음 반열에 들지 않았던 믿지 않는 유대인 혈통의 사람들 중에서도 생겨나지 않았다. 예수께서는 배신이 있을 것을 경고하셨었다(눅 12 : 8－12, 22 : 31－34). 이런 점에 있어서 교회는 자부심을 가질 만한 이유를 갖지 못했다. 누가는 그들이 능력을 받았다는 이야기에 앞서 처음부터 그리스도 사건의 전부를 증언하는 특전을 받은 제자가 자기 스승을 배신할 수 있었고, 또 배신했었던 사실을 우리로 하여금 생각하게 하고 있기 때문이다. 뒷날 복음을 무시하는 자들에 대한 어떠한 경멸도, 이교도에 대한 어떠한 비판도 유다의 종말에 관한 그 냉정하고 무서우리 만큼 상세하게 전해 주는 내용과는 비교가 안 된다. 그리고 유다에 대해서 말하는 장본인이 자기 스승을 부인하고 저주했던 그 기상천외의 사건과도 비교가 안 된다.

교회는, 자체 안에서 – 바로 그 최초의 회중을 모으고 이끌었던 자들이 경험하지 않은 실패와 속임수를 결코 세상 속에서 경험하지 않는다.

제 1 부

예루살렘, 유다, 사마리아에서의 증언

사도행전 2 : 1~9 : 43

공동체의 탄생 : 오순절날의 사건 / 2 : 1~47 **59**

복음의 역할 / 3 : 1~4 : 31 **80**

안과 밖에서의 도전 / 4 : 32~6 : 7 **91**

스데반의 사건 / 6 : 8~8 : 3 **103**

예루살렘 밖에서의 전도 / 8 : 4~9 : 43 **112**

특주 : 누가와 동료 유대인들 **137**

예루살렘, 유다, 사마리아에서의 증언

사도행전 2 : 1~9 : 43

공동체의 탄생 : 오순절날의 사건
사도행전 2 : 1~47

"여호와께서 집을 세우지 아니하시면 세우는 자의 수고가 헛되며……"(시 127 : 1). 그 공동체는 전열(戰列)을 갖추고 군기를 나부끼면서, 모험적으로 나가면서 사건을 스스로 해결하려고 하지 않았다. 오히려 기다리고 기도하기 위하여 뒤로 물러섰다. 그 다음의 움직임은 하나님께 의존했다. 성령을 내려 주시고 이스라엘에게 나라를 회복시켜 주시겠다는 약속을 이행하시는 일은 전적으로 부활하신 그리스도께서 하실 일이었다. 어떤 의미에서 기도란 그 공동체가 하나님께서 약속을 이행하시도록 졸라대는 오만하리 만큼 대담한 노력이다. "주님의 나라가 임하게 하시고 주님의 뜻이 이루어지게 하소서."라고 기도하면서, 우리는 하나님께서 하실 일을 해주시고 우리에게 약속하신 것을 주시도록 간청한다. 기도는 하나님께서 친히 해주신 약속에 대해 성실하실 것이란 확신과, 하나님은 하실 일을 하신다는 확신에서 나오는 담대한 행위이다. 교회가 자기들이 성령, 나라, 권세, 회복을 받을 것이라고 기도하는 것은 기도를 내세운 오만으로 보여지지만, 실제로는 가장 심오한 겸손이며, 하나님만이 교회가 절실하게 필요로 하는 것을 주실 수 있다고 믿는 교회의 겸손한 깨달음이다.

그리스도에 관한 이야기를 전달함에 있어서, 누가는 다른 어떤 복음서보다도 예수의 탄생을 상세하게 쓰고 있다. 누가의 복음서에 있어서 탄생의 이야기들은 나머지 이야기에 대한 일종의 전제이다. 시인 엘리어트(T. S. Eliot)는 "나의 시작 속에 나의 끝이 있다."라고 말했다. 한 사람의 생애의 시초는 그의 일생이 걸어갈 방향을 암시해 준다. 차후에 의미를 갖게 될 많은 것들이 우리의 시작 속에서 엿보인다. 그러므로 우리는 큰 관심을 갖고 오순절에 있었던 교회의 탄생을 주목하게 된다. (실제로 누가복음의 예수의 탄생과 사도행전의 교회의 탄생을 비교해 보면 매혹적인 유사점들을 찾게 된다 : 두 이야기는 성령의 임하심으로 시작된다. 두 사건 직전에 성령의 역사가 있었다. 두 이야기 중에 나오는 약속들은 세례 요한에 관한 약속들과 대조를 이루고 있다.) 누가가 이야기를 취급하는 방법을 알게 되면, 그 최초의 공동체에 관한 초기의 이야기로부터 우리는 많은 것을 알게 되리라고 기대할 수 있다.

흔히 오순절을 교회의 생일이라고 말한다. 이 말은 사실이지만 부활절이 오순절의 생일이라고 말하는 것이 더 정확하다. 오순절 이야기는 누가복음 24장의 맥락 속에서 읽어야 한다 : 부활하신 주님은 "떡을 떼심으로" 그들에게 알려지셨다(35절). 주님은 그들의 마음을 열어 성경을 알게 하셨다(32절). 그리고 주께서는 자신을 감동케 하셨던 동일한 능력을 제자들에게 주시겠다고 약속하셨다. "너희는 위로부터 능력을 입히울 때까지 이 성에 유하라"(49절). 누가가 그의 이야기 중에서 부활사건을 승천과 오순절로부터 떼내어 말할 때 의도가 없었다면 그렇게 할 수 없었다. 그 의도는 우리가 이 사건들을 세 가지 동떨어진 상이한 사건들로 읽도록 하기 위해서였다. 그리스도의 부활과 승천 중에 보여졌던 하나님의 능력은 오순절날에 하나님의 사람들 위에 주어졌다. 원래 예배력(禮拜曆)에 따른 교회의 기념일에는 부활절, 승천일, 그리고 오순절이 줄곧 연결되어 있었다. 오늘날 일반적인 교회들은 이 사건들을 각각 동떨어진 현상으로 여기고 그렇게 경험할 것이다. 그리하여 그리스도의 승천과 오순절의 성령강림이 모두 부활절의 경이로움을 더욱더 잘 설명해 주고 있다는 사실을 놓치고 있다. 다행스럽게도 최근에 일고 있는 예배 개혁의 움직임을 보면 오순절의 예배를 50일 간의 부활절 기념의 맥락 안에 두려고 한다. 오순절에 드리는 가톨릭 미사의 개회기도는 이렇다. "전능하시고 항상 살아 계신 하나님, 당신께서는 성령을 우리에게 보내셔서 부활절의 약속을 이루어 주셨나이다"(Adolf Adam, p. 90).

2 : 1~13
강력한 바람소리 : 오순절

교회는 오순절에 그 형체가 이루어졌다. 그 내력의 이야기에 귀를 기울이면서, 우리는 이 특이한 새 공동체에 관한 진상을 추적해 보고자 한다. 우리는 어떤 일이 발생했었는지에 관한 사실을 조사하려 함이 아니라, 그들이 무엇을 주장했었는지 – 이 공동체의 본질에 관한 이야기 가운데 무엇이 강조되었는지 – 에 관심을 갖고자 한다. 사도행전 2장에 있는 오순절에 관한 기록을 읽게 되면, 우리는 교회에 관한 사실 가운데 어떤 실상을 밝혀 보고자 하는 저자의 노력에 참여하게 된다. 이 이야기가 아니면 알아낼 수 없는 그 어떤 실상 말이다. 그러므로 우리는 가능한 역사적 정황이나 어떤 심리적 동기, 또는 흔히 우리가 관심을 갖게 될 어떤 문제들은 그냥 지나칠 것이다. 우리는 그 이야기 자체가 우리를 위하여 자체 내막을 설명하게 하고 당시의 실상을 다시 만들어 내게 할 것이다. 그 이야기가 우리로 하여금 질문하게 할 그 질문에 대한 대답을 찾아보려고 하면서 말이다. 사도행전의 이야기들을 읽어 보면, 사도행전의 이들 이야기는 오늘날 '훌륭한 이야기'를 만들어 내는 데 이바지하는 일에는 별로 관심이 없음을 알게 된다. 즉, 무모한 자기반성이나 구체적인 개인의 인격 계발, 내적 성찰 등을 하도록 하지 않는다. 우리는 사도행전에서 베드로나 바울에 관하여 많은 것을 읽을 수 있을 것이다. 그러나 그들의 성격에 관해서는 거의 알지 못한다. 사도행전은 개인의 성격에 대한 연단이나 심리적 형성에는 관심을 보이지 않는다. 왜냐하면 사도행전은 그 공동체에 관여하고 있는 문서이기 때문이다. 이 공동체는 사도행전의 중앙에 위치하고 있다. 그 공동체의 하나님은 그 드라마의 주연기자(主演技者)로 계시면서 말이다.

예루살렘에서 오순절날에 있었던 그 사건은 교회를 위한 일종의 '고전'(古典)으로(David Tracy, pp. 99-299), 믿음의 공동체가 그것에 권위를 부여하고 자체의 생명을 위한 안내자로, 거듭거듭 그것으로 되돌아간다. 이 사건 속에 그 공동체의 정체가 보여진다. 성령의 힘있는 역사하심 중에 그 공동체의 기원이 상세하게 설명되어 있기 때문이다. 때로는 이 사건이 교회에 소망을 주었고, 때로는 교회를 심판하고 부족한 점들을 찾아내기도 했다.

누가는 사실이란, 이야기를 통하여 효과적으로 전달된다고 믿는 것 같다. 직접적인 설명이나 쉬운 접근방법으로는 언제나 숨겨져 있는 사실들이 이야기를 통하여 잘 전달된다는 것이다. 우리는 우리가 밝혀 내는 사실들은 불확실하지 않기 때문에 놀랄 만한 결과를 기대할 수도 있다. 오순절날에 다락방에서 발생했던 사건에 대해서는 한 가지 이상의 해설이 가능하다. 하나의 재구성만으로는 그 사건을 정확하게 평가할 수 없다. 우리는 어떤 이상하고, 우리의 상상을 초월하며, 신비하고 설명하기 어려운 보고에 우리의 귀를 기울이고 있다. 그 보고는, 누가에게 있어서는, 교회의 존재에 관한 기원을 '설명할' 수 있는 단 한 가지 방법이다. 평이한 산문체의 설명으로는 교회가 어떻게 형성되었는지, 당시에 우둔했던 제자들이 어떻게 그리스도에 관한 사실을 선포하는 데 능변(能辯)을 발휘했는지를 바르게 설명할 수가 없다는 것이다.

그 사건의 알기 어려운 점과 신비함은 이야기라는 수단에 의해 설명되고 있다. 그때는 오순절날의 새벽이었고, 예수를 따르던 사람들은 기다리면서 기도하기 위해 모여 있었다. 그 새날은 하늘로부터의 돌발적인 바람소리로 시작되었다(2 : 2). 모든 것이 점차 풀리기 시작하더니 숨은 것이 드러나고 있었다. 그 바람은 천지개벽의, 그 최초의 아침에 어둡던 수면을 가로질러 세차게 불어닥친 창조의 바람과 동일한 바람일까?(창 1장) 그 바람은 사람들의 생명에 다시 한번 무엇인가를 전달해 주고 있었다.

처음에는 들리던 것이 다음에는 보여지고 있었다. 불의 혀(舌)였다(2 : 3). 4절에 가서야 우리는 이 이상한 돌발상황이 다름 아닌 약속하신 성령의 역사임을 알게 된다. 세례 요한이 말했었다 : 그리스도께서 "성령과 불로 너희에게 세례를 주실 것이요"(눅 3 : 16). 수수께끼나 하듯, 누가는 이 불의 '혀들' 을 성령께서 그들로 하여금 기적적으로 말할 수 있게 해주신 '방언들' 과 연결시켜 말해 주고 있다. 성령의 최초 은사는 말의 은사, 즉 별개의 언어를 말하는 말의 은사이다. 그리하여 우리는 성령이 이 공동체 속으로 홀연히 임해 오신 사실과 성령의 첫 번째 열매는 선포의 은사였다는 사실을 전해 듣고 있다.

장면은 제자들이 모여 있던 다락방의 내부로부터 복음이 벌써 군중을 이끌어 오고 있는 외부로 신속히 바뀌고 있다. 그가 쓴 복음서의 시초에 누가는 세례 요한이 "이스라엘 자손을 주 곧 저희 하나님께로 많이 돌아오게"(눅 1 : 16) 하는 사람이라고 말했었다. 바깥 거리에는 "경건한 유대인이 천하 각국으로부터" 와서(5절) 최초로 교회와 대면하고 있고, 그들의 반응은 어리둥절이었다. 홀연히 임하신 성령은 이 공동체로 하여금 말씀을 선포하게 하셨고, 구경꾼들은 이 말씀의 선포로 인하여 의아하게 되었다. 이 '방언들' 은 분명히 '천하 각국' 각양의 언어들이었다. 외국에서 온 이들이 각자 "우리 각 사람의 난 곳 방언으로 듣게 되는 것"(8절)이라고 큰소리로 말하고 있었기 때문이다. 외국으로 나갔던 그들 유대인이 살다 온 어떤 나라의 국적도 제외되지 않았다. 누가가 그 나라들을 열거하고 있음은 이 사실을 분명하게 한다.

그러나 이 구경꾼들에게는 모든 것이 이해되지 않았다. 그들은 시종 "놀라며 의혹"하는 모습이었고, "이 어찐 일이냐?" 고 묻고 있었다(12절).

구경꾼들 중에 몇 사람은 아예 알고 싶어하지 않았다. 그들은 나름대로 세련되고 약아빠진 태도로, 제자들이 그처럼 이상한 종교적 열정에 도취한 데 대하여 조롱하는 어조로 "저희가 새 술이 취했다."고 했다(13절). 하나님의 은사로 말미암아 교회가 말씀을 선포하고 있는 그 능력을 세상은 술에 취한 상태로 설명하고 있다. 성령의 강력한 역사는 길가의 군중에게 심각한 동요와 큰 위협을 가하여 그들은 그러한 이성으로는 설명할 수 없는 사실에 대한 어떤 설명, 어떤 합리적 설명을 생각해 내야 했다.

누가는 불과 몇 절 속에서 사도행전 줄거리의 상당 부분을 우리에게 조금씩 보여 준다. 이러한 시작의 일화를 그가 취급하고 있는 방법을 보면서 우리는 이와 유사한 시작의 장면, 즉 누가복음 4장에서 예수께서 그의 고향 회당을 방문하셨을 때의 장면을 생각하게 된다. 그 장면에서 보면, 회당에 모인 자들이 '요셉의 아들'과 기뻐하다가 그 존경의 마음이 분노로 바뀌는 것을 보게 되는데, 예수께서 하나님의 큰 사랑이 어떻게 이방인의 삶 속에 강하게 역사했는가를 생각하게 하셨을 때 그러했다. 고향에서의 이 첫 설교는 누가복음의 나머지 부분의 예시가 되고 있다.

사도행전 2장은 나머지 이야기에 대한 일종의 요약이며, 누가복음 4장과 상당히 비슷하게 작용한다. ("이 글이 오늘날 너희 귀에 응하였느니라."[눅 4 : 21]고 말씀하셨는데) 다시 한번 하나님의 능력이 매우 전통을 벗어난 방법으로, 신실한 사람들의 전통적 모임 속으로 강하게 임하여 들어왔던 것이다.

다시 한번 상황은 선포된 말씀이 행동으로 나타나게 하시는 성령의 능력을 따라 움직였다. 그리고 또다시 선포된 말씀은 의문과 의아함과 냉소를 불러일으켰다. 여기서, 즉 신실한 자들과 비방하며 조롱하는 자들, 그리고 길에서 진지하게 묻고 있는 사람들 사이에서 주고받는 말들 가운데 우리는 앞으로 사도행전에서 거듭거듭 반복될 사건들에 대한 하나의 전형을 본다.

군중의 질문은 제자 중 한 사람이 일어나서 말하도록 하는 계기가 되었다. 그리고 누가는 그 사건 자체를 알려 주는 것보다 그 무아경의 사건의 의미를 설명하는 데 거의 갑절이나 많은 분량을 쓰고 있다. 그의 복음서에 있어서처럼 누가는 말씀선포를 위한 근거로 기적을 사용하고 있다.

지금 이 사람이 말하게 되리라고 누가 예측할 수 있었으랴? 우리는 그가 1 : 16~22에서 말하는 것을 들었다. 거기서 우리는 이 사람 베드로가 어려움을 만나면 또다시 배반자가 될 수 있음을 보여 주었던 사실(눅 22 : 31-34, 54-62)을 우리의 기억에서 지울 수 없었다. 그리하여 우리는 베드로가 배반자 유다를 대신할 사람을 찾아야 한다는 말을 할 때 별로 귀기울여 들으려 하지 않았었다. 멀찍이 따라갔던 자는 베드로였고, 하녀가 추궁하자 "이 여자여, 내가 저를 알지 못하노라."고 말한 사람 역시 베드로였다(눅 22 : 57). 우리는 그가 바깥뜰에서 울고 있는 그대로 보아야 하며 시험해 보니 모자라는 제자였던 것이다.

그러므로 우리는 1 : 16~22에서 베드로가 유다를 정죄하고 그를 대신할 사람을 세우려는 성급한 노력을 보면서, 그에게는 무엇인가 약간 속이 빈 부분이 있음을 알게 되었다. 반역한 사람은 유다만이 아니었음을 생각하게 했기 때문이다. 그러나 여기서는, 그 절반이 의아심을 갖고 다른 절반은 조롱을 하고 있는 그 무리들 앞에서, 베드로는 음성을 높여 말씀을 선포하는 데 첫째였다. 불과 몇 주간 전 밤중에 하녀를 향해서도 말하지 못했던 그 말씀을 외치고 있다.

창세기 2 : 7에서 하나님의 영은 흙덩이 속에 생기를 불어넣어 인간을 창조해 내셨다. 사도행전 2 : 1~4에서는 그 영이 한때 겁쟁이였던 제자 속에 생기를 불어넣어 담대한 말씀의 은사를 갖게 된 새 사람을 만드셨다.

오순절에 관한 누가의 기사(記事)는 풍부하여 여러 층(層)의 해석을 하게 한다. 우리는 교회에서 이 이야기를 듣고 그처럼 이상하고 놀라운 사건을 여러 가지로 설명함에 있어서 당시의 그 무리들을 닮았다. 예를 들면, 우리는 성령의 은사에 관한 누가의 이야기가 요한복음 20 : 22의 기록과는 다르다는 것을 인정한다. 누가는 한때 하나의 사건으로 취급했던 것을 세 가지 사건, 즉 부활과 승천과 성령 주심으로 나누고 있는 것 같다. 누가가 이렇게 하고 있는 것은 부활승리의 모습들을 각각 세부적으로 발전시켜 말하려는 것같이 생각된다. 그리고 누가는 성령을 제4복음서에서 그렇게 하는 것과는 다른 견지에서 이해하고 있다. 거기서는 성령의 은사가 교회가 매고 푸는 권세, 즉 죄의 용서와 연관되어 있다. 본서에서는 죄의 용서가 포함되기는 했으나(행 2 : 38), 성령은 증언을 위한 능력이며, 교회를 온 세상 어디에나 끌고 들어가는 엔진(engine)이다. 부활을 승천, 즉 40일 후에 위로 올라가심으로부터 분리시킴으로써, 누가는 우리가 교회력을 따라 절기를 지킴에 있어 우리에게 익숙한 순서를 만들어 냈다. 우리가 위에서 지적했듯이 부활, 승천, 오순절은 하나의 단위로 보아야 하겠지만, 하나님은 온갖 장애물에도 불구하고 자신이 원하는 것을 달성하시는 하나님의 권세를 세 겹으로 설명해 주고 있다. 바람은 임의로 부는 것이다.

오순절에 대한 하나의 유명한 해석이 있다. 이 사건이 바벨탑 사건을 역전(逆轉)시켰음을 의미한다는 것이다(창 11 : 1－9). 바벨탑 사건 중에 그처럼 혼잡해졌던 인간의 언어는 원래대로 되었다. 그리고 당시에 그처럼 분산되었던 공동체도 원상태로 되었다. 누가가 이 내용을 의중에 두었는지는 의심스럽다. '하나님의 큰일' 은 이 시점에서는 단지 유대인들에게만 선포되었다. 유대인과 이방인들의 분리가 치유되기 위한 시간은 이 사건 속에서는 아직 성숙되지 못했다. 이 이야기 속에서는 당시에 한 언어만이 있었다고 주장하고 있지 않다. 누가는 제자들이 여러 언어들을 말하고 있었다고 보고하고 있다. 그리고 오순절은 말하기보다는 듣기, 즉 모든 사람이 즉시 방언을 알아듣는 기적과 연관되었다는 주장도 없다. 여기서 보여지고 있는 기적은 말씀선포의 기적이다. '하나님의 큰일' 을 말할 만한 '혀' 를 갖고 있지 못했던 저들이 지금 설교하고 있는 것이다.

누가가 여기서 고린도전서 14장에 있는 무아경의 언어, 즉 방언

(*glossolalia*)을 말하고 있는지는 의심스럽다. 왜냐하면 그러한 언사는 모든 사람들이 알아듣도록 통역이 필요했기 때문이다. 고린도전서 14장에 있는 방언에 관한 이론을 근거로 판단하건대, 바울이 세운 여러 교회에서 성령은 다양한 방법으로 자신의 임재를 보여 주셨음을 알 수 있다. 누가의 관심은 성령의 능력이 함께하여 알아들을 수 있는 외국의 언어들로 되어졌던 말씀선포를 설명하려는 것이었다(2 : 6, 8).

다른 해설자들은 오순절의 이야기를 시내산에서 율법을 주신 것과 연결시키려고 노력해 왔다. 옛 율법은 시내산에서 주어졌고 새 법은 오순절에 주어졌다는 것이다. 이 관념은 바울의 것일런지는 모르나(고후 3장) 누가의 것은 아니다. 계속 이어지는 베드로의 말(2 : 14－40) 가운데 시내산이나 언약에 관한 언급은 없다. 시내산에서의 이스라엘의 시작과 오순절에 교회의 시작과의 연결은 희박하다. 그리고 이 연결은 사실 자체 이외의 근거 자료로 말할 경우에만 이루어질 수 있을 뿐이다(Talbert, *Acts*, pp. 14－15).

오늘의 교인들은 성령이 주로 내적이며 순전히 개인에게 중요한 외래적 현상이라고 본다. 이들을 향하여 오순절의 성령강림 이야기는 시정을 요청한다. 누가는 성령의 부어 주심이 결코 내적인 것이 아니라는 것을 애써 주장한다. 모든 상황은 바람과 불, 시끄러운 이야기 소리, 떠들썩한 혼란, 그리고 공공연한 토론으로 되어 있었다. 성령은 교회로 하여금 자체의 선한 소식을 갖고 '공중 앞으로 나가게' 하시는 능력이다. 무리를 매력적으로 끌어당기고, 우리가 다음 장(章)에서 보게 되겠는데, 들을 만한 가치가 있는 것을 말하기 위한 그 무엇을 갖게 하시는 능력이다. 새로운 바람이 땅 위에 불어 어떤 사람들에게는 분노와 혼동을 일으키는 폭풍이 되었고, 다른 사람들에게는 소망과 힘을 얻게 하는 신선한 숨결이 되었다. 오순절은 복음전파에 중요한 의미를 주는 현상이다. **"구원받기 위하여 우리는 무엇을 해야 합니까?"**라는 그 무리의 주요 질문은 이를 분명하게 한다. 이와는 반대로 나사렛에서 예수의 설교를 들었던 그 무리는 경멸하며 말했었다. "이 사람이 요셉의 아들이 아니냐?"

누가는 성령의 영감을 받은 베드로의 설교가 열정적인 개종자(改宗者)들이 생겨나게 했다는 사실을 기꺼이 보도하고 있다. 이제 '천하 각국으로부터 온 유대인들'은 그 좋은 소식을 향하여 나오고 있었다. 이 마지막 날에 누가가 2 : 32에서 예언하고 있듯이 참이스라엘은 회복되고 있었다. 그리고 우리가 앞으로 알게 되겠지만(행 11 : 18), 그들은 열방을 향한 빛이 될 것이다.

시편의 시인은 노래했었다. "우리 하나님이 임하사 잠잠치 아니하시니/ 그 앞에는 불이 삼키고/ 그 사방에는 광풍이 불리로다"(시 50 : 3).

2 : 14~41
사건의 의미 : 오순절날의 설교

우리들 대부분이 복음서 읽기를 좋아하는 한 가지 이유가 있다면, 그것은 우리 모두가 좋은 이야기를 좋아한다는 사실이다. 본 주석에서 우리는 이야기가 우리들 상상의 자물쇠를 열고 우리의 세계관을 재구성하는 힘을 가졌다고 강조한 바가 있다. 그러나 연설, 특히 설교는 문제가 다르다. 전통적인 세 가지 요점과 시구로 짜여져 있는 설교는 누구라도 재미있다고는 단정하지 않을 것이다. 사도행전에는 약 스물여덟 개의 연설문이 있는데, 대부분 베드로와 바울에 의한 것들이다. 그리고 이 연설들은 전체 본문의 3분의 1을 차지하고 있다. 사도행전의 해설자들은 그토록 많은 설교를 수록해 놓은 데 대한 고정된 선입견을 극복해야 한다. 누가는 왜 사도행전의 많은 부분을 연설의 형식으로 구성해 놓았을까?

술에 취했다고 군중이 비난을 하자 베드로는 말을 하게 되었다. 여기에 우리가 사도행전에서 반복적으로 보게 될 모형이 있다. 교회는 군중과 마주쳤고, 그들 중에 어떤 이들은 이해하고 있었으나 어떤 이들은 그렇지 못했다. 사도는 설교를 통하여 복음을 해석하면서 말하고 있다. 누가의 형식은 전형적인 역사가들이 즐겨 쓰던 방법이었다. 고대의 역사가들은 연설을 통하여, 뛰어난 역사적 인물들의 입을 빌려 사건들의 의미를 해석했었다. 언뜻 보기에 이 방법은 상상의 폭을 좁히고 단조로운 틀에 박힌 방법처럼 보인다. 우리가 오늘 우리의 시대에 링컨의 게티스버그 연설(Lincoln' s Gettysburg Address)이 어떻게 그렇게 국립묘지를 개소(開所)하는 그 이상의 효력을 발휘했는지를 기억한다면 평가는 달라진다. 그의 연설은 국가적으로 시급한 변화를 위한 의미와 본질을 제시했던 것이다. 마틴 루터 킹 목사(Martin Luther King, Jr.)의 "나에겐 꿈이 있다."(I Have a Dream.)라는 연설은 우리의 역사와 헌법을 재해석했고, 한 국민이 정의를 위해 행동하도록 움직였다. 훌륭한 연설은 우리를 뒤집어 놓을 수 있다.

더군다나 훌륭한 연설은 개성적이고 기억하기에 편한 형식을 갖는다. 훌륭한 연설자들은 말하고자 하는 자료를 특색 있는 형식으로 바꾸고 구체적인 방법으로 발전시킨다. 사도행전에 있는 모든 연설들을 동일하게 개요할 수는 없겠지만, 도드(C. H. Dodd)는 사도적 케리그마(*Kerygma*, 말씀의 선포)의 전개에 있어 사도행전에 나타난 명확한 한 유형을 밝혀냈다.

1. 때가 찼거나 하나님의 나라가 가까이 왔음(16 - 21절).
2. 이 천국의 도래는 예수의 사역, 죽으심, 부활을 통하여 이루어졌음(22 - 23절).
3. 예수께서는 부활하심으로써 새 이스라엘의 메시야적 두령으로서 하나님 우편에 오르셨음(24 - 36절).
4. 교회에 임하신 성령은 그리스도께서 함께하시는 권세와 영광의 표징임(33절).
5. 메시야의 시대는 그리스도의 재림과 함께 곧 그 완성에 달할 것임.
6. 용서와 성령과 구원은 회개로써 얻게 됨(38 - 39절[p. 11]).

도드(Dodd)는 "이것이 사도행전의 저자가 '하나님의 나라 설교' 로써 의미했던 것이라고 보아도 된다."(p. 24)고 말한다. 여기에 사도적 설교의 핵심이 있으니, 이 핵심은 사도행전에 기술된 그대로이다. 그런데 이 설교의 청중은 누구인가? 길에 있던 불신자들이었는가? 앞에서 논했던 사도행전의 목적에서 주장했던 것처럼 사도행전은 '내부의 사람들'을 위하여, 즉 새로운 내적 또는 외적 투쟁을 하고 있던 중에 용기와 믿음과 확신을 계속 갖고자 몸부림치고 있던 그리스도인들을 위하여 쓰여졌던 것 같다. 누가와 데오빌로의 대화는 하나님과 하나님의 백성 사이의 긴 대화의 일부이다. 누가는 데오빌로의 교회와 그리스도 사건에 대한 목격자들 사이에 선 중재자이다. 베드로의 연설을 들어야 했던 청중은 바로 교회 자체의 회의(懷疑)와 의심과 절망을 가진 자들이었다.

훌륭한 연설은 **무엇을** 말했으며 **누구에게** 말했는가보다는 **어떻게** 말했는가가 중요하다. 첫째로 베드로는 술에 취했다고 주장하는(14－15절) 조롱자들과 맞섰다. 어떤 사람들은 이전에 예수 자신을 향하여 동일한 비난을 했었다 : "보라, 먹기를 탐하고 포도주를 즐기는 사람이요 세리와 죄인의 친구로다"(눅 7 : 34). 교회는 이들 사건, 즉 군중에 의하여 심하게 술에 취했다거나 수치스러울 만큼 불합리하다고 비난을 받는 경험이 예언의 성취임을 분명하게 알고 있다(14－21절). 요엘은 무섭고 놀라운 마지막 때에 각 사람 위에 성령의 부어 주심이 있을 것을 말했었다(욜 2 : 28－32). 성령, 이전에는 소수의 선지자들이 특이하게 모셨던 성령이 이제는 모두에게 주어졌다. 군중 역시 그 성경말씀을 알고 있었으나, 그 말씀이 지금 그처럼 분명하게 증거해 주는 내용은 알아보지 못하고 있다.

우리는 누가복음에서 보여지는 것과 똑같은 약속과 성취의 말씀들을 사도행전 전반에서 보게 될 것이다. 그 말씀들의 목표는 이스라엘의 역사와 예수의 생애를 밀접하게 연결시키는 데 있다. 또 다른 목표는 성령께서 만들어 내시는 그 공동체가 이스라엘이 자기 나름대로 기대하고 또 실현되는 그 형식을 벗어남 없이 그 안에서 연속되고 있음을 주장하려는 데 있다. 이스라엘은 하나님이 아브라함에게 해주신 약속의 성취로서 존재하고 있다. 누가는 이 약속을 자주 반복하고 있다(행 3 : 25, 7 : 2－8, 17, 눅 1 : 15, 72－73). 예수께서 태어나셨을 때, 그 사건은 선지자들에 의해 예언되었다. 예수께서는 성령에 충만하여 메시야적 소망들을 확증하실 것이라 했다(눅 4 : 16 – 19). 예수께서 받으신 고난과 죽으심까지도 세상을 향해서는 수치스러운 소식이 되겠지만 예언의 일부라고 했다(눅 24 : 44). 그의 부활 이후에 그리스도의 생애와 성역(聖役)은 겉으로 보기에는 어리둥절한 사건들이었지만, 그 사건들이 하나님의 계획의 일부였다는 사실이 제자들에게 빠르게 이해되었다. 그리고 이 사건들이 모든 민족들을 향하여 설교해야 하는 그들의 사명의 기초라는 것도 빠르게 이해되었다(눅 24 : 47 – 48).

우리는 베드로의 연설에서, 한 유대인이 동료 유대인들에게 예수의 사연을 유대인의 성경에 연결시키며 말하는 것을 듣게 된다. 누가에게 있어서 유대인의 성경은 그 안에서 예수의 생애가 이해되는 기본적 맥락이다. 구약성경은 현재의 과정에서는 '기독교적' 인 것이 아니라, 다가올 구원에 관하여 구약 자체의 말을 하도록 허용된 것일 뿐이었다. 누가는 그 어디에서도 교회의 '설립' 이나 어떤 '새 이스라엘' 의 형성에 대한 말을 하고 있지 않다. 오직 하나의 이스라엘 – 하나님의 약속에 신실하게 반응하는 신실한 백성이 있을 뿐이다. 예수의 이야기는 이스라엘을 모으기도 하고, 나누기도 한다. 사도행전에 있는 제자들은 누가의 견해로는 참으로 신실한 이스라엘의 핵심이고 말씀을 전파하는 자들이다. 이 말씀전파에 의하여 열방 민족을 향한 이스라엘의 사명이 마침내 성취된다 : "이 약속은 너희와 너희 자녀와 모든 먼데 사람 곧 주 우리 하나님이 얼마든지 부르시는 자들에게 하신 것" 이기 때문이다(2 : 39).

예수의 이야기에 관한 베드로의 총괄 설명에 대한 반응은 즉각적이고 특이했다 – 군중은 무엇을 해야 하는지를 알고 싶어했다(2 : 37). '케리그마' (*Kerygma,* [복음] 선포)는 축제 분위기를 불러일으키는 힘을 갖고 있다. 사람들은 그 이야기를 듣자마자 감동을 받고 회개했다. 성령의 은사와 사죄의 은사는 단지 목격자들이나 최초로 보고 들은 자들만을 위한 것이 결코 아니었다. "이 약속은 너희와 너희 자녀와 모든 먼데 사람 곧 주 우리 하나님이 얼마든지 부르시는 자들에게 하신 것이라" (2 : 39). 이는 당시의 사람들과 그 이야기를 대를 이어 전해 듣는 모든 사람들에게 다행스러운 일이다.

여기서 나타난 그 능력은 군중을 정서적으로 고무시키는 베드로의 설교 능력이 아니었다. 그런가 하면 군중이 하나님과의 관계를 바르게 갖고자 하는 자체의 신실한 내적 결의에 있었던 것도 아니었다. 베드로가 오순절에 했던 연설 이야기는 의심할 여지없이 성령의 능력에 의해 전해졌다. 군중을 회개시켰던 그 말씀 *externum verbum*, 즉 '외부적 말씀' (external word, Luther)은, 다시 말해서 외부에서 온 것이었다. 그러했다. 그 군중은 반응을 보였고, 그들은 지금 무엇을 해야 하는지를 물었다. 그들의 행위는 반응이었지 자발적인 것은 아니었다. 베드로가 그들에게 했던 말씀의 결과는 그들이 자기들 자체 속에서 끌어낸 어떤 것이었거나 그들 자신의 경험의 일부였거나 육적 경향과 같은 것이 아니었다. 그들은 우리 모두와 마찬가지로 "패역한 세대"(2 : 40)였기 때문에 그런 어떤 것도 그들을 구원할 수 없다.

그들을 구원했던 것은 이전에 있었던 사실을 알려 준 그 이야기였다. 이전에 있었던 사실이란 그리스도이신 예수 안에서 세상에 베푸신 능력이 있었다는 것이다. 이 능력은 그들을 위한 것이었다. 그들은 예수를 찾지 않았었다. 오히려 그들은 "우리 하나님이 얼마든지 부르시는 자들"이었다(2 : 39). 성령의 이 같은 외래성(外來性, externality)과 그들을 위한 일하심은 사도행전 2 : 40에서 누가가 수동명령형 동사를 사용함으로써 그 의미를 보여 준다. 이 동사형은 대부분의 영어역에는 분명히 나타나 있지 않다. "네 자신을 구원하라."가 아니고 "네 자신이 구원을 받게 하라."이다. 여기에 인간의 열정적인 노력에 의함이 아닌 그러한 노력을 넘어선 구원이 있다. 부르심과 성령의 일하심에 의해서만 얻는 구원 말이다. 성령의 일하심이란, 군중을 향하여 증거하게도 하고 군중 가운데 구원을 일으키기도 하는 역사이다. 요엘과 같은 선지자들에게 영감을 주셨던 성령은 지금 베드로에게 영감을 주어 이스라엘을 위하여 무슨 일이 있었던가를 말하게 하고 계신다. 하나님의 예언을 받는 백성의 회복이 시작되었다.

누가는 군중의 즉각적인 반응과 그들의 질문에 대한 베드로의 재빠른 응답을 보도함으로써 긴박성을 더하고 있다. 시간은 많지 않다. 누가는 그 장면에 종말론적인 시대 말의 느낌을 조성하기 위해서 요엘서로부터의 인용에다 "말세에"(2 : 17), "위로", 그리고 "아래로……징조를"(2 : 19) 등을 덧붙인다. 이 현상은 우리로 하여금 누가복음 21 : 10~11, 25의 종말의 징조에 관한 말씀들을 생각하게 한다. 베드로는 시간의 긴박성 때문에 "여러 말로 확증하며 권했다."

베드로가 요구한 반응은 즉각적인 것이었다 : 지금 회개하고 예수 그리스도의 이름으로 세례를 받으라는 것이었다(38절). 이 반응을 해석하는 사람들은 유의해야 한다. (1) 개인구원의 단계적 형식으로 요약해서는 안 된다 : 마음에 찔려(37절), 회개, 세례, 용서함 받음, 그리고 성령을 받음. 이러한 개종 형식은 사도행전의 어디에도 보이지 않는다. 다른 데서 누가가 군중의 개종을 열거할 때, 그는 단지 많은 사람들이 믿었다(4 : 4, 5 : 14), 또는 그들이 주께로 돌아왔다(9 : 35)고 말한다. 여기서도 구원의 순서를 말하지 않고 베드로의 설교를 끝내고 있을 뿐이다. 그의 연설 중에 베드로는 예수의 죽으심에 관한 예루살렘 사람들의 죄를 주장했다(2 : 22-23, 36). 그들이 자신들이 무엇을 해야 하는지를 물었을 때, 그들의 죄에 대하여 무엇인가를 해야 한다는 사실이 문맥상 분명해진다. 사도행전에 있는 개종에 관한 다른 기록에는 회개와 용서가 단지 하나의 역할을 하지만, 여기서는 회개와 용서라는 이 주제가 개종의 중심부를 이루고 있다. 누가에게 있어서 회개할 수 있는 힘과 성령을 모심은 하나님의 선물이다(5 : 31-32, 11 : 18). 성령이 선물인 것처럼 이스라엘의 회개와 용서 받음 역시 기적적인 선물들이다. 오순절날의 이야기는 모여 있던 사도들에게 성령을 선물로 주심으로 시작되었다. 이제 오순절은 지금까지 밖에 서 있던 그들을 위한 화해의 선물을 주심으로 끝나고 있다. 누가의 이야기의 맥락을 전반적으로 볼 때 오순절에 있었던 개종에 관한 이 기록은 기독공동체의 놀라운 성장에 관한 거대한 이야기의 한 단편으로서 가장 큰 의미를 갖는다. 베드로의 청중이 보여 준

실로 놀랍고 압도적인 반응은 오직 하나님의 은사로서만 설명될 수 있다. '*땅 끝*' 을 향한 기쁜 소식의 운동이 시작되었던 것이다(*특주[特註] : 사도행전의 개종*을 보라.).

(2) 성령의 선물 직전에 언급된 그리스도의 이름으로 세례를 받으라는 기록(2 : 38)을 지나치게 중요시하려고 해서도 안 된다. 이 기록은 사도행전에 있는 세례와 성령에 관한 차후 기록들(10 : 47, 19 : 1-7)에서도 보여 주듯이 어떤 순서에 따라 일어나는 것으로 말하고 있지 않다. 누가는 첫째 '물세례', 그리고 '성령세례' 의 순서를 말하고자 의도하고 있지 않다. 물세례와 성령세례는 동시적이다. 실제로 그 무리가 구원을 받기 위하여 무엇을 해야 하는가라고 의문을 품었을 때, 다시 말해서 용서와 성령을 받기 위하여 무엇을 해야 하는가라고 물었을 때, 베드로는 회개와 세례를 제시했다.

다른 한편으로, (3) 누가복음과 사도행전의 성령 받음에 관한 기록에서 보여 주듯이 물세례와 성령세례 사이에 기계적인 관련은 없다. 누가복음 3 : 16에는 세례 요한의 외침을 기록했다 : "나는 물로 너희에게 세례를 주거니와 나보다 능력 많으신 이가 오시나니……그는 성령과 불로 너희에게 세례를 주실 것이요." 사도행전 1 : 5(그리고 11 : 16)은 물세례와 성령세례를 대조하는 것처럼 보인다. 그러나 사도행전 10 : 47과 19 : 1~7은 물과 성령의 연합을 주장한다. 누가는 물과 성령을 대조시키고 있지 않다. 단지 요한에 의한 옛 세례와 그리스도로 말미암은 세례가 가져다주는 구별되는 국면-성령을 강조하고자 한다. 어떤 의미로는 누가복음과 사도행전에 두 종류의 세례가 있다. 그러나 그 두 가지는 성령 대 물이 아니다. 오히려 그 두 종류는 그리스도를 위하여 준비했던 요한의 세례와 물과 성령에 의한 예수의 세례이다. 누가는 어떻게, 그리고 언제 성령이 주어지는지 선명한 형식을 알지 못하고 있다. 사도행전 10 : 44~48은 고넬료와 그의 가족이 세례를 받기 전에 성령을 받았음을 보여 준다. 그러나 사도행전 19 : 5~6에는 세례 요한의 제자들이 세례를 받은 이후에 바울이 안수할 때 성령이 그들 위에 오셨다. 누가복음과 사도행전 안에 있는 이러한 다양성은 누가의 시대에 교회 안에서 있었던 성령을 체험하는 다양성과 자유로움에 대한 증거임이 분명하다.

끝으로, (4) "예수 그리스도의 이름으로" 세례(38절)라는 초기 세례식 호칭에 대하여 지나치게 생각해서는 안 된다. 마치 성령은 이 호칭과는 상관이 없는 것처럼 말이다. 사도행전 2 : 38은 세례를 제시하면서 "성령을 선물로 받으리니"라는 약속과 함께 예수의 이름으로라는 호칭을 쓰고 있다. 사도행전에서는 성령께서 세례와 안수와 연관되어 임의로 활동하신다. 그러나 후대의 교회의 정의나 관습에 매이는 것은 거절하신다. 예수 그리스도의 이름으로 세례를 받는 것은 생명을 주시는 그의 성령에 참여하는 것이다.

이처럼 베드로의 오순절 연설은 모두에게 주어지는 능력 주심으로 끝난다. '패역한 세대'의 여러 계층으로 이루어진 그 군중은 자기네들이 하고 싶은 대로 하게끔 방치되지 않았다. 성령의 권능이 함께하는 설교를 받아들이는 자들이 된 것이다. 교회에 앉아서 주일 아침 설교를 듣는 자들이 설교자의 설교를 확실한 은사로 여기지 않는다면, 우리는 바울의 말의 의미를 다시 숙고하지 않으면 안 된다 : "그러므로 믿음은 들음에서 나며 들음은 그리스도의 말씀으로 말미암았느니라"(롬 10 : 17). 사람들이 하는 말은 그들이 살고 있는 그 세계가 어떠함을 결정하는 데 한 몫을 한다. 누가는 베드로가 오순절에 말했을 그것을 재구성했다. 그래서 그가 생각했던 그 세계는 군중이 그의 연설을 기꺼이 받아들이는 것이었다. 그 연설은 베드로를 넘어 구원하시는 하나님을 가리키고 있었다. 이 설교에서 중요한 것은 약속을 지키시는 하나님이다. 그래서 설교가 끝났을 때 세상을 향하여 바쁘신 하나님이 계시다는 사실을 의심하는 사람은 아무도 없었다. 그 연설은 왜 이 말씀이 인용되었는지를 확실하게 했다.

> 주께서 생명의 길로 내게 보이셨으니
> 주의 앞에서 나로 기쁨이 충만하게 하시리로다(2 : 28).

2 : 42~47
공동체 안에서의 복음의 실현

만일 사도행전이 순수하게 오늘의 견지에서 기록됐다면, 우리는 2 : 1~41이 전해 주는 오순절의 요란함, 베드로의 감동적 설교, 군중의 열렬한 반응으로 이 이야기가 끝나리라고 기대할 것이다. 오늘의 종교생활은 순간적 열정, 간헐적 폭발, 피상적인 것들로 병들어 있다. 사실상 오늘의 말로 '열정적'(문자적으로 : 하나님으로 충만)이란 장기간의 어떤 것에 뿌리를 내리지 못한 단기간의 치솟음(high)과 동의어이다. 그리하여 우리는 종교적 감정에 회의적이고, 모든 카리스마적 흥분과 소란은 하찮게 끝나리라고 의심하기 일쑤다. 누가는 감명을 주려 하고 있지만 "이 날에 제자의 수가 삼천이나 더하더라."는 주장은 우리를 별로 감동시키지 못한다. 우리는 이 같은 부흥과 경건한 분출들이 오가는 것을 보아 왔기 때문이다.

그러나 누가는 우리를 여기에 머물러 있게 하지 않으려고 한다. 그는 오순절의 열정이 즉시 구체화된 것을 보여 준다. 우리는 교회를 주시하고, 거기서 복음이 사중(四重)으로 구체화된 것을 보게 된다.

1. 그들은 **"사도들의 가르침"**에 헌신적으로 참여했다. 한때 성행했던 사도적 가르침(*didache*)과 설교(*kerygma*)의 지나친 구분은 너무 심할 정도였다. 분명히 누가는 외부인들에게 말했던 것과 교회의 지속적인 생활 중에 선포되었던 것을 구분하고 있다. 어떤 현대의 감상적인 '함축' 과는 달리, 누가는 복음을 아는 내부인들과 알지 못하는 외부인들을 상당히 신중하게 구별하고 있다. 알려진 것을 이미 알고 있는 사람들에게 가르치는 것은 복음을 지속시키는 일이다. 실제로 사도행전 자체는 교회가 내부적으로 복음의 내용과 적용을 깊이 생각하기 위한 지속적인 시도의 일부였으며, 이 시도는 교회가 자체의 사명에 계속해서 충실하기 위함이었다. 교회는 한 주간을 단위로 오순절 부흥을 일으키기 위하여 한순간의 감정적 폭발에서 또 다른 어떤 것으로 떠밀려 다니지 않았

다. 오히려 즉시 가르치는 과제를 찾아서 스스로 교회됨과 되어져야 할 교회의 위치를 똑바로 지켰다.

2. 교회는 **교제**에 힘썼다. 성령은 성도의 교제(*koinonia*)를 하게 만드셨다. 어떤 이는 오순절의 진정한 기적이란 여기서 보여진다고 말했다. 천하 각국으로부터(2 : 5)의 매우 다양한 사람들의 집단이 하나의 통일된 믿는 이들의 단체가 되었다. 더 놀라운 것은 이 '*koinonia*'(성도의 교제)는 단순히 어떤 온정을 가진 *animorum concordia*, 즉 인간애에서 나온 형제애나 자매애가 결코 아니었다는 것이다. 그 교제는 몹시도 놀라운 "기사(奇事)와 표적(表迹)"(2 : 43)을 만들어 내는 교제였다. 이에 못지않는 사실은 자기들의 소유를 팔아 모든 사람들에게 나누어 줌으로써 "믿는 사람이 다 함께 있어 모든 물건을 서로 통용"했다는 것이다(2 : 44-45). 후대의 주석가들은 교회가 그렇게 한 것을 주장함으로써 후대의 교회를 이상적이고 낭만적으로 만들고자 의도하는 것 같다. 그들은 교회가 모든 물질적, 사회적 질서를 능가하는 부활신앙의 능력에 확신이 없음을 더욱 입증했다. 4 : 36~37에 기록된 바나바의 아낌없이 주는 마음을 누가가 차후에 말한 것을 보면, 이 초기 공동체의 함께 나눔은 그 공동체 내의 어떤 예외적인 것이었음을 암시한다. 여하간 물건을 통용한 사실은 어떤 마음의 움직임, 특이하고 실질적인 어떤 일이 이 사람들에게 있었다는 구체적인 증거이다. 신명기 15 : 4~5은 가난에서 벗어난 한 땅을 약속한다. 지금 그 땅이 전통적인 우정의 한계를 넘는 교제 안에서 눈에 보이는 모습을 드러낸다. 누가복음 19 : 8에 한 키 작은 사람이 복음을 듣자 물질적 소유를 나누는 반응을 보인다(눅 12 : 13-34과 비교하라.). 지금 하나의 공동체 전체가 그와 동일하게 하고 있다. 더군다나 여기에 그려지고 있는 영성(靈性, spirituality)은 그 어떤 영묘(靈妙)한 분출보다 더한 것이다. 그들은 이전에 애착을 갖던 모든 것으로부터 풀렸다. 그리하여 *koinonia*란 말은 그 무언가를 의미했다.

3. 이 교회는 **'떡을 떼기'**를 자주 했다. 식탁에서 교제하는 모임은 성

령께서 이 새 공동체 안에서 역사하신 또 하나의 만질 수 있고 눈에 보이는 모습이다. 누가복음 전체를 통하여 '그가 그들과 식탁에 앉으셨을' 때의 모든 경우들을 눈여겨보라. 누가복음에 있는 매번의 식사 때의 일화들은 교제와 계시와 논쟁에 관한 것들이다. 예수께서는 식탁에서 함께하셨던 친구들 때문에 비난을 받으셨다. 그들은 "이 사람이 죄인을 영접하고 음식을 같이 먹는다."(눅 15 : 2)고 예수를 나무랐다. 오늘의 경험으로부터 우리가 알고 있듯이 그는 식탁에서 사람들을 적절하게 구분하시는 데 실패하셨다. 사람들 사이의 사회적 신분의 구별은 식탁에서 가장 냉혹하게 나타난다. 함께 먹는다는 것은 연합과 일치와 깊은 우정의 표시이다. 그리고 한때 이 사람들에게 많았던 사회적 장벽이 무너졌다는 눈에 보이는 표(標)이다. 이 '떡을 뗌'이 우리의 성만찬이나 주님의 만찬을 가리키는가는 숙고할 문제이다. 아마 누가의 시대에 베드로의 교회는, 교회가 단순히 떡을 뗀 것과 성례식의 행위로서 떡을 떼었던 것을 구분하는, 우리가 하는 구분을 모르고 있었을 수도 있다. 훌륭한 유대인의 관습에는 식탁에서 축사의 말씀이 있게 되면 그 식탁은 거룩한 처소요, 함께 먹는 것은 신성한 행위이다. 우리는 46절에서 그들이 기쁨과 순전한 마음으로 음식을 함께 먹었음이 메시야 강림 때의 풍성한 기쁨을 암시하는지 알지 못한다. 아마 교회가 함께했던 매번의 식사는 메시야적 연회를 기대하게 하는 경험이었을 것이다. 그리고 예수의 약속, 즉 자기를 따르는 자들이 "내 나라에 있어 내 상에서 먹고 마시며"(눅 22 : 30)를 미리 맛보는 경험이었을 것이다. 그들이 먹고 마시는 중에 부활의 공동체는 그 약속을 이미 부분적으로 성취하고 있었다. 그리고 머지않아 하나님의 나라에서 절정에 달하게 될 것을 즐기고 있었다. 옛 선지자의 초대는 성취되고 있었다.

> "너희 목마른 자들아,
> 물로 나아오라.
> 돈 없는 자도 오라.

돈 없이 값없이 와서
포도주와 젖을 사라"(사 55 : 1).

4. 교회는 또한 **기도**에 힘썼다. 아마 유대인이 매일 드리는 기도의 시간에 기도했던 것 같다. 그런가 하면 그들은 성전에서 계속 모였다고 말한다(2 : 46). 그 공동체는 온갖 새로운 것들에 둘러싸여 있으면서도 조상들의 전통을 등한히 하지 않았고, 경건한 유대인이 되는 것을 그만두지 않았다. 우리는 가르침과 교제, 서로 나눔과 떡을 떼고 기도하는 이 모든 활동 중에서 균형이 잘 잡힌 교회의 모습을 본다. 그리고 이 공동체의 생활 속에서 성령의 바른 구체화의 표(標)와 오늘의 교회 활동을 측정하기 위한 표준을 본다. 오늘의 교인들을 살펴보면 많은 이들이 요가(yoga, 명상 수행), 도자기 만들기, 바구니 짜기, 아이들 돌봐 주기 등에 그들의 열정을 소모하고 있음을 본다. 그리하여 사회적 활동이 복음을 대치하고, 온정에서 나온 분주한 활동이 성령의 능력을 받아야 하는 공동체에 대용(代用)으로 제안되고 있지는 않나 하고 의심하게 된다. 그리고 교회는 모든 것을 논의하고, 실행할 때 한 가지만이라도 꼭 필요한 것(눅 10 : 42)을 다시 한번 깊이 생각해야 하지 않을까 여겨진다. 다시 말해서 교회의 독특한 길, 그 부르심의 특성을 구체적으로 실행하여 "사도의 가르침을 받아 서로 교제하며 떡을 떼며 기도하기"(2 : 42)에 헌신해야 한다는 것이다.

2 : 42~47에 기록된 활동들의 순서는 우리가 초대 주일예배의 형식을 구성할 수 있는 초기 예배의 순서는 제시되고 있지 않다(Jeremias, pp. 118-122와는 반론임). 오히려 누가는 이런 간추림의 형식을 즐겨 쓰고 있다(4 : 32-35, 5 : 12-16). 두 개의 자료를 하나로 연결하는 수단으로 그렇게 하고 있다(본론의 경우에는 베드로의 군중을 향한 연설과 성전 앞에서 했던 그의 연설을 하나로 묶는다.). 더욱 중요한 점은 2 : 42~47이 사도행전의 주요 관심사인 그 공동체 자체에 우리의 관심을 집중시킨다는 점이다. 사도행전에는 인물들이 그 이야기 안에서 그들의 위치를 점(占)

하고 있다. 특히 베드로와 바울이 그렇게 하고 있다. 그렇다면 그들이 그 이야기의 논점인가? 베드로나 바울에 대해서는 깊이 있게, 상세히 설명되고 있지 않다. 누가는 사도들의 전기나 초기 성도들의 생애에 대해서는 관심을 거의 갖고 있지 않다. 사도행전의 주역은 어린 교회에게 생기를 주고, 끌고 나가시는 성령이시다. 이러한 교회의 활동을 요약한 사도행전은 우리의 관심을 개별(個別) 행위자들에 두었던 우리의 선입견으로부터 그 이야기의 참된 관심사인 그 공동체에 집중하도록 하고 있다.

복음의 역할
사도행전 3 : 1~4 : 31

우리의 이야기는 군중과 그들의 복음에 대한 반응으로부터 기도시간의 성전으로 옮겨간다. 복음은 그 공동체를 그 민족의 종교생활의 심장부인 성전으로 옮겼다. 여기서 복음은 자체의 일을 하게 되고 반대를 만나기도 한다. 우리는 사도행전이 기록되기 이전에 누가의 교회가 유대인을 상대로 하던 선교는 끝나 버렸음을 기억해야 한다. 누가는 뒤를 돌아보면서 그가 "자기 땅에 오매 자기 백성이 영접치 아니하였다."는 사실의 깊은 의미를 생각하고 있었다. 물론 우리는 추측만 할 뿐이다. 우리는 그 이유를 아직도 모르고 있다. 사도행전의 현시점에서 우리가 알고 있는 전부는 약속을 받은 저들 – 이스라엘 백성 – 에게 하나님의 약속의 성취로서 복음이 선포되고 있었다는 것이다. 여기서 성전과 성전이 의미하는 모든 것들은 드라마가 전개되도록 배경이 되고 있는데, 우리는 두 가지 사건 속에서 복음이 사람들을 향하여 무엇을 해주는지를 보게 될 것이다. 복음은 하나님의 능력이다. 어떤 이들을 위해서는 치료하게 하는 능력이며, 다른 이들에게는 놀라움을 주는, 그리고 세상에 나타난 이 새 능력에 의해서 자기들의 이권에 위협을 느끼는 자들에게는 분노를 일으키는 능력이다.

3 : 1~10
성전에서의 신유와 증언

사도행전 2장은 교회의 아늑한 모습을 보여 주면서 끝났다. 교회는 가르침과 교제와 떡을 뗌과 기도를 위하여 모였었다. 우리는 저 믿는 이들이 한마음, 한뜻이 되어 모든 물건들을 통용했다고 들었다. 교회의 역사에는 수명이 짧았던 기독공동체들에 대한 실례들이 많이 있다. 이들 공동체는 교회를 울타리에 둘러싸인 선택받은 자들의 아늑한 단체라고 스스로 정의하였다. 말할 필요도 없이 우리의 내향적 교회의 교제는 매우 따뜻하고 서로 돕는 것일 수 있다. 그런데 왜 차갑고 잔인한 세상을 향하여 밖으로 나가는 모험을 해야 하는가?

아마도, 그러한 완만한 방향전환은 교회에 대한 시험이었던 것 같다. 그러기에 누가는 즉시 그 어린 교회가 주변의 세상과 마주치는 기록으로, 예루살렘에 있는 새로운 신자들의 단체 안의 생활을 기록해 가고 있었던 것이다. 어제의 교회는 옛 찬송가 부르기를 좋아했었다 : "내 기도하는 그 시간 그때가 가장 즐겁다. 이 세상 근심 걱정에 얽매인 나를 부르사……" 누가는 교회가 기쁨으로 떡을 떼고 가르치며 기도하기 위하여 모이는 것이, 결코 세상의 비참을 피해 가는 것이 아님을 보여 주고자 크게 애쓰고 있다. 왜냐하면 베드로와 요한이 기도하기 위하여 성전으로 올라가자마자(1절) - 그들은 훌륭하고 경건한 유대인들이었다 - 나면서부터 앉은뱅이가 된 한 사람을 만나기 때문이다. 그 중요한 기도를 향한 길은 인간의 비참을 돌아서 가는 길이 아닌 똑바로 관통하는 길이었다.

그 앉은뱅이는 전적으로 의지할 데 없고 스스로 어찌할 수 없는 사람들이 종종 그렇게 하는 대로 구걸을 했다. 그는 보다 나은 조건으로 태어난 사람들의 식탁으로부터 던져지는 부스러기에 의해서 살아가는 것 외에 다른 희망은 없었다. 놀랍게도 그는 그가 간청했던 것보다 훨씬 더한 것을 받는다. 그는 자선을 요청했는데 치료를 받았다(3 : 6-8).

그 앉은뱅이는 돈을 요청했고 베드로가 하는 말을 듣는다. "은과 금은 내게 없거니와 내게 있는 것으로 네게 주노니 곧 나사렛 예수 그리스도의 이름으로 걸으라"(3 : 6). 사도행전 전반에 걸쳐 때때로 돈 문제로 혼란이 야기됨을 보게 될 것이다. 에베소에서 바울은 어떤 사람들의 재정적 이득에 방해자가 되었을 때(19 : 21-41) 소요가 일어나게 된다. 마게도냐에서는 바울과 실라가 어떤 종의 주인들에게서 생계의 수단을 빼앗게 되어 감옥에 갇혔다(16 : 16-34). 마술사 시몬은 성령을 돈을 주고 살 수 있는 것으로 생각하여 중대한 과오를 범했다(8 : 9-24). 여기서 앉은뱅이는 자선을 요청했으나, 모든 물건을 통용하고 있던 그 공동체는 그에게 줄 은이나 금을 갖고 있지 못했다. 일시적인 적절한 재정적 소득과 자선으로 베푸는 동냥은 이 공동체가 기본적으로 목표하는 바가 아니었다.

베드로는 무엇을 가졌던가? 베드로는 예수의 이름의 권세를 가지고 있었다. 이 사람은 "나면서 앉은뱅이 된 자"라고 말함으로써, 누가는 이 사건을 극적으로 강조한다. 문 앞에 도와 줄 이가 없고 스스로 어찌할 수 없이 앉아 있던 그 사람과, 지금은 "걷기도 하고 뛰기도 하며 하나님을 찬미하는"(3 : 8) 사람과의 대조는 그 신유를 더욱 인상 깊게 한다. 누가복음에 있어서처럼, 우리는 예수의 메시지가 치료의 능력에 떼어 낼 수 없도록 연관되어 있음을 본다. 이 공동체는 세상에 줄 수 있는 이 같은 능력을 갖고 있다. 이 공동체야말로 고통 중에 있는 사람들에게 동정하는 친절한 말만을 주고 있지 않았다. 이 공동체는 예수의 사역 중에 그처럼 분명히 나타났던 바로 그 능력을 소유하고 있다. 예수께서 그 열둘에게 사명을 주실 때, 모든 귀신을 제어하며 병을 고치는 능력과 권세를 주셨었다(눅 9 : 1-6).

70인이 파송되었을 때(눅 10 : 1-6), 주의 이름으로 귀신들도 항복했었기 때문에(눅 10 : 17) 그들은 기쁨으로 돌아왔었다. 예수를 따르던 자들은 금과 은은 갖고 있지 않았지만, 그들은 한없이 소중한 어떤 것-예수 그리스도의 이름으로 치료하는 능력-을 갖고 있었다. 이 능력이 보여짐으로써 이를 본 자들이 "기이히 여기며 놀라게"(3 : 10) 되었다. 그들이 놀람으로써 베드로가 성전 앞에 서 있던 사람들에게 그 치유의 의미가 무엇인가를 선포하는 계기가 조성되었다. 생각하건대 치료의 능력은 여러 가지 근원으로부터 올 수 있을 것이다. '좋은 소식' (the good news)은 단순히 치료의 가능성에 관한 것만은 아니다. 왜냐하면 건강과 신체적 건전은 그 나라가 임했다는 증거로 볼 수 있지만(눅 10 : 9), 구원은 건강보다 훨씬 더한 것이기 때문이다－이러한 복음의 진리는 그 공동체 안에 베드로와 같은 그 어떤 인물이 그 내용을 알려 줌으로써 놀라기만 하던 군중에게 알려질 수 있었다.

나타난 치료의 능력에 대한 의미는 믿을 만한 해석을 요청하며 계속 논쟁거리가 되고 있다. 누가의 시대에는 앉은뱅이의 상태를 본인의 죄나 그의 부모의 죄 때문이라고 거침없이 비난하는 사람들이 많이 있었다. 우리의 시대에는 이러한 육체적 불구에 대하여 전통적으로 어떤 생물학적이거나 생리학상의 원인에 비중을 두고 설명한다. 믿음의 공동체는 세상의 비참에 대한 상심과 치유를 다르게 본다. 요엘은 "아래로 땅에서는 표적"(signs)(행 2 : 19 ; 개역성경에는 '징조'는 번역되었다－역주)을 약속했었다. 그리고 예수께서는 자신의 사명에 대한 근거에 관하여 질문을 받으셨을 때 이러한 증거들을 말씀하심으로써 답변하셨다. "……소경이 보며 앉은뱅이가 걸으며 문둥이가 깨끗함을 받으며 귀머거리가 들으며 죽은 자가 살아나며 가난한 자에게 복음이 전파된다"(눅 7 : 22). 이 공동체는 그리스도 안에서 그 능력이 계속 나타나고 있기 때문에 치료의 능력에 대한 표적들을 제시할 수가 있다. 그렇지 않다면 이 공동체는 자체의 주장에 대한 아무런 증거도 갖지 못할 것이다.

그 치료의 능력은 "나사렛 예수 그리스도의 이름으로"(3 : 6) 나타났다. 예수의 이름은 하늘에서 살아 계시고 일하시는 주님과 땅 위에 있는 그의 공동체 사이의 직접적인 연결 고리이기 때문이다. 병든 자들이 고침을 받은 것은 이 이름으로였다(3 : 6, 16, 4 : 7, 10). 기적들이 일어나고(4 : 30), 죄가 용서받은 것(10 : 43)도 이 이름으로였다. 세례를 받을 때

각 그리스도인을 향하여 불려진 이름도 이 이름이었다(2 : 38, 8 : 16, 10 : 48, 19 : 5). 이 이름이 제자들의 가르침과 설교의 권위로서 불려졌다(4 : 17-18, 5 : 28, 40). 이 이름은 믿는 이들이 그것을 위하여 기꺼이 생명을 내놓은 그 이름이었다(5 : 41, 9 : 16, 15 : 26). 이 이름 안에 예수께서 그의 구원의 능력과 함께 임재하신다. 그리하여 베드로는 예수 그리스도께서 너를 낫게 하신다고 말할 정도였다(9 : 34).

베드로는 이 치유의 기적을 해석함에 있어서 이 사실을 강조하느라고 심히 애쓰고 있다 : 이 사람이 고침을 받은 것은 제자들의 능력이나 경건에 의한 것이 아니라(3 : 12) 예수의 이름에 의한 것이라(3 : 16)는 것이다. 3 : 16은 문법적으로 어려운 문장이다. 이 문장은, 베드로가 이 치료의 능력이 **선물**로 임한 것임을 분명히 말하려는 것이라고 의미하는 것 같다. 교회의 경건이나 고침 받은 사람의 경건이 이 기적을 일어나게 하지 않았다. **여기서 어떤 마법적(魔法的, magical)인 것은 전혀 나타나지 않았다**(마법적인 것이란 유익을 얻고자 신의 힘을 끌어오는 시도임.). 왜냐하면 사도행전은 기독공동체의 사역을 마술로부터 멀리하려고 주의하고 있기 때문이다(8 : 9-11, 19-24, 13 : 12, 19 : 18-19). 능력은 선한 일을 하도록 하는 능력일지라도 잘못 해석되거나 잘못 사용될 수가 있으므로 나타나는 모든 능력은 해석되어야 하고 그 근원이 밝혀져야 한다. 이 공동체는 치료의 능력을 행사함에 있어서 매우 신중했다. 세상에 바르게 고쳐져야 하는 많은 불행이 있어서가 아니라, 이 공동체의 주시요 구원자이신 분이 함께하신다는 눈으로 볼 수 있는 증거를 체험하는 것이기 때문이었다.

이 치유의 동기는 본 사도행전의 뒷부분에서 예수의 사역을 요약하는 말씀 중에 나타난다.

> ……너희도 알거니와 하나님이 나사렛 예수에게 성령과 능력을 기름 붓듯 하셨으매 저가 두루 다니시며 착한 일을 행하시고 마귀에게 눌린 모든 자를 고치셨으니, 이는 하나님이 함께하셨음이라(10 : 37-38).

3 : 11~26
사람들 앞에서 증언

예루살렘에 있는 거대한 성전의 현관은 사도행전에 있는 베드로의 주요 연설 중 두 번째의 배경이 되고 있다. 고침을 받은 사람이 아직도 베드로를 붙잡고 있는데, 베드로는 어떤 일이 일어났었는지를 설명한다. 무슨 일이 일어났든 그것은 우리 개인의 권능과 경건(3 : 12)에 의한 것이 아니다. 그 치유는 예수의 이름에 의하여 이루어졌다(3 : 16). 예수는 로마의 관헌에게 넘겨졌으며 살인자를 대신하여 죽음을 당하셨다고 했다. 우리는 누가에게서 대속(代贖)을 전혀 발견하지 못한다. 예수 그리스도께서 하나님의 어떤 공의(公義)의 요청을 만족시키기 위하여 죽으셔야 한다는 그 어떤 관념도 찾을 수 없다. 사도행전에서 예수의 죽으심에 대한 설명은 단순히 인간의 패역에 의함이다. "**너희가**……죽였도다……**하나님이** 죽은 자 가운데서 살리셨으니……"(3 : 14-15, 굵은 글씨는 저자의 강조)라는 식의 어투는 누가의 특징이다. 누가에게는 우리가 바울의 저작들에서 볼 수 있는 **십자가의 신학**이 거의 없다. 십자가는 인간이 구원받게 하기 위하여 하나님께서 권세를 감추심의 표현이라는 바울 신학의 주장이 여기서는 보이지 않는다. 누가에게 있어서 십자가는 하나님의 기름 부으심 받은 분이 배척을 당하는 불명예스러운 표적(sign)이다. 사람들을 구하기 위하여 오신 그가 그 사람들에 의하여 배척을 당하셨다. 그리고 그 십자가는 비극적인 인간의 "아니오."인데, 하나님은 이를 부활의 권능인 "예."로 극복해 주셨다. 하나님의 메시야를 만나게 되자 인간들은 함께, 진리 앞에서 종종 그렇게 하듯이 폭력과 십자가에 못박는 일을 자행했다. 다행스럽게도 하나님은 자신의 행위-부활-로 인간들의 행위에 반응을 보이셨다. 예수를 따르는 자가 된다는 것은, 인간의 배척(3 : 15)에 대한 반응으로 보여 주신 하나님의 권세 있는 행위를 증언하는 증인이 됨을 의미한다. 17절에서 베드로는 그의 청중을 "형제들아"라고 부르고 있다. 그들이 "알지 못하여서" 저지른 어떤 행동이라도 그들이 배척했던 구주를 영접함으로써 해결할 수 있음을 확신시키면서 그렇게 부르고 있다. 이 그리스도는 "너희를 위하여 예정하신……" 분이시다(3 : 20). 지금 할 일은 오직 하나, 회개이다. 단호한 방향전환이 요구된다는 것이다.

회개하지 않으면 형벌은 무섭다. 이전에는 그 백성이 알지 못하는 중에 행동했다. 그러나 지금은, 베드로의 연설에 의하면, 그리스도의 주되심(Lordship)이 모세뿐 아니라(3 : 22) 전부터 거룩한 선지자들(3 : 21)에 의하여 예고되었음이 분명하다. 사무엘로부터 모든 선지자들은 그리스도 안에서 구체화된 그 진리를 줄곧 선포해 왔다. "……땅위의 모든 족속이 너의 씨를 인하여 복을 받으리라."(3 : 25)는 아브라함에게 주신 언약의 약속은 성취되었다. 예수에 관하여 선지자들이 예언한 그 진리를 인정하지 않는 자들은 "……백성 중에서 멸망 받으리라."(3 : 23)는 말씀대로 무서운 운명을 만날 것이다. 다시 말해서, 그리스도께로 돌아오지 않는 유대인은 더 이상 하나님의 백성이 되지 못한다는 것이다.

베드로는 오직 누가적 주장의 기초 위에서 이렇게 주장할 수 있었다. 누가적 주장이란, **참**이스라엘은 조상들과 이스라엘의 선지자들에게 신실한 자들로 구성된다는 것이다. 어느 시대에나 이스라엘 중 어떤 이들은 순종했고 다른 이들은 불순종했다. 하나님의 약속에 신실한 자들은 참이스라엘이라는 칭호를 받을 만하며, 순종치 않는 자들은 이스라엘 밖의 사람들이다.

냉혹하고 가혹한 논쟁이다. 그러나 우리는 이 논쟁, 교회에 관한 한 누가가 사도행전을 쓰기 오래전에 끝내 버린 논쟁이지만, 유대인들 사이에서는 계속되고 있었던 그 논쟁을 듣고 있음을 기억해야 한다. 그 논쟁은 누가 참이스라엘인가로 다툰다. 이 논쟁은 앞으로 몇 장에 걸쳐서 계속될 것이다. 지금 베드로는 경직된 태도로 그 문제를 제시하고 있다. 그 경직된 태도로 보아 하나님의 약속에 대하여 누가 참후사(後嗣, heir)인가를 놓고 생과 사를 다투는 논쟁을 하고 있음을 주시하자(특주 *: 누가와 그의 동료 유대인들*을 보라.).

사도행전의 현시점에서는, 예수 그리스도는 유대인들만을 위하여 오셨다. 이는 역사의 여명기에 하나님이 이스라엘에게 해주신 약속의 성취이다. 하나님은 "그를 우리에게 먼저 보내셨다"(3 : 26). 그러나 이 선물은 단순히 생물학적 상속의 문제가 아니다. 선택받은 이스라엘이라도 이 좋은 소식의 참여자가 되려면 회개하고 그들의 길에서 돌이켜야 한다. 제2대 이스라엘이란 있을 수가 없고, 하나님께는 손자란 없다. 오직 회개하고 하나님을 향하여 돌아서는 자들만이 하나님께 속한 자들이다. 선택을 받은 자들, 이스라엘 안에 있는 자들이라도 지금 회개해야 하고 이 새로운 질서를 향하여 그들이 스스로 갖는 허망한 보장으로부터 비켜서야 한다. 회개하라는 베드로의 권유는 누가복음 시초에 있는 세례 요한의 설교를 생각나게 한다 : "그러므로 회개에 합당한 열매를 맺고 속으로 아브라함이 우리 조상이라 말하지 말라. 내가 너희에게 이르노니 하나님이 능히 이 돌들로도 아브라함의 자손이 되게 하시리라.…… 좋은 열매 맺지 아니하는 나무마다 찍혀 불에 던지우리라"(눅 3 : 8-9). 오늘날 생물학적, 타고난 권리에 의해 구원을 받았다고 잘난 척 자신(自信)하도록 유혹을 받을 수도 있는 현대의 교회는 하나님의 결의(決意)에 대한 베드로의 설명에 귀를 기울여야 한다. 하나님의 결의는 약속에 충실한 자들을 자기 백성으로 하신다는 것이다. 말씀을 듣고 회개한, 어찌할 바를 몰랐던 군중으로 구성된 사람들이거나 요단강에 있는 돌멩이들로 만들어 낸 백성이거나 하나님은 자기 백성을 소유하실 것이다. 우리들은 어느 편에 서게 될 자들인가?

4 : 1~22
관원들 앞에서 증언

부활에 대한 사도들의 증거로 사람들이 움직이기 시작하자 당국자들은 곧 자기네 기득권을 지키기 위하여 행동에 들어갔다. 기성 권력집단은 사람들 사이에서 일고 있는 골치 아픈 동요(動搖)와 전통적인 자기네

풍습을 교란하는 이 새로운 사상을 향하여 반응을 보였다 – 당국자들이 베드로와 요한을 체포한 것이다. 그들은 재빠르게 행동하는 것이 좋다고 여겼다. 왜냐하면 지난번 오순절날에는 베드로가 말하자 삼천 명이나 개종했기 때문이다. 그리고 지금은 성전 앞에서, 바로 그 기성종교의 중심부에서 오천 명이 회개를 했다. 이 예수 소동은 대중운동으로 번질 위험이 컸다. 누가는 이 장면을 아름답게 극적 어조로 그려내고 있다. 한쪽에는 관원들, 장로들, 이 수도(首都)의 서기관들, "대제사장의 문중"(4 : 6) 사람들이 서 있다. 그리고 다른 쪽에는 "학문 없는 범인"(凡人, 4 : 13)들인 베드로와 요한이 서 있다고 했다. 관원들의 심문은 일반적인 질서파괴자들에게 통상적으로 하는 그것이었다 – 이 모든 행동을 하도록 누가 너희에게 권한을 주었는가? 관원들은 일반적으로 자기들이 권세와 권력의 사람들과 기관들을 적절히 좌우할 수 있다고 자처한다. 그리하여 그들은 권력의 힘이 베드로와 요한 같은 비천한 사람들에게 작용하지 않게 될 때 충격을 받는다.

베드로와 같은 사람이 그러한 권력의 집단 앞에서 항변할 수 있었다는 사실은 오직 성령에 의함이었다. 그리고 그가 말할 때 서두에 어떤 풍자적인 자극이 있었는지 궁금하다. 베드로와 요한은 일반 범죄자들처럼 당국자들 앞에 끌려갔다. 그들의 범행은 무엇이었는가? 병인(病人)에게 행한 착한 일(4 : 9) 때문에 혐의를 받고 있지 않았는가!

그 민족의 건축자들이 민족의 열망에 가치 없는 초석이라 하여 배척했던 그 돌은 미래 소망의 머릿돌이 되었다(4 : 11). 이제 당국자들은 어려운 문제에 부딪쳤다. 그들은 두 사람의 교육받지 못한 자들에 의하여 구석으로 밀렸다. 기적의 치유는 나타나 있었다. 만약 그들이 이 두 명의 성가신 보통 사람들을 압박한다면 군중 사이에서 문제가 생겨날 수 있었다. 결국 권력자들은 자신들이 백성의 유익을 위하여 존재하는 척해야 했다.

그리하여 당국자들은 모든 권력자들이 언제나 그렇게 하듯이 첫 단계 조처를 취했다. 그들은 베드로와 요한으로 하여금 침묵하도록 명령했다-출판 금지, 보도매체 억제, 서책 판매금지-관리들은 사람들이 그 보도에 접근하지 못하도록 하는 방안으로 이와 같은 방법들이 있다고 언제나 기대한다. 불행하게도 관원들이 성령 충만한 사도들을 침묵하게 하려던 시도는 부서지는 파도를 밀어내려는 시도와 같았다. 이들 증인은 기본적으로 말씽을 일으키려고 하지 않았다. 그들은 단지 보고 들은 것을 말하는(4 : 20) 자유를 원했다.

이 순간에 그 당국자들이 할 수 있는 전부는 그들을 위협하고 놓아주는 것이었다. 이 이야기를 들으면서 우리는 예수에 관한 누가의 기록 중에서 이와 유사한 것들을 생각해 낸다. 예수께서도 권력자들과의 충돌을 향하여 나가셨는데, 예수를 따르던 자들도 그렇게 하고 있다. 권세자들이 예수의 입을 막으려는 시도에 처음부터 실패했었던 것처럼, 당국자들도 베드로와 요한이 말을 못하도록 하는 일은 처음부터 불가능했다. 뿐만 아니라 누가복음 안에서도 당국자들의 반대와 결의는 점차 굳어져 갔는데, 우리는 지금 그 반발의 시작을 보고 있다고 생각한다. 이 반발은 하루 만에라도 그 어린 교회에 큰 상처를 줄 만한 충분한 세력을 갖게 될 것이다. 다시 말하면, 예수께 가해졌던 모든 것이 그를 따르던 자들에게도 가해지고 있는 것 같다.

베드로와 요한이 교우들에게로 돌아옴에 있어서, 우리는 베드로가 백성 앞에서 말했을 때 오천 명이 회개하고 이 운동의 한 부분이 되었음을 중시하지 않을 수 없다. 왜냐하면 매우 동일한 증언을 당국자들 앞에서 했을 때에는 베드로와 요한은 쫓겨났고, 그 누구도 구원받지 못했기 때문이다. 세상이 교육도 못 받고 무지하다고 여겼던 사람이 권력을 가진 일단(一團)의 사람들을 무력하고 혼란에 빠진 것처럼 보이게 한다.

4 : 23~31
담대한 증언을 위한 기도

만약 내가 베드로와 요한처럼 당국자들과 거의 비참하리 만큼의 충돌을 가졌다면, 나는 담대함보다는 하나님의 보호하심을 간구할 것이다. 그러나 그 공동체가 오직 하나님께 간청했던 것은 "담대히 하나님의 말씀을 전하게 하여 주옵시며"(4 : 29)였다. 예수의 이름으로 병을 고치고 표적과 기사를 행하는 것은 하나님께서 하실 일이다(4 : 30). 하나님의 전능하신 행위들 가운데서 말씀을 담대히 전하는 것은 이 공동체가 할 일이다. 그 장소가 진동했던 사실은 사도들의 기도가 응답되었음을 의미했고, 그들은 다시 하나님의 말씀을 전할 담대함을 받았다. 이 담대함은 누가가 매우 좋아하는 미덕이다(2 : 29, 4 : 13, 29, 31, 9 : 27, 29). 데오빌로는 담대함을 필요로 하는 시련과 환난을 당하고 있었는가? 우리는 이런 가정을 의심한다. 왜냐하면 누가복음과 사도행전에는 제자들이 핍박을 받을 때 움츠리지 말도록 요구받고 있는 경우가 너무도 많기 때문이다. 누가의 전형적인 강조는 차후에 부활의 주님이 바울에게 해주신 말씀 속에서 보여진다 : 두려워 말라, 잠잠하지 말라, 내가 너와 함께한다, 아무도 너를 해치지 않을 것이다, 이 곳에 내 백성이 많다(18 : 9-10).

핍박이 이 공동체를 와해시키려고 위협할 때 그리스도인들은 어떻게 했는가? 그들은 하나님께로 향했다. 세계와 그 안에 거하는 모든 것들을 창조하신 바로 그 하나님, 모든 것을 자기의 권세 안에 두신 바로 그 하나님께로 향했다. 핍박이라도, 권세 있는 자들에 의한 핍박이라도 우리를 하나님의 손밖으로 끌어내지 못한다. 세계가 생겨나게 했던 바로 그 능력, 이 공동체로 하여금 예배하게 할 수 있었던 바로 그 능력은 핍박을 받고 있을 때 그 공동체와 함께할 것이다.

본론 중 내내 우리는 **하나님의 행위**와 **인간의 말**의 관련을 보고 있다. 단지 말씀으로만이 아니고 병을 치료하는 전능한 행위들과 함께 우리에게로 임하시는 그러한 하나님이 여기에 계신다. 그러나 병을 치료하는 전능한 행위들은 해석되어야 하고, 선포되어야 하며, 말씀을 통하여 증거되고 옹호되어야 한다. 그리고 **증거**와 **경배**가 서로 작용하고 있음을 본다. 이 공동체는 기도하는 시간을 갖다가 앉은뱅이의 모습을, 세상의 비참함과 마주치는 시간을 가졌다. 당국자들의 분노를 자극하게 된 연후에 세상과 관원들을 향하여, 그리스도의 능력에 관하여 증거했다. 그리고 이 공동체는 다시 기도하기 위하여 물러났다. 지금 세상에서 어떤 일이 일어나고 있는가를 담대히 증언하는 데 필요한 그 능력을 주시도록 예배 중에 간구했다. 이와 같이 교회는 행동과 말, 증거와 경배의 리듬 속에서 자체 생명의 원천을 발견하고 있었다.

안과 밖에서의 도전
사도행전 4 : 32~6 : 7

「성구전집」(*Common Lectionary*)에는 사도행전의 이 부분이 부활절 이후 첫 번째 주일(전통적으로 '로우 썬데이' [Low Sunday]라 부름.)에 읽을 내용으로 되어 있다. 언뜻 보기에 우리는 초대교회의 매일의 생활에 관한, 어쩌면 말이 많은 이 기록들이 부활절과 무슨 관계가 있는가 하고 의아해 할 것이다. 특히, 이 기록은 대부분 돈의 문제를 다루고 있기 때문에 그렇다. 회중이 부활절날 부활을 화려하게 경축한 다음에 재산, 돈, 재산매각 같은 세속적인 관심사로 되돌아가고, 부활절 이후 첫 번째 주일에 교회 안에서 일을 어떻게 처리했는지를 보여 주는 것은 약간 어색하게 보여질 것이다. 그러나 누가의 생각에는 연속된 모든 것이 "주 예수의 부활을 증거"(4 : 33)하는 일과 전적으로 연관되어 있다. 부활은 참된 관대함과 대담한 삶을 가능하게 했다.

이 사실을 염두에 두고 보면 이 교회가 보여 준 전반적인 생활의 특성은 부활이 사실이었음을 증거한다. 부활의 진실에 대한 가장 웅변적인 증거는 빈 무덤이나 부활주일에 진행하는 훌륭한 관현악단과 함께한 꽃수레 행렬이 아니다. 대신에 일단의 사람들의 전반적 생활이 매우 급진적으로 달라지고, 세상이 자신들의 공동체를 이루는 과정과는 전혀 다르게 변화되어 어떤 획기적인 일이 역사 속에 발생했었다는 말 외에는 설명이 불가능하게 되어진 그러한 모습이다. 부활은 사실의 실상을 설명하는 데 어려운 점은 "그와 같은 일이 어떻게 있을 수 있었는가?"라는 과학적 또는 역사적인 점이라기보다는, "왜 당신들은 좀더 부활된 모습으로 보이지 않는가?"라는 교회적이고 신앙공동체적인 문제라는 점이다.

4 : 32~5 : 11
재물이 연관된 도전

우리는 누가가, "믿는 무리가 한마음과 한뜻이 되어……"(4 : 32)라고 주장하는 것을 듣고 놀라지 않는다. 왜냐하면 우리는 기독교 회중들에 관한 그러한 경건한, 때로는 비현실적인 주장들을 오늘 우리의 시대에도 자주 듣는 데 익숙해 있기 때문이다. 설교자들은 때때로 장미빛처럼 과장하여 말하는 경향도 있다. 그러나 누가가 "모든 물건을 서로 통용하고 제 재물을 조금이라도 제 것이라 하는 이가 하나도 없더라."(4 : 32)고 말할 때 우리들의 귀는 번쩍 뜨인다. 어떻게 이렇게 될 수가 있을까? 칼 막스(Karl Marx)는 인간의 거의 모든 태도와 행동은 경제적인 데에 그 근원이 있음을 추적할 수 있다고 주장했다. 누가는 막스 지지자(Marxist)는 아니었으나, 우리의 소유물이 있는 곳에 우리의 마음도 있을 수 있음을 아는 다분히 현실주의자였다. 사도행전의 놀라울 만큼의 많은 분량이 이 공동체 안의 경제적 문제들을 다루고 있다. 누가복음 역시 많은 분량이 돈의 문제를 다룬다. 빚진 자들에 관한 비유(7 : 41-43), 착한 사마리아 사람(10 : 29-37), 어리석은 부자(12 : 16-21), 불의한 청지기(16 : 1-8), 부자와 나사로(16 : 19-31), 그리고 열 므나의 비유(19 : 11-27) 등을 생각해 보라. 이중 하나만 예외이고 모두가 누가복음에만 있는 말씀들이다. 부(富)는, 누가에게 있어서, 하나님이 그 사람을 인정하신다는 표(標)가 아니다. 부는 위험한 것이다. 그 부자 청년은 그의 돈과 헤어질 수 없었다(눅 18 : 18-23). 그리고 다른 부자는 어리석게도 가득 채운 창고에 자신을 맡겼기 때문에(눅 12 : 15-21) "어리석은 자여"라는 말씀을 들었다.

"왜 우리는 교회 안에서 언제나 돈에 관하여 말하는가?" 우리 교회의 제직 중 한 사람이 불평하듯 물었다. "우리가 하는 일의 전부가 돈, 베푸는 일, 그리고 예산에 관한 것이다. 이것을 넘어 영적인 것들에 관하여 말했으면 좋겠다. 영적인 것들이 교회를 위해서 참으로 중요하지 않은가!"

그는 이해력이 있는 사람이지만 교회를 위하여 오도된 소원을 가졌다. 나는 그에게, 우리는 당회에서 모든 종류의 문제를 논의했으나 논의되고 있는 문제들 중에 돈에 관한 우리 교인들의 논쟁만큼 변화무쌍하고 잠재적으로 분열을 일으키는 것도 없다고 말했다. 최소한 이러한 의미에 있어서는 막스가 옳았다. 우리들의 생활 속에는 일종의 경제적 결정론이 작용하고 있다. 돈이 세상으로 하여금 정신 못 차리게 한다.

어네스트 베커(Ernest Becker)는, 하나님 신앙과 불멸에 대한 다른 전통적인 요인들이 서구문화를 침식해 들어온 것같이, 돈은 우리의 생활 속에 신(神) 같은 자질을 가진 것처럼, 죽음 앞에서도 영구적으로 통용되는 표(票)인 것처럼 취급되고 있다고 말했다. 우리는 유물론을 상대할 때 곧잘 "당신은 그걸 가지고 갈 수 없어요."라고 말한다. 그러나 그러한 말이 우리의 실리주의(實利主義)를 무너뜨리지는 못한다. 그 말은 그 말의 근원을 보여 줄 뿐이다. 우리는 우리가 사망할 때 물건을 휴대할 수 없으나 우리 후손들에게 경제적인 능력을 전해 줄 수는 있다. 우리는 대학에 교수 자리를 늘리는 기부금을 내거나 교회에 우리 이름이 적힌 의자를 갖기도 한다. 돈은 이처럼 베커(Becker)의 말과 같이 우리의 "불멸의 관념"(immortality ideology)이고 현대의 보증수단이다. 내가 죽어야 할지라도 내 이름, 내 가족, 내 성공, 내 능력이 내가 간 이후에도 보증되는 수단이다. 오직 누가만이 어리석은 부자의 이야기를 전한다(12 : 13-21). 이 부자는 자기의 소유가 죽음의 습격을 막아 주는 신 같은 안전을 주리라고 여겼다. 최초의 은행은 신전(神殿)이었고, 최초의 주화에는 신들의 상(象)이 찍혀 있었다.

예수께서는 "재물이 있는 자는 하나님의 나라에 들어가기가 어떻게 어려운지!"라고 말씀하셨다(눅 18 : 24). 제자들은 질문하면서 우리 모두를 위하여 말했다. "그런즉 누가 구원을 얻을 수 있나이까?"(눅 18 : 26)

그러나 본론의 앞부분에서 앉은뱅이를 걷게 했던 놀라움을 일으킨 그 성령의 능력은 바나바라는 이름의 사람을 움직여 그의 밭을 팔아 그 판 값을 사도들에게 주게 했고, 사도들은 이 선물을 궁핍한 사람들에게 나누어 주었다(신 15 : 4-5와 비교하라.). 교회는 자체의 사람들을 돌봐 주고 있었다. 그리하여 그 생활 전체 속에서 일종의 아름다운 삽화, 하나님이 모든 사람들을 위하여 의도하신 그러한 세계의 모범(paradigm)을 만들어 내고 있었다. 저스틴 마터(Justin Martyr)는 누가 시대의 교회로부터 멀리 떠나지 않았기 때문에 자신의 교회를 향하여 경탄하였다. "한때 다른 사람의 부와 재물을 매우 게걸스럽게 탐내던 우리가, 지금은 우리가 가진 물건들을 통용하고 궁핍한 모든 이들에게 그것들을 나누어 주고 있구나!"(I *Apology* 14 : 2-3) 부활절날에 죽음의 속박을 깨뜨린 그 능력이 오순절날에 언어의 장벽을 무너뜨렸고, 앉은뱅이에게 힘을 주었으며, 지금은 꽉 움켜쥔 사유 재산을 풀어놓고 있다.

물질 문제가 하나의 작은 문제라고 생각하지 않도록, 누가는 바나바의 관대함에 관한 적극적인 설명을 하다가 아나니아와 삽비라의 찬 기운이 스미는 이야기로 옮겨간다. 그 이야기 속에서 소유물과 그것이 우리에게 끼치는 것은 생과 사의 문제가 되고, 그 어린 공동체를 엄습하는 최초의 위기가 되고 있다. 불성실과 기만은 그 공동체 자체의 생명에까지 접근했다. 아나니아가 공동체와 그 지도자들에게 자기의 소유를 처분한 일에 대해 거짓말을 한 것은 곧 하나님께 거짓말을 한 것이었다(5 : 3-4). 누가는 무자비하게, 냉정하게, 그리고 객관적으로 상세하게 거짓말을 한 두 사람의 죽음을 설명한다. 어리석은 부자처럼(눅 12 : 16-21) 물질적인 것을 통하여 생명의 안전을 얻고자 하는 자들은 생명이 아닌 죽음을 얻는다. 예수의 제자들 중 한 사람은 예수를 돈과 바꾼 최초의 사람이었다(눅 22 : 1-5).

만약 돈이 우리들 자신을 위한 불멸을 얻고자 하는 맹목적인 시도와 어떻게든 연관된다면, 이는 자기를 심하게 속이는 경우가 된다. 아나니아와 삽비라의 거짓말에는 상당히 자연스러운 어떤 것이 있다. 왜냐하면 우리 모두는 우리 자신의 욕심과 욕망과 탐욕을 합리화하고 변명하는 방법을 알고 있기 때문이다. 우리는 곧잘 "나는 그렇게 부자가 아니에요."라고 말한다. "나는 그저 수지를 맞추기 위하여 내가 감당할 수 있는 그것만을 갖고 있을 뿐이지요." "나는 이것을 위하여 열심히 노력했고 그것을 받을 자격이 있어요." 우리의 거짓말들은 우리의 실리주의와 상관관계를 맺고 있다. 왜냐하면 우리의 실리주의와 우리의 자기기만은 사건을 내 편으로 끌어들여 우리 인간이 가진 불안정과 유한성을 처리해 보려는 시도이기 때문이다. 루터(Luther)는 한때 안전을 마지막으로 찾는 우상이라고 불렀다. 그리고 우리는 어떤 것, 우리의 가족, 건강, 교회, 진리라도 안전과 기꺼이 바꾸려고 했던 때가 있었다. 우리는 믿음보다는 우리의 기지(機智)로 살아가면서, 적절하지 않은 방법으로 안전을 구하고 생활을 안정시키려고 하는 나약한 동물 같은 자들이다. 이 "자기안전 정신"(self-securing mentality, E. Farley, p. 141)은 하나님을 향한 믿음에 실패한 모든 사람들의 마음속에 자리잡고 있다.

교회는 베드로가 함께한 가운데 아나니아와 삽비라의 거짓말에 정면으로 대응하고 있다. 왜냐하면 교회 안에서 자신이나, 형제나 자매들을 속이는 행위는 사망으로 가는 길이기 때문이다. 이 이야기는 엄하고 가혹하며 강경하게 전달되고 있다. 거짓말은 그 거짓에 연루된 사람에게 언제나 가혹하게 보여지는 그 방법 외에 어떤 방법으로 대응이 되겠는가? 재산에 관련된 거짓에 대응하지 않게 되면 그 대가는 참으로 크다 - 적어도 우리들의 생명을 함께 잃게 되는 결과를 가져온다. 옛 **교훈서**(*Didache*)는 이렇게 시작한다. "두 길이 있다. 생명의 길과 사망의 길이다. 그리고 이 두 길 사이에는 큰 차이가 있다"(Ⅵ, 15). 이들 초대 그리스도인의 윤리적 자세와 돈과 같은 물질에 관한 그들의 신앙은 그들의 신학적 주장에 대한 구체적인 행동이었다. 교회는 하나만 선택하는 공동체가 되도록 부르심을 받았다. 그리스도께서 가능하게 해 놓으신 하나의 표지판, 세상이 이전에 본 적이 없는 그 생명의 길을 안내하는 신호등만을 선택해야 한다. 아나니아와 삽비라 같은 사람들 사이에 있는 거짓말과 속임수, 탐욕과 이기적 행위에 대응하지 **않으면** 교회를 죽이게 된다. 야고보의 서신(1 : 9-11, 2 : 1-7)은 초대의 회중들이 부(富)를 자기네 것으로 쌓아 놓는 신자들의 실패 때문에 파멸했음을 암시해 준다. 그러기에 누가는 아나니아와 삽비라의 딱딱한 설명을 끝내면서, 사도행전에서는 처음으로 '교회' 라는 말을 사용하고 있는지도 모른다(5 : 11). 여기서 이 공동체는 돈 문제와 싸우면서 비로소 진실성에 대해 징계를 받는 경험을 하게 되었다.

데오빌로에게 용기를 주려는 그의 시도에서 누가는 이 초대공동체의 적극적인 면모를 그려내고 있다. 그러나 그것은 낭만적이거나 이상이 성취된 모습은 아니다. 이 사람들이야말로 우리들을 유혹하여 끌어당기는 동일한 경향들에 의해서 여러 방향으로 끌려간 자들이다. 이들이야말로 왼쪽 줄의 세 번째 의자에 함께 앉는, 어느 주일에나 신실하면서도 어리석게 되기 쉬운, 바로 그 회중이다. 오늘날 우리가 교회를 평가함에 있어서 누가의 현실주의를 따르는 것은 중요하다. 이들이야말로 신실한 자들을 문제가 많은 자들로 만드는 세상 속에서 신실하고자 애쓰는 바로 그 사람들이다. 실망을 주는 자들, 불쾌하게 하는 자들, 논쟁자들, 그리고 손에 쟁기를 잡고 뒤로 돌아보는 자들도 있을 것이다. 때로 뒤를 돌아보는 자들, 즉 교회의 아나니아와 삽비라가 바로 우리들이다.

5 : 12~42
다시 병고침과 다시 일어난 반대

거짓말을 했던 두 사람의 죽음에 관한 좀 잔인한 이야기(5 : 1-11) 이후에 중앙 무대에는 다시 불이 켜진다. 그리고 누가는 우리에게 생명을 주는 복음의 능력이 역사하는 것을 보여 준다. 표적과 기사, 새로운 개종자들의 증가는 넘실대는 파도가 되어 모든 장애물을 씻어낸다. 사람들은 그들이 두려워서가 아니라 경외와 경탄함에서 사도들과 거리를 두고 있었다. 그러나 비참하고 무력하고 병들고 고통 중에 있는 사람들은 그들에게 매우 가깝게 접근했다. 베드로의 그림자라도 병을 고칠 수 있었으니 말이다. 바울에게는 신비스러운 슈퍼-사도들이 용납되지 않는다(고후 12 : 11). 그러나 누가는 바울과 다르게 "능력이 약한 데서 온전하여짐이라."(고후 12 : 9)라는 십자가에 대한 사도의 겸손한 증언보다 사도의 권능에 더 관심을 갖는다. 누가가 그렇게 보듯이, 세상의 어떤 불행을 바꾸는 데 있어서 능력이 없는 복음은 복음이 되기 어렵다.

세례 요한이 예수께서 참으로 오시기로 약속된 그분이신가를 묻기 위하여 사람을 보냈을 때(눅 7 : 20), 예수께서는 대답하셨다.

> "너희가 가서 보고 들은 것을 요한에게 고하되, 소경이 보며 앉은뱅이가 걸으며 문둥이가 깨끗함을 받으며 귀머거리가 들으며 죽은 자가 살아나며 가난한 자에게 복음이 전파된다 하라. 누구든지 나를 인하여 실족하지 아니하는 자는 복이 있도다"(눅 7 : 22-23).

만일 우리가 병고침에 관한 기록을 읽으면서, 3 : 1~10에 기록된 앉은뱅이가 고침을 받은 이야기와 3 : 11~26에 기록된 관원들의 반응을 생각한다면 우리는 잘하고 있다고 인정받을 것이다. 긍휼히 여김과 말씀선포 때문에 생겨난 논란은 지금도 열 번, 백 번 반복되고 있다. 그러므로 우리는 사두개인들이 대표하고 있었던 기성종교의 관계자들이 다시 나타나서 이번에는 예수 소요(騷擾)를 끝내려는 새로운 결의를 다지고 있음에 놀라지 않는다. 지난번에는 공회가 사도들로 하여금 잠시 말하게 허용하고, 베드로에 의해 당황하게 된 다음에야 놓아주었었다. 이번에는 사도들에게 기회를 주지 않고 즉시 체포했다.

그러나 복음에 연관된 그 무엇이 감옥을 무력하게 했다. "얼빠진 경관"(Keystone Cops)이라는 옛 영화가 보여 주는 익살스러운 속도감을 느끼듯, 천사는 사도들을 해방시켰고, 새벽에 그들은 성전에서 다시 말썽을 부린다. 그리고는 공회에서 감옥으로, 다시 공회로 더욱 익살스러운 전후왕래(前後往來)를 하다가, 사도들은 성전에서 가르치기에 바쁜 중에 발견된다(5 : 21-25). 누가는 성전의 계급체계를 정확히 모르고 있었던 것 같다. 그리하여 이스라엘 장로들의 회(會)를 "이스라엘의 원로원"(개역성경에는 "이스라엘 족속의 원로들"로 번역되었음-역주)이라 부르고 있다(5 : 21). 염려하지 말라. 두려움에 당황하는 한 관원-그가 이방인이든 유대인이든-의 행동을 봤다면 모든 관원들이 그러했으리라는 말은 이치에 맞는 말일 것이다.

다시 한번 누가는 이 시점에서 사도들이 갖는 문제는 전반적으로 당국자들과의 문제이지 백성과의 문제가 아니라는 것을 분명하게 말해 준다. 로마인들과 공모하여 예수를 십자가로 가시게 했던 무섭고 터무니없는 공모를 꾸미는 관리들 무리는 옛 속임수를 다시 쓰려 하고 있다. 또 한번 이 성공을, 당국자들이 공연히 침묵을 강요하려했지만 그것을 기쁘게 귀기울여 듣고 있던 그 보통 사람들 중에 일고 있던 이 새로운 운동의 성공을 우리는 중요하게 보아야 한다.

베드로는 다시 당국자들의 저항에 이 말로 맞서고 있다. "사람보다 하나님을 순종하는 것이 마땅하니라"(5 : 29). 이 말은 이들 종교 지도자들의 귀에 어떻게 들렸을까? 이 평범한 사람이, 그들로 하여금 예루살렘의 현재 상태를 그대로 유지하고자 공모하지 말고 그들 역시 하나님께 순종해야 한다고 그들을 깨우쳤으니 말이다. 이들 종교 지도자는 하나님의 뜻에 온전히 순종하는 생활을 해야 했다. 그런데도 그들은 그 신성한 임무를 관리들의 권력을 소개하는 일이나 로마의 앞잡이 노릇과 바꾸고 있었다. 로마의 앞잡이 노릇이란, 자기 백성으로 하여금 주둔하고 있는 로마의 군대에 너무 심한 문제를 일으키지 않게 하는 것이었다. 베드로의 말은 이러한 그들의 타협하는 마음의 신경을 자극했다. 왜냐하면 "저희가 듣고 크게 노하여 사도들을 없이하고자" 했기 때문이다(5 : 33).

우리는 당시의 학문과 종교의 요원들 모두에게 어떤 작은 의(義)도 없었다고 생각하지 않기 위하여, 영락없이 죽게 되었던 사도들이 교법사

가말리엘의 관여로 살게 되었다는 누가의 기록에 주목해야 한다. 가말리엘은 그 당시에 가장 널리 알려지고 존경받던 교법사였다. 가말리엘은 우리가 사도행전의 다른 부분에서 접하게 될 성경적 이론을 사용하고 있다. 만일 이 운동이 인간적, 사회학적 현상뿐이라면 그것은 제시간에 무너져 버릴 것이며, 아무것도 남지 않을 것이다. 하나님에 의한 운동을 중단시키려는 사람만큼 어리석은 자는 누구인가? 공회의 다른 사람들은 성경말씀이나 이치에 맞는 말을 방해하지 않았다. 그들의 분노와 직무상의 분개는 그들 자체의 생각에서 나온 것들이었다. 십자가 사건 때, 누가는 아리마대 요셉을 설명했다. "공회 의원으로 선하고 의로운 요셉이라 하는 사람이 있으니 (저희의 결의와 행사에 가타 하지 아니한 자라.) ……하나님의 나라를 기다리는 자러니"(눅 23 : 50-51). 단지 그 기성집단의 회원이 되었다고 해서 그것 때문에 복음에 대해 무관심하지는 않았다. 중요한 기준은 "하나님의 나라를 기다리는" 사람이었느냐는 점이다.

누가는 가말리엘이 이치에 맞고 지성적인 이론을 제시한 사실을 기록함으로써, 이 교회의 경우를 면밀하게 생각했던 다른 사람들 역시 그와 동일한 우호적인 결론에 이르렀음을 암시한다. 새로운 제도와 새로운 계시를 대면한 그 전통적 믿음의 공동체는 생소한 자들을 향하여 폭력에 호소하기보다는(5 : 33) 기다리면서 관망해야 했다(5 : 34-39). 그리고 진리가 진리되게 하라고 했다. 고결한 가말리엘의 권고는 그리스도인들을 내버려두어 그들이 어떻게 되는지를 세상이 보게 하라는 것이었다. 이 권고는 교회의 적들을 향한 누가 자신의 호소이기도 하다. 그리고 그 호소는 사도행전의 맨 끝에 나오는 말인 **"금하는 사람이 없었더라."**로 요약된다.

사도들은 생명을 잃지 않고 풀려 나오게 되었으나 고통이 없었던 것은 아니었다. 서른아홉 번의 채찍질은 많은 죄수들을 죽인 바 있다. 그러나 사도들의 뒤죽박죽된 가치체계 속에서는 가혹한 고문을 받는 중에서도 이러한 감정을 나타냈다. "사도들은 그 이름을 위하여 능욕 받는 일에 합당한 자로 여기심을 기뻐하면서……"(5 : 41). 자기네 지도자 되신 분과 경쟁이라도 하듯이 그러했다(5 : 31). 본 절에 있는 명칭(지도자 : 역자삽입, 본서가 채택한 텍스트인 RSV영역성경에는 'leader' 로, 개역성경에는 '임금' 으로 번역되었음 - 역주)은 사도행전에서만 발견되는 그리스도에 대한 특이한 명칭이다. 이 명칭은 아마 그리스도와 그를 따르는 일단의 사람들 사이의 밀접한 관련을 의미할 것이다. 시험 중에 예수와 줄곧 함께한 그들은(눅 22 : 28), 지금 자신들이 받는 시련을, 이제는 높은 곳에 계신 그들의 지도자에 이끌리어 통과하고 있다.

예수의 약속은 이루어지고 있다 : "사람이 너희를 회당과 정사 잡은 이와 권세 있는 이 앞에 끌고 가거든 어떻게 무엇으로 대답하며 말할 것을 염려치 말라. 마땅히 할 말을 성령이 곧 그때에 너희에게 가르치시리라 하시니라"(눅 12 : 11 - 12).

6 : 1~7
공동체 내부의 지도력

신앙공동체들을 보면, 사회 속에서 가장 보수적이고 전통적인 교단은 그 교단을 그렇게 만드는 요인을 갖고 있다. 오늘의 성직자 복장은 4세기에 로마인들이 매일 입던 의상이다. 오늘날 교회의 전문용어에는 지금은 안 쓰는 옛 언어에서 온 이상한 말들이 많다. 교회의 전통주의는 다 그런 것은 아니지만, 전에 받았던 진리에 계속 충실하기 위해서 그것을 보전하려는 교회의 필요에 기인할 것이다. 우리는 사도행전의 연설들 속에서, 이스라엘에게 과거에 해주신 약속들이 중시되면서 복음이 전파되는 것을 본다. 바리새인들과 사두개인들은 공회에서 조상들의 신앙을 파괴적인 개혁으로부터 지키려는 자신들의 의무를 수행하고 있었다. 그러나 사실을 보전하려는 그들의 노력은 예수께서 그들 앞에서 비평하신 것처럼 진리를 놓치고 있었다.

그 공회와는 대조적으로, 성령의 인도하심을 받고 있던 공동체는 계속 성령에 순종하기 위해 움직이려 하고 있었다. 한 새로운 도전이 공동체 내부에서 일어났다. 공동체는 수가 늘어났고 새로운 조직과 지도력을 필요로 했다. '헬라파 유대인들'(아마 흩어졌던 유대인들 중에서 헬라어를 쓰는 유대인들일 것이다.)은 그들의 과부들이 매일의 물품 분배에서 등한시되고 있다고 느꼈다. 회당에서는 가난한 자들을 보살펴 주는 오랜 전통이 있어 왔고, 그리스도인들은 이 전통을 이어나갔다. 그러나 분배에는 일손이 모자라게 되었다.

"우리가 하나님의 말씀을 제쳐놓고 공궤를 일삼는 것이 마땅치 아니하니"(6 : 2)라는 말씀을 보면 사도들이 그 일을 하찮게 여기고 있었던 것은 아니었다. 그들의 말은 말씀선포의 업무가 사도의 기본적인 의무임을 암시하지만, 그들은 이 필요한 사회적 (또는 성찬식의?) 봉사가 잘 되도록 단호한 행동을 취하고 있다. 누가는 식탁을 통한 교제를 위하여 봉사하도록 그 선택된 자들에게 '집사'라는 말을 사용하고 있지는 않지만, 집사직의 기원을 설명하고 있는 것 같다. 이 새로운 지도자들 위에 유대교로부터 가져온 의식인 권위와 권세를 준다는 안수가 행해졌다.

본문에 대한 해설자들이 우리의 후대 안수직에 관하여 이 기록을 지나치게 중시하지는 않아야 한다. 그러나 성령에 의한 공동체 안에서 있었던 지도력에 관하여 몇 가지 결론을 이끌어 내는 것은 타당하리라고 본다 : **(1) 교회 안에서의 지도자의 직분은 이 공동체의 현실적인, 그러나 순전히 기능상의 필요에 따라 생겨나고 있다.** 누가복음에서, 예수께서 세례를 받으실 때 하나님에 의해 부르심을 받았고, 그리고 예수께서는 열두 제자를 부르셨다. 지금 그 열두 사도는 다른 이들을 이 회중 내의 직무(ministry)에 불러 세우고 있다. 안수직의 기원에 대하여 어떤 신비한 근거를 찾을 필요는 없다. 단지 전체 공동체가 그 사역을 잘 감당하기 위하여 어떤 직무가 수행되도록 하기 위한 교회 내의 필요에 의한 것일 뿐이다. 루터(Luther)는 안수직의 본질이 회중으로부터는 분리되고 안수식 때에 주어지는 지울 수 없는 성격의 것이라는 주장을 부정했는데, 그가 옳았다. 안수직의 본질은 전반적으로 교회의 사역으로부터 연유하고 그 사역을 중심으로 설명되는 것이다.

(2) 지도자의 직분은 '위' 로부터가 아닌 '아래' 로부터 생겨난다. 하나님께로부터 예수께로, 교회의 구조에 의하여 감독으로부터 성직자로, 마침내 하위 평교인에 이르는 식이 아니다. 안수직의 과정은 다른 방향으로 이루어진다. 지도자들은 안내와 봉사를 위하여 하나님의 백성의 필요에 따라 세워지게 된다. 동시에 지도자의 직분은 위로부터이기도 하고, 주께서 주신 은사이기도 하다(엡 4 : 8－11, 딤전 4 : 14). 그러므로 교회는 안수를 행할 때 기도를 한다(행 6 : 6). 하나님은 지도자들을 세우지 아니한 상태로 그 공동체를 방치하지 아니하시고 최초 사도들의 한계를 넘어 적당한 종들을 세워 주신다.

(3) 현재 형태의 안수직은 교회가 필요로 하는 직분자들에게 적용시킨 것이다. 열두 명의 사도는 직분자들의 다른 형태로 발전되었다. 오늘의 성직 계열은 교회의 시초부터 고정된 것이 아니고 하나님의 명령에 의해 확립되지도 않았다. 교회가 공동체로 하여금 그 기능을 잘 발휘하도록 하기 위하여 어떤 형태의 지도자 직분을 고안했다. 교회는 스스로 세운 것을 스스로 바꿀 수도 있다. 6 : 1~6이 보여 주듯이 처음부터 본질적인 것에 유의하고 성령의 인도에 따르며 새로운 도전에 창조적으로 반응하는 데 있어서 교회는 놀라운 능력을 과시했다. 이 공동체는 일이 되어지기를 원했고 그것을 해내기 위하여 수단을 강구했다. 뿐만 아니라 선택된 일곱 사람의 헬라식 이름들로 판단하건대, 이 사람들은 헬라파 유대인들, 교회에서 차별대우를 받고 있다고 느꼈던 그 부류의 사람들 중에서 뽑은 것 같다. 만일 그렇다면 교회는 차별받는 사람들 중에서 뽑은 지도자들이야말로 그 사람들의 이익을 위해서 가장 잘 일할 수 있음을 인식했다는 것을 보여 준다. 누가 안수를 받고, 어떻게 안수를 받아야 하는가에 관한 현재 교회 안에서의 논쟁은, 사명을 수행하기 위한 활력을 발휘하기 위하여 교회가 하는 것일까?

증언과 핍박, 증거와 순교에 관한 그 모든 극적인 이야기들은 6 : 1~6을 괄호 안에 묶듯 하고 있다. 그런 중에 예루살렘 최초의 교회에서 있었던 행정에 관한 이 간략한 기록과 그들의 문제해결은 하나의 사소한 사건처럼 보인다. 그러나 이 삽화를 통하여 누가는 이 행정적인 사건과 회중의 내부적 필요를 날마다 돌봐 주는 일이 역시 중요한 사역임을 우리에게 생각하게 한다. 그리고 다른 더욱 흥분을 자아내는 외부를 향한 증언의 행위들 중에서도 하찮게 여기거나 가치 없게 볼 어떤 것이 아님을 생각하게 한다. 복사기를 작동시키는 일, 오는 주일 예배를 계획하는 일, 먼저 온 사람들(유대인 그리스도인들)과 새로 온 사람들(헬라파 유대인들) 사이의 분열을 해결하는 일, 연로한 과부들을 돌봐 주는 일, 그리고 교회의 재정을 충직하게 관리하는 일 등은 모두 성령께 봉사하는 모습이다.

스데반의 사건
사도행전 6 : 8~8 : 3

일곱 사람의 임직을 기록하면서(6 : 1-7), 누가는 잠시 동안 중심역할을 하게 될 두 사람, 빌립과 스데반에게 초점을 맞출 수 있었다. 스데반의 이야기에서, 우리는 그리스도도 아니요 사도도 아닌 그가 시련과 고통을 당하는 모습을 보게 된다. 핍박은, 우리가 볼 때, 이야기의 '인기인' 들만을 위해 예약되어 있지 않다. 충성스러운 사람이면 누구나 믿음을 위하여 고난을 당한다. 그리고 핍박이 경고(4 : 21)에서 채찍으로(5 : 40), 또 죽음(7 : 58)으로 옮겨가면서 화형주(火刑住)가 세워지고 그들은 고통을 당하게 된다. 게다가 앞 장들에서는 군중을 이루었던 그 사람들이 무지하기는 하지만 이해력을 지닌 사람들이었음을 보여 주었다. 그러나 한때 놀라는 모습을 보였던 이 군중은 지금 사악한 폭도로 변하고 있음을 보여 준다(6 : 12). 그들은 교회를 핍박하고 있는 그들의 지도자들보다 더욱 심하게 변해 가고 있었다. 다시 말하면, 스데반의 사건은 사도행전 가운데서 하나의 회전축, 즉 분수령(分水嶺)이다.

6 : 8~7 : 53
체포와 증언

스데반은 이 공동체 안에서 다른 사역이 아닌 식사(食事) 일을 돕는 데 함께했음이 분명하다(6 : 1-5). 그런데 이 '제2대' 지도자는, 지금까지는 사도들만 했던 큰 기사와 표적을 민간에 행하고(6 : 8) 있다. 그의 행위는 그의 동료 헬라파 유대인들로 하여금 그를 고발하게 했으나, '지혜와 성령'을 겸비했던 그는 그 고발자들을 쉽게 물리쳤다. 논쟁에 패배한 그들은 스데반에게 죄를 뒤집어 씌우는 일을 시작했다. 그들은 예수께서 성전을 헐고 모세가 세운 관습을 고치실 것(6 : 11-14)이라는 그의 말을 트집잡아 그가 '모세'(율법, 즉 토라)와 '하나님'(성전, 제사의식)을 모독했다고 고발했다. 이 고발은 후에 바울에게도 똑같이 적용되었다(21 : 20-21, 28, 24 : 6, 25 : 8). 종교적 개혁이 고발의 내용인데, 이 고발을 스데반은 곧 논박하려 했다. 그와 그의 동료 그리스도인들은 오히려 스데반을 고발하는 자들이 지키지 않는 전통에 충실한 자들임을 보여 주며 논박하려 했다. 그 얼굴이 '천사의 얼굴'(이는 누가가 무대를 꾸미는 방법인데, 말하는 자 위에 성령이 함께하심을 의미하면서 중대한 선언을 하기 위함이다.) 같아져서 "이것이 사실이냐?"라는 대제사장의 물음에 대답한다. 그는 사도행전에서 가장 긴 연설로 답하는데, 이는 사도행전 이야기의 줄거리 속에서 이 연설이 중요함을 보여 준다.

스데반은 많은 말로 연설한다. "당신들은 내가 모세와 그의 율법을 더럽게 했다고 뻔뻔스럽게 고발하고 있지만 당신들 자신을 보라!" 스데반은 무리를 향해 아브라함으로부터 시작하여 신앙의 긴 여정을 열거한다. 이 여정은 하나님께서 아브라함의 백성을 그들이 예배할 만한 장소로 옮기시겠다는 그 약속으로부터 시작된다(7 : 2-7). 그리고 요셉에 대해서는 그의 친형제들이 노예로 팔았다고 말한다(7 : 9-16). 저 멀리 요셉 때부터 아브라함 가족 안에는 싸움이 있었다. 그러나 하나님은 요셉과 함께하셨다. 그의 형제들의 행위는 하나님의 계획을 진전시키는 데 보탬이 되었을 뿐이었다. 다음으로 모세의 이야기는 사랑과 경이의 마음으로 상세히 설명함으로써 자기가 모세를 모독했다는 고발이 바르지 않음을 보여 준다. 스데반은 모세가 당시에 자기에게 "복종치 아니하고자 하여 거절"(7 : 39)했던 자기 백성으로부터 온정을 받지 못했음을 상기시키고 있다. 그는 그들의 구원자요 해방자였으나, 그들은 그를 알아보지도 못하고 "누가 너를 관원과 재판장으로 우리 위에 세웠느냐?"(7 : 27)고 힐문했다. 스데반은 이 무례한 반박이 모세로 하여금 미디안으로 도망치게 했다고 말한다 - 출애굽기 2 : 15은 모세가 자기 백성이 아닌 바로의 진노 때문에 도망갔다고 기록되었는데도 이렇게 말하고 있다.

연설은 간추린 회고를 계속 하다가 35절에서 격정적인 고발로 바뀐다. 스데반은 무지막지하게 찌르는 말로 듣는 자들에게 '그들이 배척했던' 사람은 다른 이가 아닌 바로 **모세요, 구원자**였다고 말한다. 그 백성은 모세를 향한 반역으로부터 이교적 우상숭배로 타락했다(7 : 39 - 43). 늙은 시므온은 예수께서 이스라엘 중 많은 사람의 패하고 흥함(눅 2 : 34)이 있게 하실 것을 예고했었다. 예수마저도 나사렛의 회당에서 하신 최초의 설교에서 "선지자가 고향에서 환영을 받는 자가 없느니라."(눅 4 : 24)는 듣기에 거북한 역사적 증거를 회중에게 상기시키셨다. 스데반 역시 그들 자신의 성경을 그들에게 적용시켜 한때 반역하고 우상을 섬겼던 그들이니 만큼 다시 그렇게 되기 쉬움을 상기시키고 있다. 그리고 우리 모두는 역사를 통하여 예수의 설교 다음에 그날 나사렛에서 어떤 일이 일어났었는지를 알고 있다.

스데반은 반역과 우상숭배가 있던 중에도 증거의 장막(7 : 44)이 있었음을 인정한다. 솔로몬이 성전 건축을 스스로 떠맡을 때까지는 별일이 없었다. 스데반은 역사를 교묘하게 수정하면서 솔로몬의 행위를 배교(背教)로 본다. 솔로몬의 성전봉헌사(聖殿奉獻辭, 왕상 8 : 20 - 27)의 일부를 인용하며 주장한다. "지극히 높으신 이는 손으로 지은 곳에 계시지 아니하시나니"(7 : 48). 그리하여 성전에 대한 애착은 불순종으로 묘사된다(히 8 - 9장에서 성막이 참된 예배의 처소로 인정되고 있음과 비교하라.). 스데반은 이사야 66 : 1~2을 인용한 다음에 아모스나 예레미야와 약간 닮은 말을 하기 시작한다. 그의 연설은 그들을 하나님의 의로우신 분을 죽인 자라고 고발하고, 이 목이 곧은 사람들(7 : 51)을 향한 세찬 비난을 퍼부으며 끝난다.

이스라엘의 역사를 이렇게 논증법적으로 요약함에 있어서, 모든 것은 그들이 알지 못했음(25절)과 언제나 성령을 거스렸다(51절)는 사실에 바탕을 두고 있다. 누가는 군중 가운데서 나오는 소수의 진지한 질문들이나, 가말리엘과 같은 지혜로운 교법사(敎法師)나, 개종했던 소수의 제사장들(6 : 7)의 이야기를 끼워 넣음으로써 그들의 반대에 대한 어떤 유연함을 그려내고 있다. 그러나 지금은 그 모든 유대인들의 반대에 대한 냉혹한 기록으로 그 유연함은 굳어져 버린다. 이 연설은 한 사람의 유대인(스데반)이 같은 유대인들(공회)과 벌이는 생과 사의 쓰라린 논쟁이다. 이 연설은 누가 가족의 재산을 물려받을 참 상속자인가에 대한 가족간의 쓰라린 불화이다. 우리는 이러한 가족들 간의 내부 싸움을 매일의 생활 속에서 경험하기 때문에, 이러한 싸움들이 참으로 지독하게 될 수 있음을 안다.

우리는 스데반의 연설 중에서 다른 사람에 의해서 상속권을 잃어버린 한 형제의 비통함을 보고 있는 것 같다. 이 연설이 누가에 의해 작성될 즈음에는 이스라엘의 개종은 단지 바라는 일일 뿐이며 점차 비현실적인 희망일 뿐이었다. 유대인 그리스도인들은 예수께서 그들이 오래 기다려온 메시야라는 사실을 그들의 형제와 자매들에게 확신시키는 일에 실패했었다. 유대인들은 아브라함 안에서 시작된 자신들의 여정을 자만 중에 걸어오면서 대를 이어왔다. 그러기에 교회가 그들을 전체적으로 받아들이는 데 현실적으로 어려웠고, 교회가 말씀과 선교에 열정을 보였어도 그들은 방해하고 심하게 반박했음이 분명하다.

누가는 기원 70년 이후 어느 때에 본서를 쓰면서, 유대인 그리스도인들이 벌써 오래전에 거기서 쫓겨난, 지금 황폐한 예루살렘의 성전을 보게 되었을 것이다. 당시에 그는 스데반의 연설 중에서 그 자신의 교회에 대한 실망과 유대인들이 복음을 거절한 쓰라림을 말하려 하고 있다. 이 복음은 그들에게 기쁜 소식이 되었어야 했다(특주 : *누가와 그의 동료 유대인들을 보라.*). 여하간 오늘의 그리스도인 해설자들이 스데반의 연설을 이용할 때면 우리는 이 사실을 기억해야 한다. **우리는 핍박을 받고 있던 교회의 연설을 읽고 있으며, 스데반은 교회의 순교자였고 누가는 교회의 옹호자였다는 사실이다.** 교회는 오늘날 세계의 여러 곳에서 당시에 스데반의 책망을 정면으로 반박해 왔던 공회원들과 위치가 반대로 바뀌었다. 그렇다고 해서 핍박을 받던 스데반을 옹호한 나머지, 유대인을 핍박해도 된다는 구실을 내세운다면, 이는 본문을 모독적으로 악용하는 행위가 될 것이다.

교회의 역사는 담대함과 연민에 찬 순교자들의 이야기로 시작되었다. 그러나 지금은 아우슈비츠(Auschwitz)와 부센발트(Buchenwald)의 사건에 대한 침묵 내지는 연루의 이야기를 그 안에 담고 있다. 이러한 교회에 대하여 스데반의 충성에 관한 이 기록은 무엇이 될까?

스데반의 연설은 교회로 하여금 이스라엘로부터 우리가 물려받은 유산의 가장 의미 있는 모습은, 이스라엘은 자신의 성경을 자기비판의 수단으로 활용하는 능력을 가졌다는 사실을 생각하게 한다. 에스라는(느 9장) 이스라엘의 불순종과 그것이 백성에게 가져다준 황폐의 역사를 말하여 그 백성이 신앙의식의 순결로 되돌아오도록 하는 수단으로 설명했다. 예수께서는 나사렛에서 설교하시면서(눅 4장), 이스라엘이 열국을 향하여 빛이 되지 못함을 꾸짖었던 선지자들의 이야기를 활용하셨다. 심판은 하나님의 집과 함께 시작되고, 우리 자신의 역사를 정직하게 알리려는 용기 있는 결의를 통하여 전달된다.

하나님의 선택을 받은 백성을 취급했던 교회의 역사를 보면, 유대인 대학살에서 절정을 이루었던 너무도 많은 학살과 반복된 이주(移住), 그리고 그들을 순교하게 하는 데에 교회가 연루된 사실들이 있다. 그런 가운데 우리의 역사는 어떻게 저 의로우신 분의 가르치심에 충성했다고 스스로 판단할 수 있겠는가?(52절)

7 : 54~8 : 3
스데반의 순교와 교회에 대한 핍박

스데반의 연설은 그의 운명을 결정지었다. 스데반은 이스라엘의 역사를 회고함으로써 한 백성이 하나님의 목적에 불충했던 한 드라마(drama)를 보여 주었다. 이제 하늘이 열렸고 스데반은 소리쳤다. "인자(人子)가 하나님 우편에 서신 것을 보노라"(7 : 56). 연설은 "이것이 사실이냐?"는 대제사장의 질문에 대한 응답으로 시작되었다. 스데반은 모세와 하나님을 모독하는 말(6 : 11)을 하고 있었는가? 아니었다. 그러나 스데반은 다스리기 위하여 승천하셨던 예수께서 지금 하나님의 우편에 계신다는 '불경한'(blasphemous) 주장을 하고 있다. 사도행전 전체를 통하여 환상은 하늘의 사실들의 실상을 땅에 있는 제자들에게 분명하게 알리는 하나님의 기본적인 수단이다. 스데반의 연설의 마침은 대개의 훌륭한 연설들처럼 절정으로 되어 있다. 누가가 강조하려는 요점이 그것이다. '인자'라는 칭호는 신약성경 중에 예수 외에 다른 사람에 의해 사용된 경우가 적다(요 12 : 34, 계 1 : 13, 14 : 14). 그 한 경우인 여기에서(7 : 56) 누가는 스데반이 예수를 높이 들리신 주님으로 말했다고 주장한다. 이것이 예수의 실상이니 – 지금 모든 것을 다스리시는, 오래 참으셨다가 높이 들리신 메시야이다. 인정받으셔야 하고 누구나 그 앞에서 순종해야 한다. 그를 배척하는 것은 하나님 자신을 배척하는 위험에 처하게 한다. 그들은 그의 그러한 말을 잠잠케 하고자 귀를 막았다. 만약 스데반의 환상이 사실이라면, 감히 이 예수를 반대하는 자들은 참으로 하나님의 원수가 되기 때문이다. 고발자들은 지금 고발을 당하고 있다. 누가가 우리 모두에게도 보여 주기를 원하는 환상이 이것이다. 스데반 사건의 절정 – 그리스도의 높이 들리신 모습이다.

사도행전 전체를 통하여 꾸준히 세력을 모으고 있었던 그 폭풍은 이제 매우 세차게 불기 시작한다. 영광된 모습을 보여 준 그 환상은 결국 마귀들을 풀어놓았다. 적법한 재판의 진행이라면 어떻게 피의자가 분노한 폭도의 손에 넘어갈 수 있겠는가! 스데반이 이 성도(聖都)의 문밖으로 끌려 나가서 돌에 맞아 죽는 것처럼 말이다. 그는 숨을 거두며 기도를 드린다(7 : 59). 그 기도는 유대인들의 짤막한 침실기도를 닮았다(시 31 : 5). 중대한 한마디만 달랐는데, 스데반의 기도는 하나님 대신에 '주 예수'께 드려졌다. 하나님의 우편에 앉아 계신 예수를 죽음의 순간에 불렀던 것이다. 죽음의 순간에 보여 주신 예수의 태도(눅 23 : 34)는 스데반에 의해 모방되었다. 이 순교자의 마지막 기도는 자신의 원수들을 용서해 주시라는 것이었다. 예수를 따르는 자들은 예수처럼 죽는다.

누가는 공회는 물론 그 공회의 제사장들과 신학적 논쟁을 하고 있었다. 그러나 그는 그들과 교회의 최초 순교자의 죽음과 그들을 직접적으로 융화시킬 수 없었다. 스데반 살해는 멋대로 사형을 행사하는 폭도의 행위로 기록되었다. 로마의 지배 아래 있었기에 유대인 공회는 사형집행을 선고하는 데 권한이 없었는지도 모른다. 한때는 이들 그리스도를 따르는 자들에게 매력을 느끼고 경탄하기도 했던 군중이 지금 다수의결의 평결을 내렸다. 그들은 돌멩이를 던지면서 그들의 겉옷을 사울이라는 사람의 발 앞에 두었다.

스데반에 대한 핍박은 폭력행위와 무관하지 않다. 이 공동체는 (열두 사도는 제외하고) 이제 모조리 쫓겨 유대와 사마리아로 분산되었다. 이전에 복음은 증인들에 의해서 "온 유대와 사마리아"로 옮겨질 것이라고 예언된 바 있다(1 : 8). 따르던 자들은 당시의 핍박이 복음을 이렇게 멀리 퍼져 나가게 하는 촉진제가 되리라고는 미처 알지 못했다. 이들 도피자들은 씨앗과 같이 흩어져서 그곳에서 뿌리를 내리고 열매를 맺었다. 하나님은 자기 백성에게 가해지는 핍박이라도 자신의 목적을 이루는 데 사용하실 수가 있다. 사울이라는 이름을 가진 이 새로운 마귀의 군사도 복음의 확산을 저지하지는 못할 것이다.

프린스턴(Princeton)신학대학의 식당을 들어서면 프린스턴 졸업생들의 이름이 새겨진 세 개의 동판을 보게 된다. 이들은 스데반처럼 자기들의 비전(Vision)을 위해 피로 값을 치렀다.

왈터 메이컨 로리(Walter macon Lawrie) - 1847년 중국해(China Sea)에서 해적들에 의해 바다에 던져지다.

존 로저스 필(John Rogers Peal) - 1905년 부인과 함께 중국 린 차우(Lien Chou)에서 폭도에 의해 죽다.

제임스 조셉 리드(James Joseph Reed) - 1965년 3월 11일 알라바마 셀마(Selma)에서 구타로 운명하다.

이들의 이름은 우리보다 앞서 나간 근대의 몇 증인들을 생각나게 한다. 그들은 진리에 대한 증거를 위하여 값비싼 대가를 지불했었다.

하우어워즈(Stanley Hauerwas)는 '존스타운' (Jonestown)의 대량 자살에 관하여 썼다. 짐 존스(Jim Jones)와 그의 '인민사원' (人民寺院, People' s Temple)을 따르던 수백 명의 사람들이 그들의 아이들과 함께 목숨을 끊었다(p. 106). 그는, 오늘의 매체(媒體)들이 존스타운의 사건을 설명하기 위해서 두 가지 유력한 이론을 제시한다고 기록했다 : (1) 짐 존스의 추종자들은 광적인 최면술 아래에 있었다. 그들은 그들이 자살하도록 했던 미친 지도자의 미친 희생자들이었다. (2) 짐 존스의 추종자들은 대부분 가난하고 무지하며 억압받던 사람들이었다. 그들의 고통은 그들로 하여금 존스와 같은 미친 메시야의 현혹적인 약속들 앞에서 쉬운 먹이감이 되게 했다. 다시 말하면, 이 두 가지 이론은 현대 세계에서 정신 나간 사람들만이 자신들이 믿는 것을 위하여 죽을 것이라고 추정한다.

미합중국에서 우리는 '종교의 자유' 를 갖는다. 종교의 자유란 우리가 신앙의 행위를 하는 데 자유롭다는 의미이다. 우리가 어떤 한계 안에서 신앙의 행위를 하는 한, 짐 존스에 대한 신앙을 저버리는 대신에 자살을 자행한 존스타운의 가련하고 미친 사람들처럼 광신자가 되지 않는 한 그러하다. 우리가 종교적인 사람이 되는 자유를 가지고 있지만, 이 자유에는 우리가 믿는 것을 위하여 죽는 자유는 포함되지 않을 것이다. 왜냐하면 오직 정신 나간 광신자들만이 그렇게 할 것이기 때문이다.

스데반의 이야기는 우리들로 하여금 예의바르고 문명사회를 이루며 정신적으로 균형 잡힌 종교, 한때 신실한 자들이 되기 위하여 재산과 가족과 친구들, 생명까지라도 기꺼이 포기했던 그리스도인들의 종교를 생각하게 한다. 누가는 우리의 매체들이 존스타운의 사건을 설명하듯이, 스데반의 죽음을 심리학적 또는 사회학적 요인으로 끌어내림으로써 그의 희생을 격하시키고 있지 않다. 오히려, 누가는 스데반을 믿음의 영웅으로 본다. 그가 그것에 의하여 살았던, 그 믿음을 위하여 죽은 매우 이성적인 사람으로 본다. 실로 사람이 가장 귀하게 여기고 있는 그 무엇을 위하여 죽지 못하는 것은 사도행전 교회의 입장에서 볼 때, 본질적으로 불합리하며 정신이상이기까지 하다. 그리하여 많은 그리스도인들이 (그리고 예수께서) 이 땅의 제국에 의해 죽었다. 왜냐하면 기독교의 주장-즉, 나라들이 아닌 하나님께서 세계를 다스리신다는 주장-과 변천하는 세상의 제국이 주장하는 그것과 조화를 이루기란 불가능했기 때문이다. 순교자들은 스데반의 길을 계속 따라갔다. 그리스도인들은 "사람보다 하나님께 순종하는 것이 마땅하니라"(5 : 29)는 자신들의 정치적, 국가주의적인 주장을 양보하는 새로운 신학에 의해서 세상 제국에 대한 교회의 정치적 위협이 애매해져 버릴 때까지 그 길을 따라갔다(W. H. Frend).

누가는 자신들의 믿음을 위하여 기꺼이 죽는 사람들에 대하여 논쟁하지 않는다. 믿음을 위하여 죽는 것은, 짐 존스의 그것과는 달리 참되다. 스데반은 자살자가 아니었다. 그는 유대인으로서 그의 생명이 하나님께 속했으며, 그의 생명은 (그의 죽을 때의 기도가 의미해 주듯이) 하나님의 손에 달려 있음을 알고 있었기 때문이다. 우리가 우리의 생명을 없애는 것은 금지되어 있다. 그러나 만일 우리의 계속되는 생존이 우리의 믿음을 저버리는 것을 의미할 경우에는 우리의 생명을 버릴 준비를 해야 한다. 이렇게 하는 것이 우리가 그리스도인으로서 어떻게 살고, 또 죽어야 하는가에 대한 방법이다. 살 가치가 있고, 또 죽을 가치가 있는 것은 무엇일까? 이것이 사도행전 7 : 54~8 : 3의 배후에 숨어 있는 질문이다.

예루살렘 밖에서의 전도
사도행전 8 : 4~9 : 43

"그 흩어진 사람들이 두루 다니며 복음의 말씀을 전할새"(8 : 4). 이러한 반어적인 말씀과 함께 우리는 복음전도의 새로운 단계를 시작한다. 그 말썽많은 그리스도인들이 그들의 처소에서 이탈하지 않도록 하려고 그들에게 자행한 그 무서운 학살이 그들을 사마리아로 가도록 했다는 사실은 반어적이다. 이제 한 새로운 인물 빌립이 전면에 등장한다. 사마리아인들 가운데서 진행된 그의 사역은 복음을 받을 것으로 당초에 기대했던 사람들의 단계를 넘어 복음이 전달되는 데 도움이 되었다. 빌립이 시몬과 마주치고 구스인에게 세례를 베푼 이야기들은 갑자기 소개되고 있다. 이렇게 된 것은 누가가 빌립에 관한 더 오래된 자료로부터 이 내용들을 베껴 썼다는 사실을 암시한다 : 첫째는 마술사에게 과감하게 도전하는 기적을 행하는 사람으로, 그리고는 궁중 관리가 개종하도록 성경을 잘 해석하는 하나님의 인도를 따른 도구로서의 빌립에 관한 자료이다. 누가는 빌립에 관한 이야기들을 다시 전하고 있는 것이다. 이는 예상하지 않았던 곳에서 복음이 놀랍게 확산되어 가고 있었음을 알리려는 그의 설명에 보탬이 되게 하기 위해서였다. 빌립 자료의 삽입은 스데반의 죽음과 사울의 개종 중간에 끼워져 있어 돌발적이고 연속성이 없어 보인다. 그리하여 이 기록은 누가로 하여금 줄곧 진행해 가고 있던 그 이야기에서 잠시 물러나 복음의 성격을 가르치는 교사의 역할을 하게 한다. 복음의 진리는 개종자들과 순교자들이 나오게 하는 데 성공을 거두는 그 이상이다. 복음은 너무 많은 요구를 하기도 하고(demanding), 또 이상하기도 한(strange) 진리이다. 그리하여 그 복음을 옳지 않게 받아들일 수도 있다. 그러므로 우리는 복음을 오해하는 데서 생기는 비극을 깊이 생각해 보기 위하여, 이 좋은 소식이 확산되는 드라마로부터 잠시 물러서는 것이다. (스데반처럼) 그것을 위하여 죽을 만큼 가치가 있는 이 복음은 분명 어떤 종류의 마술이나, 사고 파는 어떤 인기 있는 상품보다 더한 것이다.

8 : 4~25
복음은 마술이 아니며 돈으로도 살 수 없는 것

사마리아 선교에 관한 이 기록의 배후에는 유대인들과 사마리아인들 사이에 있어 온 적개심의 긴 역사가 있다. 많은 유대인들은 사마리아인들이 혈통적으로 순수하지 못하며 종교적으로도 열등하다고 간주한다. 그러나 그들 역시 이스라엘의 하나님께 예배하고 모세의 율법을 지키며 메시야적 인물의 도래를 기대하고 있다. 그러나 그것은 사마리아인들에 대한 전통적인 유대인들의 평가로는 하찮은 것일 뿐이다. 예수를 비난하던 자들이 예수를 욕할 때 "사마리아 사람"이라고 불렀다(요 8 : 48). "유대인이 사마리아인과 상종치 아니함이러라."고 요한복음 4 : 9에 기록되어 있다. 유대인이나 이방인들은 그렇게 비난을 받지 않았으나, 사마리아인들은 그들의 이득을 위해서는 양면작전을 쓰는 자들이라는 비난을 받는다. 요세푸스(Josephus)는 말하기를, "사마리아인들은 그들의 환경에 따라 태도를 바꾼다. 유대인들이 번영하는 것을 볼 때에는 그들을 친족이라고 부른다.……그러나 그들이 어려움 중에 있는 것을 볼 때에는 그들이 자신들과 아무런 공통점이 없다고 말한다.……자신들은 다른 혈통의 외인(外人)들이라고 선언한다."(Antiquities, Ⅸ, 291)고 했다. 사마리아인들은 누가복음에도 나타나고 있다(눅 9 : 51-56, 10 : 29-37, 17 : 11).

마태복음의 예수는 그의 제자들에게 "이방인의 길로도 가지 말고 사마리아인의 고을에도 들어가지 말고"(마 10 : 5)라고 말씀하신다. 그러나 여기서 빌립은 그곳으로 가서 사마리아인들 사이에 있다. 빌립의 인도로 사마리아에서 일어난 개종은 또 하나의 기적으로서 계속되었다 : 혈족간의 상호 비방은 성령을 통하여 극복되었고, 유대인과 사마리아인이 결합되었다.

그러나 선교사들이 종종 마주치는 대적(大敵)인 마술(魔術)을 만난 곳은 바로 이곳 사마리아이다. 장로들의 유전(遺傳)을 아는, 복음을 거절하는 정통 신앙자들의 경계를 넘어 복음을 전하는 것은 훌륭한 일이다. 그들이 복음을 거절한다고 할지라도 그렇다. 그러나 그렇게 하는 중에 사마리아에서는 복음에 대한 오해와 잘못된 이해가 심했던 것 같다. 선교사들도 신학자가 되지 않으면 안 된다, 좋은 소식에 대한 각 사람의 관념이 반드시 그리스도의 좋은 소식은 아니기 때문이다.

그 유명한 마술사 시몬을 알아보자. 우리가 듣기로는 시몬이 보여 준 큰 일들은 사마리아 사람들의 놀라움을 자아냈다. 사도들 역시 많은 사람들에게서 그가 경탄과 놀라운 사람이라는 말을 들어 왔다. 그러나 시몬에 대한 누가의 보고는 "자칭 큰 자"이다(8 : 9). 이 보고는 우리가 자신들의 권능을 자신들의 것이 아닌 성령에 의한 것으로 여기는, 예수의 기사(奇事)를 행사하는 사람들과는 다른 어떤 사람을 대면하고 있음을 암시한다. 시몬은 권능을 친히 보고 알았고, 그 "표적과 큰 능력"(8 : 13)을 행사하는 사람에 의해 세례를 받는다.

시몬에 대하여 어떤 사람들은 모종의 동정심을 갖는다. 그는 병을 치료하는 데 있어서, 효력을 활용하는 데 서툰 사람이 아니다 - 그의 '직업'은 그로 하여금 신망과 능력을 인정받게 한다. 오늘 우리 사회에서 의료계에 대해 그렇게 하듯이 말이다. 그는 성령 안에서 선한 능력이 나타나는 것을 보고 자기도 활용하기 위하여 그것을 돈으로 사고자 한다 - 다른 사람의 유익을 위해서인지 자신의 발전을 위해서인지는 누가가 말해 주지 않는다. 누가가 분명하게 말해 주는 것은, 성령은 하나님의 선물이라는 것이다. 그것은 시몬과 같은 마술사의 지시에 따라 움직이는 어떤 능력이 아니다. 병을 고치고 귀신을 쫓는 능력은 그 작용이 고결하고 인상적이긴 하지만, 누가의 생각으로는 성령이 나타나시도록 하는 사도들의 역할보다는 못하다. 가련한 시몬은 현혹된 나머지 이 능력을 은으로 살 수 있을 것이라고 생각했다. 누가는 하나님의 은혜로운 선물을 사려는 시도가 심각한 문제라는 사실에 실수하지 않기를 바라고 있다. 상업적인 이득과 세상의 기업정신은 성령과 잘 융화되지 않는다. 베드로의 책망은 사납다 – "네 은과 네가 함께 망할지어다."

마술은 어떤 기술이나 비교(秘教)의 법칙들을 적용하여 신적 능력을 활용하려는 시도라고 정의할 수 있을 것이다. 사도행전은 그러한 행위들에 대하여 한결같이 나쁘다는 견해를 보인다(13 : 4 – 12, 19 : 19). 교회는 자체의 신앙을 마법(魔法)과 구별지어 정의하느라 끝없이 수고한다. 마크 트웨인(Mark Twain)의 허클베리 핀(Huckleberry Finn)은 자기가 기도해 보았으나 그 기도의 효과는 없었다고 말한다. 그는 신발 상자를 그의 침대 아래에 두고 그것에 금이 가득 차기를 기도했다. 그는 아침에 일어났고 그 상자는 여전히 비어 있었다. 그리스도인들이 기도의 효과나 성령의 능력이나 하나님의 은혜의 효력을 논하면서, 무엇을 말하든 그것은 마술적인 것은 아니다. 본질적인 구분은 나타난 그 모든 것들이 하나님의 **선물**이라는 베드로의 인식에 있다 – 경이롭고, 우리는 그것을 받을 가치가 없고, 조작이 불가능하고, 조절이 불가능한 하나님의 **선물**이다(8 : 20).

우리는 복음전도를 어떻게 이해해야 할까? 사마리아인들까지도 포함시키면서 성령의 공동체가 지닌 생활양식이나 신학에 맞지 않는 시몬 같은 사람들은 제외시키고 있으니 말이다. 이 공동체가 자신의 생명 그 자체를 위해서 싸울 때에는 최소한의 공통분모를 가진 자들에게 게시판에 알맞은 읽기 좋은 표어나 자동차 범퍼에 붙이는 딱지(sticker)처럼 복음증거를 축소시킴으로써 싸우지 않았다. 오히려 자체 둘레에 벽을 쌓고 조심스럽게 자신을 정립하여 그들의 이교적 생활양식과 태도를 바꾸지 않는 시몬과 같은 자들을 책망하고 축출시킴으로써 싸웠던 것이다. 교회는 현재의 상태를 덮어두거나 인기 있는 행위들에 대한 달콤한 찬사("시몬의 어떤 행위에는 동의하지 않지만, 그는 많은 사람들을 끌어 오고 많은 좋은 일을 한다.")에 의존하지 않고 회개를 강요했다(8 : 22).

오늘의 교회 안에서 모종(某種)의 '시몬 닮은 자'의 실례들을 나름대로 찾아보라. 그것은 어렵지 않을 것이다 – 오늘같은 텔레비전 전도자들의 시대에 '초대형 교회들', 그리고 정치적인 힘을 가진 목회자들의 시대에 – 시몬처럼 자신을 '어떤 큰 자'로 부각시키고, 성령의 은사를 세속적 표준에 의한 권세와 성공과 동일하게 보는 그 어떤 사람을 생각해 내기란 어렵지 않을 것이다.

그런데 여기서 시몬의 마술 사건보다 그것의 해석이 결코 쉽지 않은 하나의 문제에 관하여 말해야 한다. 빌립이 베푼 세례에는 왜 성령의 은사가 나타나지 않았는가? 아마 누가는 성령에 관하여 명확하게 설명하기 위해 전에 있었던 한 마술사에 대한 이야기를 끌어 왔던 것 같다. 초기 전통에서는 빌립의 권위와 사도들의 권위가 구별되고 있었다. 누가는 모든 새로운 선교의 진전이 있을 때마다 다시 한번 예루살렘교회의 탁월성을 주장하고자 하였다. 그렇지 않다면 누가는, 세례는 받았으나 그 동기가 성령에 의한 것이 아니고, 성령에 의하여 조명을 받지도 않은 한 사람의 천박한 행동을 설명코자 시도하고 있을까? 우리는 결국 세례와 안수에 관하여 표준화되고 통일된 형식이 있기 이전에 있었던 전통의 한 단편을 읽고 있는 것일까? 우리는 모른다. 우리가 합리적으로 확신할 수 있는 사실은 세례와 안수와 성령 받음은 교회가 보여 준 구성된 하나의 통일된 행위라는 것이다(2 : 38, 19 : 5 – 6). 우리는 여기서 성령과 세례가 분리되었다고 추론해서는 안 된다. 마치 성령은 그리스도인들을 위한 선택적 장비(equipment)나 교회 안의 모든 이들을 위한 것이 아니라 일부 사람들을 위한 어떤 색다른 '제2차적인 복'(second blessing)인 것처럼 추론해서는 안 된다. 그리고 이 본문은 후대에 시행하고 있는 견신례(堅信禮, Confirmation)의 제정에 대한 이론적 근거나 설명을 제공하지도 않는다. 이 견신례 의식은 때로 세례를 받은 이후에 성령의 은사를 받게 하는 행사로 (엉뚱하게) 설명되기도 하였다. 실제로 누가는 베드로와 요한이 안수하기 위하여, 세례의 행위(baptismal action)를 완결하기 위하여 예루살렘으로부터 사마리아로 왔다고 기록했다. 왜냐하면 그의 성령은 배제된 채 "주 예수의 이름으로"(8 : 16) 세례를 받는 것이나, 그 공동체를 형성하신 성령은 모시지 못한 채 그 공동체의 한 부분이 된다는 것 또한 이해가 되지 않기 때문이다.

8 : 26~40
방해받지 않은 복음

베드로와 요한은 예루살렘으로 돌아오지만, 쉬지 아니하시는 성령은 빌립을 향하여 다른 일들을 작정하고 계신다. 26절에서 이야기가 계속되는데, 주체는 빌립이 아니라 '주의 사자(使者)' 이다. 이 부분의 주역(主役)은 빌립인가, 그 사자인가? 우리가 우선 만나는 이는 사자이다. 사자는 빌립에게 어떤 불합리한 일을 하도록 명령을 내린다 - 정오에 광야 길로 내려가라! 이 명령은 사도행전 중에 어떤 사람이 주께로부터 불합리하게 여겨지는 명령을 받는 경우의 첫 번째도 아니고 마지막도 아니다(예를 들면 5 : 20, 9 : 11 - 12, 10 : 9 - 16).

오직 천사만 말한다. 빌립은 아무 말도 안 한다 : "일어나 가서……" (27절). 빌립은 고분고분하고 순종하며 자신이 주도권을 갖지 않는다. 빌립은 저 광야 길에서 하필이면 한 구스인(Ethiopian)을 만나게 된다. 빌립은, 구스인이 그가 읽고 있는 것에 관하여 질문하는 데 대답을 해주고, 성령은 그를 붙들어 아소도(Azotus)로 데려가신다. 그러면 이 이야기의 참주역은 누구인가?

예루살렘에서 가사로 가는 광야 길에서의 내시(內侍)와 빌립의 만남은 상당히 자세하게 기록되어 있다. 일반적인 해석과는 반대로 그가 성전에 접근할 수 없는 거세(去勢)된 남자일 필요는 없다(신 23 : 1). 오히려 우리는 한 주요 인사(人士), 한 외국인, 그러나 유대인일 수도 있는, 하나님의 말씀을 아는 능력만 제외하고, 여왕의 신하로서 큰 권세와 권위를 가진 위풍 있는 사람의 이야기를 읽고 있다. 그러면서도 그는 "예수의 좋은 소식"(8 : 35)(개역성경에는 "예수를 가르쳐 복음을 전하니"로 번역되었음 - 역주)에 관하여 빌립에게서 기꺼이 가르침을 받고 있다.

누가의 청중은 이 구스인에게 매혹될 것이다. 그리스-로마 세계에서 '구스인' 이라는 명칭은 종종 검은 피부의 사람들에게 적용되었다. 오딧세이(Odyssey)에는 "저 멀리 구스인들……아득히 먼데 사람들"에 대한 내용이 있다(1 : 22-23). 다시 말하면, 여기 이 사람은 색다른 땅, 세계의 가장자리 팀북투(timbuktu ; 아프리카 서부 말리(Mali) 중부의 도시 이름인데 멀리 떨어진 곳을 상징함-역주)로부터 온 사람이다. 그의 거무스름한 피부가 그로 하여금 유대인들과 로마인들 사이에서 경이와 감탄의 대상이 되게 한다(F. M. Snowden). 이 사실은 우리가 이 구스인을 멸시받고 박탈당한 사람으로 여기지 않도록 경고한다-이와는 정반대이다. 그는 권세가 있고, 좀 색다르기는 해도 궁중의 관리이며, 좋은 지위에 있고 진리를 잘 받아들이는 주요 인물이다. 그는 빌립에게 청하여 말씀을 해석해 주도록 하고, 세례를 베풀어 달라고 했다. 이 사람은 진지한 구도자로서 손을 내밀었다. 그리고 하나님의 역사하심 안으로 은혜스럽게 받아들여졌다.

그는 개종했고 세례를 받음에 무슨 거리낌이 있느냐고 물었다. 여기서 '거리낌' 이라는 말은 초기 세례식에서 빠짐없이 쓰여졌던 말인 것 같다. "이 사람에게 세례를 베풂에 있어 무슨 거리낌이 있느뇨?"라고 세례를 받을 사람에게 물었고, 이 질문은 그 사람에게 은혜를 베풀어 세례식에 받아들인다는 확실한 말이기도 했다(Cullman, pp. 71-78을 참조하라.). 그것이 사실이었든지 아니든지 간에 누가가 이 세례를 그의 이야기의 의도적인 위치에 두고 있음은 확실하다. 이 구스 관리가 받은 세례는 사마리아인들이 받은 세례와 10장에 있는 이방인이 받은 세례의 중간에 위치한다. 세례를 받기 전에 이 구스 사람의 종교적 신분은 분명치 않다-우리는 그가 유대인인지 확실하게 알지 못한다. 아마 그가 '하나님을 경외하는 자' 가 아니면 개종자일 것이다. 그러나 그는 이방인이었던 것 같지는 않다. 누가는 이 사람에게 거리낌없이 세례를 줌으로써 우리에게 복음의 돌진이 유대인으로부터 사마리아인들에게로, 그리고 땅 끝을 향하여 계속되다가 마침내 이방인들의 문간에 이른다는 인상을 준다. 시편 68 : 31 말씀은 이루어지고 있었다 : "방백들은 애굽에서 나오고 구스인은 하나님을 향하여 그 손을 신속히 들리로다."

이뿐 아니라 누가는 이 이야기 속에서 하나님의 자극과 관여를 매우 많이 기록하고 있다 – 천사가 명(命)하고, 성령이 명령하시며, 성령이 빌립을 이끌어 가심 등이다. 이 같은 간섭과 관여하심은 오직 한 다른 이야기, 고넬료의 이야기와 병행을 이루고 있다(Haenchen, p. 315). 고넬료의 세례 중에 설명되고 있는 이방인을 향한 선교와 육적, 종교적으로, 그리고 인종적으로 분명치 않은 신분을 가진 이 구스인에게 여기 가자(Gaza) 광야에서 복음이 전달된 이 사건은 오직 지속적으로 자극을 주시는 성령의 역사에 기인된 것이다. 좋은 소식이 외진 그곳에서 전파되고 있었다면, 그 일은 하나님께서 하신 일이지 사람이 한 일은 아니다. 어떠한 정복이나 십자군이 가졌던 열정도 교회를 움직여 이 지점에까지 이르게 할 수 없고, 어떤 사람이나 그 무엇이라도 다 받아들이는 참으로 큰 포용력과 함께한 열망을 갖고도 그렇게 할 수 없다. 그러나 성령께 순종하게 될 때 빌립과 같은 사역자들은 참으로 예상하지 못했던 사람들과 신기한 상황 중에 자신이 서게 되는 것을 발견한다.

유세비우스(Eusebius)는 빌립이 세례를 준 구스인이 고국에 돌아가서 전도자가 되었다고 말한다(*Historia Ecclesiastica*, 2.2. 13 – 14). 우리의 본문(text)은 이에 대하여 아무것도 말해 주지 않는다. 그는 어떤 문서에도 나타나 있지 않다. 그러나 그는 복음에 반응을 보이고 기쁨으로 그의 길을 갔다. 구스인에 관한 생생한 이야기는 교회가 복음에 어떤 반응을 보여야 하는지를 생각하게 한다는 사실을 알게 된다. 우리는 그의 이야기 가운데서 좋은 소식이 할 수 있는 것이 무엇인가를 보기 때문이다.

9 : 1~19a
원수가 형제로 : 사울의 개종

오콘너(Flannery O' Connor)는 한때 바울에 관하여 "나는 주께서 그러한 사람을 그리도인으로 만드시는 단 한 가지 방법은 그를 때려 말에서 떨어뜨리는 것임을 알고 계셨으리라고 생각한다."(p. 355)고 말했다. 사도행전에 있는 어떤 말씀도 사울의 개종에 관한 기록보다 더 잘 알려져 있지 않다. 그러면서도 이보다 더 오해되기 쉬운 것도 없다(한 가지 예를 든다면, 신약성경은 결코 바울이 말을 타고 있었다고 말하지 않는다.). 우리가 사도행전 9 : 1~9에 친숙한 것이 부분적으로 문제가 된다. 다메섹(Damascus) 길의 체험에 대한 이야기는 복음주의적 기독교의 전승이 되어 버렸다. 그리하여 기독교로의 개종에 모범적 사례로 반복 애용되어 전달되고 있다. 우리가 바울의 다메섹 길 체험을 말할 때면, 우리는 이 사건에 관한 바울 자신의 논평을 말하지 않고 누가의 기록을 말한다. 바울은 결코 이 다메섹 길 체험을 진술하지 않았다. 누가의 기록에 우리 자신을 제한한다고 하더라도, 우리는 누가의 이야기가 후대의 해설자들이 주장하는 것보다 좀 다른 주장을 하고 있음을 발견한다. 만일 우리가 조심스럽게 9 : 1~9을 살펴본다면, 우리는 오늘의 교회를 위한 새로운 통찰력을 얻는 보상을 받을 것이다.

첫째로 우리가 주시해야 할 점은 누가가 이 이야기를 좀 묘한 위치에 두고 있다는 사실이다. 누가는 왜 여기서 그 이야기를 소개하고 있을까? 우리는 바울의 사역이 진지하게 시작되는 11 : 25~26까지 기다려야 한다. 여기 9장에서 바울이 소개되자마자 누가는 바울을 떨어뜨려 놓고 로마인 백부장이 개종하는 길고 또 매력 있는 이야기를 추켜올리고 있다. 만일 우리가 지나치게 배타적으로 사울 자신에게만 집중한다면 누가의 요점을 놓치게 될 것이다. 마치 이 기록이 제자리가 아닌 곳에 끼워진 바울 자서전의 제1사건인 것처럼 보면 그렇게 될 것이다. 사울이 개종한 이야기는 극적인 여러 개종들의 큰 맥락 안에서 잘 들어맞는다. 사도행전 8 : 4부터 우리는 사마리아인들의 개종에 관하여 읽었다. 그리고는 구스인, 지금은 사울의 개종을 읽고 있다. 그 각각의 이야기마다 개종은 예루살렘 최초의 공동체의 핵(核)으로부터 우리를 점점 더 멀리 데리고 가면서 더욱 극적으로 되어간다. 사도행전 9장은 빌립의 활약에 관한 이야기의 흐름에 갑자기 끼어들고 있다. 그러나 우리가 이 이야기를 복음이 땅 끝을 향하여 계속 움직이는 중에 생겨난 또 하나의 개종 이야기로 본다면 이 삽입은 더욱 의미를 갖는다.

우리는 이미 사울을 7 : 58에서 만났다. 누가는 스데반을 돌로 친 자들의 옷을 지킨 자를 '청년' 이라고 불렀다. 그러나 그는 평범한 청년이 아니었고 그저 순박한 구경꾼도 아니었다. 그는 스데반의 죽음을 마땅하게 여겼고(8 : 1), 이 공동체를 향하여 난폭한 핍박을 주도(主導)했다. "사울이 교회를 잔멸할새 각 집에 들어가 남녀를 끌어다가 옥에 넘기니라"(8 : 3). 사울은 나약한 공동체에 대한 난폭하고 능동적이며 수완이 좋은 핍박자로 소개되고 있다. 그리고 누가는 몇 가지 개종 이야기들을 말해 주기 위해서 사울과 교회에 대한 그의 핍박을 그대로 놔둔다. 그렇게 함으로써 누가는 모든 개종사건들 가운데 가장 극적인 개종, 교회의 가장 악명 높은 원수, 사울이라는 이름을 가진 사람의 개종을 보여 주기 위하여 무대를 세웠다.

사도행전 9 : 1~19은 사울의 개종에 관한 세 가지 기록들 중 하나이다. 단 한 번의 사건이라도 극히 중대한 사건이라면 짧고 간결하게 쓰기로 정평이 나 있는 한 저자에 의해 그처럼 반복될 만한 장점을 지닐 것이다. 학자들은 이 세 가지 개종기록들의 연관성에 관하여 궁금해 한다. 어떤 이들은 누가가 세 가지 초기 자료들을 베껴 쓰고 있었다고 추측하기도 한다. 다른 이들은 사도행전 9장이 바울의 개종에 관한 전승의 핵심이고, 22장과 26장은 차후 누가의 구성으로 바울의 개종보다는 누가의 신학을 더 알려 주고 있다고 믿는다. 본문 자체가 말해 주고 있는 것을 택하기로 한 우리의 노력을 좇아 그러한 문제들은 제쳐놓고 본 이야기에 충실하도록 하자. 이 세 가지 기록이 개종의 원래 기록의 범위 안에서 국면에 따라 누가의 신학이 어떻게 발전되고 있는지 찾아보고, 이 첫 번째 개종기록이 누가가 전해 주는 이야기의 진행 중에 어디에 위치하고 있는지에 각별히 유의하면서 본 이야기에 충실하도록 하자(B. Gaventa, pp. 52-95를 참조하라.).

본 이야기에 충실함에 있어 현대적 견해로 볼 때, 우리는 약간 실망할 것이다. 이 이야기가 중대하긴 하지만, 우리는 주인공에 관하여 너무 적게 듣고 있다. 누가는 우리에게 사울의 배경, 받은 교육이나 내적 동기에 관하여 아무것도 알려 주지 않는다. 사울이 내적으로 불안하였고, 자신의 믿음에 관하여 회의를 가졌으며, 영혼이 어두움에 있었음을 경험하고 있었다는 식으로 설명하는 데 많은 상상력이 동원되었다. 이 사건에 관한 이러한 해석들에 관하여 누가의 기록은 단호하다. 누가가 우리에게 알려 주는 전부는 사울이 교회에 대하여 '제일의 원수' 라는 것 뿐이다.

해설자들은 누가가 말하지 않는 사울에 대한 감정이나 충동을 읽어 내려는 노력을 억제해야 한다. 대신에 누가가 우리에게 말해 주는 사실에 집중해야 한다. 사울은 교회를 잔멸하는 일에 열심이었다(8 : 3). 스데반은 폭도에게 그들의 조상들이 선지자들을 핍박하였음을 상기시켰다(7 : 51－53). 그리고 사울이 예수를 만났을 때, 사울은 그 핍박자의 무리 중에 있었다. 스데반은 그의 원수들을 살인자라고 불렀다. 사울은 위협과 살기가 등등하였다(9 : 1). 사울의 살인적 행위는 스데반의 마지막 말과 예리한 대조를 이룬다. "이 죄를 저들에게 돌리지 마옵소서"(7 : 60). 여기에 살인을 자행하는 원수들까지 용서하는 강력한 믿음이 엿보인다. 이 용서가 얼마나 멀리까지 확장되어가는지 이들 구절 가운데 보여지고 있다. 바로 앞 이야기를 끝내고 있는 구스인의 기쁨은 "제자들을 대하여 여전히 위협과 살기가 등등"(9 : 1)했던 게걸스러운 한 사람의 모습과 예리한 이야기상의 대조를 이루고 있다. 누가가 우리에게 알려 주지 않는 것이 많지만, 그는 우리가 **한 원수의 이야기**를 읽게 하는 사실에는 어떤 의심도 하지 않는다.

이 교회의 원수에게 어떤 일이 일어났었는가? 누가는 이 물음에 답하면서 네 가지 장면으로 된 이야기를 해준다.

제1장면(9 : 1－2) : 사울은 교회를 수색하고 소탕하는 일에 주도권을 행사한다. 사울은 대제사장보다 더한 핍박자이다(1절). 핍박은 예루살렘

에 국한되지 않고 다메섹으로 옮겨간다. 사울의 동기와 목적에 관하여는 설명이 없다. 그에 관하여 우리가 확실하게 말할 수 있는 것은 그가 원수라는 사실이다(26 : 11에 반복되고 있음.).

제2장면(9 : 3-9) : 다메섹으로 가는 도중에, 사울의 여행 중에 갑자기 장애물이 나타난다. 유대교를 수호하려는 사울의 계획에 공격적인 질문이 주어진다. "사울아, 사울아, 네가 어찌하여 나를 핍박하느냐?" 광채와 사울이 땅에 엎드렸다는 사실은 매우 비상한, 갑작스런 어떤 일이 있었음을 말해 준다. "사울아, 사울아!"라는 연이은 부르심을 "아브라함아, 아브라함아!"(창 22 : 11), "야곱아, 야곱아!"(창 46 : 2), "모세야, 모세야!"(출 3 : 4)라는 다른 연이은 부르심의 이야기들과 비교해 보라. "네가 어찌하여 **나를** 핍박하느냐?"라는 질문은 부활하신 그리스도와 그의 제자들간의 밀접한 연관을 강조한다. 주님을 따르는 자들을 핍박하는 것은 주님을 핍박하는 것이다. "너희를 저버리는 자는 곧 나를 저버리는 것이요……"(눅 10 : 16). 가빈터(Gaventa, p. 58)는 기술했다 : 이 본문 이외에 누가복음과 사도행전에서 쓰여진 '핍박하다'라는 동사의 거의 대부분은 바울과 연관되어 나타나고 있다(7 : 52, 22 : 4, 7-8, 26 : 11, 14-15). 누가에게 있어서 바울은 **바로 그** 핍박자이다.

사울의 반응은 흥미롭다. 그는 자신이 지금 핍박하고 있는 '나'라고 말씀하신 그분을 알고 싶어한다. 그는 자신이 하나님의 원수들로 여기고 있는 자들을 핍박하고자 철저하게 의도하고 있다. 하나님의 원수들을 충성스럽게 박해하고 있는 사람이 하나님의 원수가 될 수 있단 말인가? 그 음성을 향한 사울의 말에는 아이러니가 있다. 그는 그분을 '주여' 혹은 '선생님'이라고 부르고 있기 때문이다. 사울이 지금 '나의 주여'라고 부르고 있는 그분은 6절에 있는 그 결정적인 전환점이 보여 주는 것과 같이 그의 주님이 되실 것이다. 그 음성은 고발로부터 위임으로 옮겨간다. 이 이야기는 단순한 개종 뿐만 아니라 사명, 즉 부르심에 관한 것임을 보여 준다. 사울은 단지 믿는 자가 되는 것 뿐만 아니라 하나님을 위하여 한 역할을 감당하는 사람이 되려 하고 있다. 6절로써 교회의 지독한 능동적인 원수로서의 사울의 모습을 그려내는 누가의 말은 끝난다. 하나의 음성, 한 번의 나타나심이 이 사울과 마주치자 그에 관한 어떤 것도 전과 같지 않게 되려 하고 있다. 사울과 "같이 가던 사람들은 소리만 듣고 아무도 보지 못하여 말을 못하고 섰더라."(7절)고 했다. 이들 동행자가 함께 있었음에도 불구하고 사울이 본 것을 보지 못했다는 사실은 흥미롭지 않은가? 그들은 사울의 생애를 이미 변화시키고 있는 그 사건에 의해 꼼짝 못하고 서 있었다. 개종은 한 개인의 생애 속에 나타나는 하나님의 객관적인 행위의 결과이며 철저하게 개인적인 것으로 보인다. 그리하여 때로는 가족, 친구, 그리고 옆에서 보는 자들은 혼동하게 되고, 개종하는 당사자에게 나타난 사실을 이해하기가 어렵게 된다.

변화의 성격은 확실하다 : 사울은 도울 자를 찾고 있다. 눈은 떴으나 보지 못한다. 그는 다메섹으로 이끌려 갔다. 그리고 3일 동안 먹지도 마시지도 못한다. 소개장을 구하며, 다메섹까지 믿는 이들을 뒤좇아 이리저리 다니며 매우 활동적이었던 그가 지금은 어린아이처럼 피동적이며 도움을 구하는 자가 되었다. 그리하여 원수였던 사울은 천국에 들어가게 될 것 같다.

제3장면(9 : 10-16) : 한때는 제자들을 핍박했던 사람이 지금은 그 제자들 중 한 사람인 아나니아라는 사람의 도움을 받고 있다. 사도행전에서 늘 그렇듯이, 아나니아는 환상을 통하여 그가 해야 할 일을 알아차리게 된다. 그는 그의 이름을 부르실 때 이를 듣고 성경적으로 반응을 보인다. "내가 여기 있나이다"(창 22 : 1, 삼상 3 : 6, 8 참조). 아나니아는 환상을 통한 지시를 받고 합리적인 반대를 제기한다. 그는 사울에 관하여 그가 '주의 성도에게' 하려고 했던 가혹한 일들에 관하여, '여러 사람에게' 서 알아야 할 것은 벌써 모두 들었었다. 그러함에도 불구하고 주께서는 자신이 이 원수에게로 가기를 원하시는지 의문이었다.

그 음성은 아나니아와 논쟁하지 않는다. 음성은 그저 "가라."고만 반복해서 말한다. 이윽고 폭탄선언이 나온다. 사울은 단순히 원수나 핍박자가 아니라 '택한 그릇', 더욱이 그는 '나의 택한 그릇'이라고 말씀한다. '그릇'(instrument)이라는 명사는 누가복음과 사도행전의 다른 곳에서 글자 그대로 용기나 그릇이라는 의미로 쓰였다(10 : 11, 16, 27 : 17, 개역성경에는 '연장'으로 번역되었음 – 역주, 눅 8 : 16, 17 : 31, 개역성경에는 '세간'으로 번역되었음 – 역주). 사울을 부르심은 단지 그리스도를 믿게 할 목적 뿐만이 아니다. "내 이름을 이방인과 임금들과 이스라엘 자손들 앞에 전하기 위하여" 특별히 선택된 그리스도의 그릇이 되게 하시려는 목적에서였다. "주의 이름을 부르는……"(14절) 사람들을 핍박하려고 온 자가 지금은 그 이름을 전하기 위하여 나서는 자가 되고 있다(15 – 16절). 이 부르심은 (정확하게 사건의 순서가 그렇지는 않지만) 바울의 미래 사역에 대한 예시를 주고 있다. 헨첸(Haenchen)은 16절이 13~14절에 있는 아나니아의 말을 정확하게 뒤바꾸고 있다고 썼다(p. 325). 그 이름을 부르는 자들에게 많은 악을 행한 사람이 지금은 '내 이름을 위하여' 고난을 받으려 하고 있는 것이다.

제4장면(9 : 17 – 19a) : 아나니아는 명을 받은 대로 하고 있다. 그가 안수하자, 사울은 고침도 받고 성령도 받는다. 아나니아는 더 이상 '이 사람'이라고 말하지 않고 '형제 사울'이라고 부른다. 그 멸시를 받던 원수, 외인(外人)이 형제가 되었다. 누가는 '네가 오는 길'(더욱 문자적으로는, 동사가 불완전형이므로 '네가 오고 있던 그 길에서')이란 말로 우리에게 2절을 생각하게 하려는 것일까? 2절의 '도'(道, way ; 영어의 way는 '길'이란 의미와 '도'(道), 즉 '진리의 길'이라는 의미를 갖는다 – 역주)는 믿는 이들과 관련되어 있다. 사울은 **그 '도'**를 좇는 사람들 중에서 무언가를 하려다가 돌이켜져서 그 길을 따라가게 되었다. 그 '도'는 아마 예수를 따르던 자들이 당초에 불렀던 자신들에 대한 호칭, 교회에 대한 당초의 용어였던 것 같다. 거의 모든 종교는 자기네 신도를 순례자, 어떤 신천지(新天地)를 향하여 가는 여행자로 본다. 중국어 **타오**(tao), 히브리어 **할라카**(halakhah – 규범, 규칙, 문자적으로는 길)는 종교적 삶을 설명하는 말들인데, 결과적으로 진리를 향한 길로서의 종교적 삶을 가리킨다. 누가는

그리스도를 따르는 것이 어떤 느낌인가를 의미하는 은유로 여행의 모습을 즐겨 사용한다 – 이 그리스도는 우리가 있던 곳에서, 그분의 부르심과 인도가 없으면 갈 수 없는 한 새로운 처소로 우리를 데려가시는 주님이시다.

사울은 세례를 받고 음식을 받음(성만찬을 받음?)으로써 온전히 변화되었다. 우리는 세례와 안수함에 의한 성령을 어떻게 분리하려고 생각할 필요가 없다. 이 두 가지가 여기에 언급된 것은 분리보다는 연합을 강조하기 위함이다. 우리에게 익숙해 있는 원래의 형식이 세례 받고 안수 받는 순서일지라도 그렇다. 9 : 17～19a까지의 내용은 하나의 기적에 관한 이야기로 사도행전에 있는 다른 기적적인 치유들과 공통점을 갖고 있다. 그러나 그러한 치유들과는 다르게 치유의 초점은 치료받은 사람보다는 치유 자체에 있다. 아나니아는 이 이야기 가운데서 제자됨의 한 모범자로 그 직분을 다하고 있다. 베드로나 빌립과 같은 공적 신분을 갖지는 않았으나, 그는 하나님의 사자로 쓰임을 받았고 사울을 위한 하나님의 대변자가 되었다. 그는 사울에게 친근하였고, 무서워하고 있었던 사울을 '형제' 라고 불렀다. 사도들이 한때 멸시했던 사마리아인들에게 안수한 것과 같은 것이었다(8 : 14 – 17). 주님의 제자들은 베드로나 빌립 같은 뛰어난 믿음의 '영웅들' 만이 아니다. 특별한 사명을 위하여 무대 위를 걷다가 이야기가 진행됨에 따라 퇴장하는 아나니아와 같은 평범한 사람들도 있다. 교역(教役, ministry)이란 신분이나 특권이라기보다는 일함(주님을 위하여 일함.)이다. 이 장면의 끝에 이르자 아나니아는 사라진다.

이 시점에서의 사울의 상황을 눈여겨보자. 한때는 무력하고 행동도 할 수 없었는데 지금 그는 일어났다. 세례를 받고 음식을 들었다. 그리고 다시 한번 하나님께 반응을 보인다. 그러나 이번에는, 누가에 의하면, 주 예수를 향하여 반응을 보인다.

네 장면으로 된 드라마를 보고 나니 우리는 해석상의 몇 가지 결론을 내리게 된다. 첫째로, 우리가 사건을 심리학적으로 분석해 보려는 현대의 모든 시도들, 즉 사건을 바울의 내적 불안이나 번민, 구원 이전의 개인적인 심리상의 갈등 등으로 축소한다면, 우리는 1~19절 안에서 이를 지지해 주는 내용을 찾아내지 못할 것이다. **우리에게 감동을 주는 것은 이 이야기의 객관성이지 그것의 주관성이 아니다.** 이 이야기는 사울 안에서 진행되고 있었던 그 무엇을 설명하고 있지 않으며, 매우 객관적이고 외래적인 사실이나 어떤 분과 마주쳤던 이야기 등이다. 그에게 그 어떤 일이 일어났었다. 한 음성이 그에게 말했었다. 그의 자체 내부의 갈등이었든 아니었든 간에 그런 것과는 동떨어진 것이었다. 1~19절에 의하면 개종은 하나님(그리고 하나님의 대리자－아나니아와 친구들)에 의하여 가까워진, 그리고 그러한 만남의 과정 중에 변화를 받은 그런 사람과 관계가 있다.

첫 번째 결론과 관련이 있으나, 둘째는 : **개종, 즉 사울 속에 급진적으로 작용하여 생겨난 변화는 그리스도께서 하시는 어떤 것이지, 우리가 하는 어떤 것은 아니다.** 이 모든 일은 사울에게 하나의 선물로 임하여 왔다. 자신의 개종에 관하여 거의 논평을 하지 않는 가운데 바울은 이렇게 말할 수 있었다. “그를 내 속에 나타내시기를 기뻐하실 때에……”(갈 1 : 16). 분명히 그것은 고난을 내포한 특이한 선물이다. 우리는 왜 그리스도께서 이러한 광신자를 ‘선택한 그릇’으로 뽑으셨는지 궁금해 한다. 그러나 그러한 의문과 이에 따른 이상한 상상은 적절하지 않다. 하나님의 선택은 대개 설명할 수가 없다. 특히 하나님의 일을 하기 위하여 선택된 사람들에 관련된 선택은 그러하다. 사울은 절개(節槪) 없는 사람들(야곱), 살인자들(모세), 그리고 하나님의 일을 위한 그릇들로 하나님이 택하신 괴상한 인물들의 긴 명부에 함께 올라 있다. “너희가 나를 택한 것이 아니요 내가 너희를 택하여 세웠나니”(요 15 : 16).

세 번째 결론으로 이어지는데, 두 번째와 관련이 있다 : **이러한 유형의 개종은 자기 신뢰의 독립으로부터 어린이 같은 의존으로 진행하는 것을 뜻한다.** 매우 많이 알고 있는 사람은 아무것도 알지 못하는 사람처럼 되어야 하고, 부축을 받고 고침을 받으며 자기가 한때 멸시했던 바로 그 사람들에게 가르침을 받아야 한다. 이 같은 고통스럽고 방황하는 기간을 통하여 우리는 돌이키고 어린아이처럼 된다. 우리는 물러섬으로써 전진하고 뒤처짐으로써 앞으로 나아간다. 그러한 돌이킴과 어쩔 수 없는 후퇴, 소경이 되고 혼동하며, 할 말이 없고 배고프며, 어린아이같이 되는 것이 이 특이한 신앙에 있어서는 지혜의 시작인 것이다.

교회는 그 이야기를 듣고 **원수를 형제로 변화시킨** 하나님의 능력에 놀라고 있었다. 구스인 내시(內侍)의 이야기(8 : 26 – 40)와 고넬료의 개종(10 : 1 – 11 : 18) 사이에 끼여 있는 이 이야기는 교회가 무서워하고 미워했던 사람을 통하여, 하나님께서 어떻게 이방인들을 향하여 일하기로 작정하셨는지를 보여 준다(하나님의 사람들을 핍박하기 위하여 출발한 한 원수를 하나님이 돌이키시는 Ⅱ Macc. 3에 있는 본문과, 흥미롭게 유사한 기록을 보라.). 사울은 바울이라고도 불린다(13 : 9). 그의 이름 사울과 바울은, 전자는 히브리 이름이고, 후자는 라틴 이름인데 이전에는 원수였던 그가 유대인과 이방인 사이의 다리가 되려 하고 있다.

아나니아와 같이, 오늘의 제자들은 하나님께서 우리의 원수들을 형제와 자매들로 변화시키는 것을 보고 놀라는 마음을 가져야 한다. 왜냐하면 교회는 누가 하나님의 헤아릴 수 없는 선택을 받을 자인지 알지 못하기 때문이다(*특주 : 사도행전에 나타난 개종* 참조).

사도행전에는 복음을 듣고 믿을 때 일어나는 문화와 사회적 변화를 보여 주는 개종의 기록들로 가득 차 있다. 말(Hans Mol)은 개종에 관한 누가의 기록들을 조명해 주는 개종의 과정에 대한 단계들의 윤곽을 잡아 보았다(pp. 45 – 53). 그가 부르기로 첫 번째 단계는 **"자기 정체(identity)의 이전 형식으로부터의 분리"**이다. 누가복음 3 : 8에서 세례 요한은 이스라엘 사람들에게 다가오는 심판을 예상하여, 자신들의 거짓된 안전을 포기하고 삶의 새로운 형식을 가지라고 촉구했다. 사도행전 9 : 19b～31에서 우리는 사울이 새로운 공동체 안으로 들어와서 자기 정체의 새로운 형식을 발전시키는 과정을 시작하고 있음을 보게 될 것이다. 말(Mol)은 두 번째 단계를 **무의미와 무질서의 기간**이라고 쓰고 있다.

바울 자신은 그의 개종의 서막으로 스스로 의심이 생기며 비참함을 느꼈다고 말하고 있지는 않는 것 같다. 그러나 누가는 개종에 따른 불안정과 혼동의 기간이 있음을 분명하게 말한다. 바울은 소경이 되어 방황했고, 구스인은 성경을 읽고 혼동하고 있었다. 베드로는 하늘에서 내려온 보자기 환상에 어리둥절하였다(행 10-11장). 개종에 관한 말(Mol)의 세 번째 단계는 **어두움에서 빛으로, 혼돈에서 의미를 찾는 극적인 전환이다.** 사도행전 9장은 하늘에서 비쳐 온 빛과 사울이 믿음을 갖게 하는 음성을 말해 준다. 그는 소경이 되었다가 보게 된다. 마지막 단계는 **믿음의 공동체가 이 새내기를 붙들어 주고 그들의 삶 속으로 받아들인다.** 새롭게 개종한 사울은 환영받고 세례를 받고 교회가 나누는 식탁의 교제에 함께하였다. 바울은 자신이 "교제의 악수"를 하게 되었다고 말한다(갈 2 : 9). 원수가 '형제 사울' 이라 불려졌다. 개종은 개인주의적인 달성이나 개인에 한정된 소유물이 아니다. 개종은 개종자의 삶을 믿는 이들의 단체에 의한 보살핌과 양육 속으로 이끌어 간다. 우리가 10~11장에서, 그리고 베드로의 환상과 '개종' 에 관한 설명에서 보겠지만, 누구라도 개종이 일시에 끝나고 하나님이 주시는 놀라운 경험을 받지 않아도 될 만큼 지혜롭고 신앙에 있어서 원숙한 사람은 없다. 개종은 계속되는 과정이며, 돌이킴은 공동체 안에서 계속되는 것이다(*특주 : 사도행전에 나타난 개종* 참조).

그러나 우리는 모든 개종이 기본적으로 동일하다고 결론을 내려서는 안 된다. 바울의 개종은 소명에 관련된 이야기로 특별한 사명을 위하여 선택된 사람을 향한 하나님께서 주시는 특별한 소명이다. **누가가 바울의 개종이 모든 그리스도인을 위한 표준이라고 주장하려는 시도는 전혀 보이지 않는다.** 9 : 1~19a은 한 **사도**를 부르심에 있어 하나의 모범이다. 이에 관하여는 9 : 19b~31을 검토할 때 더욱 분명하게 알게 될 것이다. 각양의 사람들이 각양의 길을 따라 예수께로 온다. 이 사실은 우리가 본문의 개종이 수많은 다른 개종들의 더 큰 맥락 안에 놓여 있는 것으로 볼 때 자명해진다. 어떤 개종도 모든 그리스도인들에게 표준이 되지 않는다. 단지 모든 개종은 우리를 우리 자신들의 계획대로 내버려두지 아니하시는 은혜롭고 사랑이 많으신 하나님과 마주친 결과라는 사실만 제외하면 그러하다. 왜냐하면 "어두운 데서 빛이 비취리라 하시던 그 하나님께서 예수 그리스도의 얼굴에 있는 하나님의 영광을 아는 빛을 우리 마음에 비취셨기" 때문이다(고후 4 : 6).

9 : 19b~31
핍박자가 핍박받는 자 되다

사울의 개종이 열매를 맺는 데는 긴 시간이 걸리지 않았다. "즉시로 각 회당에서 예수의 하나님의 아들이심을 전파하니"(9 : 20). 그의 행위는 그가 선교를 위하여 개종되었음을 널리 보여 주었다. 9 : 1~19a에 있는 사울의 개종에 관한 기록과 개종 직후에 일어난 결과에 관한 기록의 배후에는 신학적 기초를 놓으려는 누가의 큰 관심이 있다. 그의 신학적 기초란 이방인 선교를 정당화하려는 것이었다. 누가가 논하고 있듯이, 복음이 이방인들에게로 이전되는 것은 인간의 주도권에 의하여 된 일이 아니라 하나님의 인도하심을 통한 것이었다. 매단계마다 하나님께서 주신 표적과 환상을 통하여 그 일은 효과적으로 진행되었다. 사울에게 보여 주신 환상도 여기에 포함된다.

9 : 19b~31에서 누가는 더욱 직접적인 문제와 씨름한다. 그는 제자들 중에서 부활을 목격했던 자들이 더욱 우월하다고 줄곧 말했었다. 사도행전의 시초에 유다의 죽음으로 이지러진 사도들의 구성을 온전케 하고자 맛디아를 선출했었다(1 : 15 - 26). 그렇다면 사울은 어디에 끼여야 맞을까?

누가는 두 유형의 제자들을 서술한다(Talbert, *Acts*(사도행전), pp. 41 - 43). 예수의 지상(地上) 사역 내내 함께했던 열두 제자와, 사울같이 차후에 부르심을 받은 자들이다. 열두 제자는 이 공동체의 전통을 대표하고, 기원(起源)의 이야기들의 대표이다. 이 이야기들은 시간이 지남에 따라 사랑스럽게 반복하여 전달되었고, 교회를 위하여 전적으로 수호되었다. 사울과 같은 자들은 처음부터 예수와 함께하지 못했는데, 그리스도에 대한 현재의 체험을 기본으로 증언했다. 우리가 2장에서 보았듯이, 제자들은 전통만으로 충분할 수 없었다. 그들이 권능을 덧입고 나서기 위해서는 성령의 은사를 받기 위해, 그리고 부활하신 그리스도의 임재를 경험하기 위해 기다려야 했다. 바울은 부활하신 그리스도의 임재를 경험했다. 그러나 그는 그의 좋은 소식이 사도적이라는 확신을 갖고 나가기 이전에 자신의 경험이 예루살렘의 사도들에 의해 유효하다고 입증되기까지 기다리지 않으면 안 되었다. 그는 그리스도의 이름을 위하여 고난을 받아야 한다고 경고를 받았었다(9 : 16). 그리고 이 예고는 다메섹에서 그가 밤에 바구니에 담겨 도피하게 될 때 곧 실현되었다(25절, 고후 11 : 32 - 33 참조). 그러나 고난을 받았다고 해서 충분히 인정을 받지는 못했다. 바나바가 사울을 사도들 앞으로 데리고 갔다. 사도들은 (이 무서운 원수에 대한 두려움을 첫 번째로 극복한 다음에야) 그의 이야기에 귀를 기울였다. 그리고 한때 교회를 핍박하기에 바빴던 그가 지금은 "예루살렘에 출입하며 또 주 예수의 이름으로 담대히 말하"(9 : 28)는 데 바쁜 사람으로 핍박을 받고 있다는 사실을 알게 되었다.

본문에 관한 그의 주석에서 멍크(Munck)는, 사울이 자신의 개종을 인정받기 위하여 사도들 앞에 나타났어야 했다는 누가의 주장을 경멸한다(p. 86) - "바울을 소명하신 분이 그리스도라면 인간의 판정은 필요하지 않았었다." 그의 논평은 개인주의적이고 개성적이며 주관적인 체험을 단체나 교회나 공동으로 내리는 판단보다 우위에 두었던 당시의 오만함의 전형이다. 누가복음이나 사도행전은 전통과 체험을 결코 분리하지 않는다. 이 둘은 부활하신 그리스도를 충분히, 성실하게 증거하기 위하여 필수적이다. 열두 제자들은 예수 생애의 사실들을 알고 있었으나 그의 현재의 능력을 체험할 필요를 느꼈다. 바울은 그리스도의 능력을 극적으로 체험하였고, 바울 자신도 자기는 다른 제자들보다 못한 것이 없다고 강조했다. 그리고 그는 그리스도의 진리를 독자적으로 깨닫게 되었다고 강조했다(갈 1장). 그러나 누가는 바울이 그의 체험을 전통의 실제(facts) 속에 두어야 한다고 주장한다. 이 두 부류의 제자들이 동일하게 진리를 위하여 고난을 받고 또 같은 주님을 섬기고 있다. 그들이 비록 다른 길을 따라 주께 왔을지라도 당시의 공동체 안에서 쌍방의 능력과 충성을 확실하게 하기 위하여 서로를 필요로 했다. 체험이 없는 '사실'은 차갑고 생명이 없어지기가 쉽다. 우리의 영적 체험들은 전통의 시험을 거치지 아니하면 공동체와 상관없는 급진적인 주관과 단순히 공상적인 비약이 되기 쉽다. 모든 좋은 소식이 반드시 그 좋은 소식은 아니다.

웨슬리(John Wesley)는 성경, 이성, 전통, 그리고 경험, 이 사중(四重)의 시험을 주창했다. 칼빈(Calvin)은 교역에 대한 이중의 소명을 강조했다－하나님께서 소명하시지만 교회도 불러 주어야 한다. 이 두 사람의 말은 전통과 경험에 관하여 누가복음과 사도행전에 설명되고 있는 지혜를 구체적으로 활용하기 위한 후대의 시도이다. 사도행전에서 바울은 이방인들에게 있어서 뛰어난 사도가 되지만, 누가는 그를 열두 사도와 동일하게 보이도록 하지 않는다. 제자가 되는 두 가지 길은 한곳에 속한다. 여기 우리 시대의 풍조에 대한 경고가 있다. 전통을 무시하고, 그리하여 사실을 "경험을 갖게 된 자들의 오만한 소수 독재자들"(G. K. Chesterton의 말)만의 소유물이 되게 하는 데 대한 경고다. 어떤 사람의 경험이, 그 사람이 바울처럼 우리를 고무시킨다고 하더라도, 그 경험이 바울의 경험처럼 극적인 것이라도 공동체의 점검을 받아야 하고 인정을 받아야 한다.

교회는 개인의 종교적 경험을 확인하는 단체일 뿐만 아니라 그 경험의 지속과 성장을 위하여 절대 필요한 요체(要體)이다. 개종에 관하여 말하면서 두 사람의 사회학자는 논했다 : "개종의 경험을 갖는 것은 그것의 완성이 아니다. 중요한 것은 그것을 계속 진지하게 받아들이는 일이다. 그것의 본질에 대한 느낌을 계속 가져야 한다. 이렇게 하도록 하는데 종교공동체의 개입이 필요하다. 종교공동체는 그 새로운 경험을 지속시킬 수 있도록 필수적인 구조를 만들어 준다. 다시 말하면, 사울은 독자적인 종교적 황홀 속에서 바울이 될 수는 있을 것이다. 그러나 그는 기독공동체의 상황 속에서만 바울로 남아 있을 수 있었다. ……이러한 개종과 공동체의 관계는 기독교만의 현상은 아니다"(P. Berger와 T. Luckmann, p. 158). 우리의 체험이 아무리 놀랍다고 하더라도, 이 체험은 그것이 공동체 안에서 구체화될 때에만 우리들 속에서 지속되고 우리를 변화시킬 수가 있다.

끝으로, 9 : 19b~31은 개종과 그로 인한 제자됨이 종종 고난을 당하게 되어 있음을 암시한다. 사울의 경우, 그는 그를 불러 주신 그리스도를 위하여 많은 고난을 받을 것이라는 경고를 받았었다(9 : 16). 사울의 생활은 곧 그 예언을 이루고 있다. 그는 즉시 계획된 살인의 대상자가 될 뿐만 아니라 그리스도 안에서 무슨 일이 일어났는가를 알리려는 곳에서는 어디서나 적개심과 위협을 만났다. 루스드라에서는 돌에 맞아 죽은 줄 알고 버려졌다(14 : 19). 빌립보에서는 매맞고 감옥에 갇혔으며(16 : 19 - 24), 데살로니가에서는 어쩔 수 없이 도피해야 했다(17 : 5 - 10). 오늘날 그리스도의 좋은 소식이 종종 최상의 거래로 제시되고 온갖 개인적, 경제적 문제들의 해결책으로, 자기 만족의 좋은 방안으로 제시되고 있다. 이때 우리는 바울이 그 좋은 소식을 위하여 어떻게 견디어 낼까 했던 그 평탄치 않은 시작을 깊이 생각하는 것이 좋을 것이다. 제자됨이란 우리들이 가진 문제들을 반드시 다 해결했음을 의미하는 것이 아니라, 오히려 문제들을 갖기 시작함을 의미하는 것 같다. 만일 하나님께서 우리로 하여금 우리들 자신의 계획대로 살아가도록 내버려두셨다면 우리는 이 모든 문제들을 회피할 것이기 때문이다. 그가 개종하기 전에 사울은 생(生)의 유리한 위치에 있었다. 그는 지배의 위치에 있었고 타인을 핍박하는 자였다. 지금 그리스도를 만나게 된 이후에는 어떤 이의 계획 속에 사용되는 그릇이요 도구가 되어 있다. 핍박자가 아닌 핍박을 받는 자이다. 누가신학의 바울은 실제 바울의 '십자가의 신학'(theology of the cross)에 깊이 관련되어 있는 것 같지는 않다. 그러나 사도행전의 바울은 지금 그가 섬기고 있는, 십자가에 못박히신 그분과 일치된 감정을 갖는 경우를 많이 보여 준다. 사울의 개종에서, 이 공동체는 다시 한번 하나님은 고난과 핍박이라도 복음을 확산시키고 그 나라를 세우는 수단으로 사용하실 수 있다는 교훈을 얻는다. 말과 행위로 복음을 전파하는 것은 자기 만족이나 행복이나 즐거움이라기보다 결국 제자의 도리이다(특주 : *사도행전에 나타난 개종* 참조).

오늘날, 교회는 평화롭게 생활할 수 있다. 교회가 평화롭든 전쟁중에 있든 간에 하나님은 그 나라를 온전히 세우시기 위하여 교회를 사용하려 하신다는 사실을 알아야 한다.

9 : 32~43
베드로가 애니아를 치료하고 다비다를 살려내다

베드로에 관한 이들 이야기에 대한 오래된 역사비평(歷史批評, historical criticism)은 해설자들에게 별로 도움을 주지 못했다. 이 이야기들은 갑자기, 그리고 문맥과는 연관도 없이 바울 개종에 관한 상당히 조리 있는 기록 직후에 끼여들고 있다. 이 사실은 이 이야기들이 더 오래된 베드로에 관한 더욱 초기의 전설(傳說, legend)로부터 온 것임을 암시한다.

우리의 방법은 어떻게, 언제, 그리고 어디에서에 관한 의문들을 알아내려는 것이 아니라, 단지 누가가 이 이야기들을 문학적으로 제시함으로써 선포하려고 하는 것이 무엇인가를 찾고자 한다. 복음에 관하여 누가는 무엇을 주장하려 하고 있었는가? 그 첫 번째 이야기인 애니아 치료(9 : 32-35)는 잘 짜여진 이야기가 아니다. 상세하지 않고 잘 전개되지도 않았다. 이야기 전달에 있어서, 그리고 이론상으로 이 이야기는 예상했던 흐름을 방해한다. 베드로는 '사방으로' 그들 가운데, 할 일 없는 사람처럼 무의미하게 돌아다니고 있다. 그러다가 몸이 마비된 애니아를 만나게 되자 "예수 그리스도께서 너를 낫게 하신다."고 외친다. 도움이 없고, 잡혀 있고, 속박이 있는 곳에 말씀과 그 이름이 신선한 가능성을 만들어 냈다. 애니아가 일어났다. 더욱 중요한 것은, 애니아가 새롭게 얻은 활력으로 예수 그리스도께서 무엇을 하실 수 있는지에 대한 증인이 되었다는 사실이다. 그의 이웃에 사는 많은 이들이 주께로 돌아왔기 때문이다.

중풍병에 속박되어 있던 사람에게 새로운 삶을 만들어 주셨다는 이 끼어넣은 이야기는 우리들로 하여금 더욱 문맥과 연관이 없고 이야기의 흐름에 갑자기 끼어든 사건을 대할 준비를 하게 한다. 욥바에 다비다라는 이름을 가진 한 여자가 있었다. 이 여자는 신약성경 중에 유일하게 헬라어 여성형으로 된 '제자' (disciple)라는 칭호를 얻었다. (남녀관계에 대한 전통적인 도식을 고려한다면) 이 말 자체가 상당히 돌변적으로 삽입되었다. 이 여성 제자는 관습화된 형식 안에서 더욱 앞뒤가 잘 맞지 않는 본보기가 되고 있다. 이 새로운 공동체 안에서는 그 누구도 자기 본래의 위치에 있지 않다. 평범한 어부들이 성전의 당국자들을 향하여 설교하고 있고, 마비되어 있던 사람이 일어나서 활동하며 인생을 바꾸고 있다. 그리고 영양(羚羊, Gazelle ; 다비다[Tabitha]라는 이름의 의미가 영양[gazelle]이므로 다비다 대신에 사용되었음 - 역주)이라고 불리던 한 여자가 욥바의 가난한 사람들 중에서 복지 프로그램을 이끌어 가고 있다. 그 일을 하면서 다비다는 하나님이 세상에서 천한 것들과 멸시받는 것들을 이용하여 있는 것들을 폐하시는(고전 1 : 26 - 31) 그 능력의 겉모습을 바쁘게 만들어 가고 있다.

과부들은, 정의하건대, 가난한 자들이요 사회의 가장 낮은 수준에서 생활했고, 그들을 대표해 줄 사람이나 보호해 줄 사람이 없는 이들이다. 다비다, 그 영양이 이들을 위하여 생애를 바쳤다. 다비다가 죽게 되자 그녀가 생애를 바친 사업도 함께 죽었다. 그 공동체는 그가 신속하게 와야 하는 이유를 알리지도 않은 채, 베드로를 불렀다. 그녀의 죽음은 이 공동체 안에 위기를 불러왔다. 이제 이 나약한 자들에게는 도와 줄 사람이 아무도 없게 되었다. 그들이 입고 있는 속옷과 겉옷은 다비다 생애의 증거물들이며, 그녀의 죽음이 그들에게 의미해 주는 것들이다. 이 과부들은 신학의 문제들에 관하여 관심이 없고, 언젠가 오게 될 더 나은 세계에 대한 위로에도 관심이 없다. 그들은 그러한 사색적인 것으로 하루를 보내기에는 너무도 가난하고 쇠약해져 있다. 다비다는 갔다 : 그들은 어떻게 살아갈 것인가? 피오렌자(Elisabeth Schuessler Fiorenza)가 말했듯이 "1세기에는 – 오늘날과 같이 – 가난하고 굶주리는 자들의 대부분이 여자들이었다. 특히 가부장제도에 의해 재산을 나누어 받게 해 줄 남성 대리인을 갖지 못한 여자들이 그러했다"(p. 140). 우리는 갑자기 삽입된, 수준 이하로 내려앉은 사람들의 이야기, 과부들과 또 그와 비슷한 처지의 사람들이 사랑스럽게, 자세하게 얘기하는 이야기, 열왕기하 4 : 32~35의 사건을 반영하는 이야기를 읽고 있는 것이다. 이 이야기는 옛 선지자들처럼 사도들이 가난한 자들을 위하여 권능을 행사하고 있음을 암시해 준다.

놀랍다! 죽음은 최후의 승리자가 아니다. 최후의 완강한 저항을 깨트릴 수 있는 능력이 나타났다(고전 15 : 26). 이 새로운 공동체 안에서 과부들은 망하도록 버린 바 되지 않게 되었다. 다비다는 베드로의 담대한 말씀과 확고한 행위에 의해 그들에게 되돌아왔다. 예수 그리스도의 이름은 온 우주를 창조하신 분과 같이 생명과 죽음을 주는 권세를 갖고 있다. 생(生)의 모든 영역과, 가장 높은 하늘들과 생명의 호흡은 그의 명령에 복종한다. 그러나 이 이야기는, 이 이름이 과부들과 이 이름이 없이는 소망이나 능력을 갖지 못하는 자들의 것이라고 말한다.

앞뒤의 얘기가 더 이상 전해지지 않는 이 새로운 공동체는 역사의 흐름 속으로 급히 밀려들어 간다. 그리하여 그들의 주(主)께서 그들의 편이 되어 주신 것처럼, 그들은 도와줄 사람이 없는 자들의 편이 되어 준다. 세상의 권세나 은이나 금은 갖고 있지 않지만, 이 공동체는 단 하나의 자원을 갖고 있다 – 모든 구조와 장치들을 변화시키되 그것들을 죽음의 구조로부터 생명의 구조로 바꾸는 그 이름을 갖고 있다.

누가는 이들 이야기 속에서 아무것도 설명하고 있지 않다. 독자들이나 해설자인 나조차도 설명할 수가 없다. 하나님의 대리자들이 생명을 사망으로부터 되찾아온 사실은 설명하기가 어려울 정도로 큰 일이다. 이 이야기들은 사도행전의 흐름 속으로 빠르게 합류하면서 전해지고, 들려지고, 확인되고 생활속으로 파고들 뿐이다. 우리의 역사를 뒤집는 자는 베드로가 아니라 그 이야기이다. 즉, 우리의 역사는 끝나지 않았고 이 세상의 과부들을 위한 어떤 분, 부조리를 타도하는 어떤 실체가 계신다고 선포하는 바로 그 이야기이다.

모든 공동체, 모든 가족, 모든 회중은 어떤 고착되고 고정된 힘과 약점, 생명과 죽음의 장치 속에서 존재하고 있다. 사람들은 듣고 있다 – 하나님이 정해 놓으신 삶의 한계가 있고, 우리가 찾아내야 하는 우리 각자의 처소가 있으며, 또 거기에서 머물러야 한다는 고정된 질서가 있다는 것이다. 다비다는 집안에 머물러야 하고, 남자들로 하여금 실행이 가능한 복지제도를 만들게 해야 한다는 것이다. 베드로는 그의 고기 잡는 그물과 함께 있고, 신학은 학자들에게 맡겨야 하며, 애니아는 의사의 명령에 순종하여 병상에 누워 있어야 한다는 것이다. 그러나 말씀은, 베드로처럼 그런 질서를 벗어나서 이런 사람들의 편이 되어 주는 자들을 통하여 이 사람들에게 온다. 이 기적의 사건들은 현재의 질서를 무너뜨린다. 왜냐하면 이 사건들은 하나의 새로운 시대 – 실상은 엄격한 논리나 인과의 환경에 근거하지 않고 하나님의 약속 위에 근거하는 시대를 알려 주고 있기 때문이다. 모든 기적적인 현상은 "내가 만일 하나님의 손을 힘입어 귀신을 쫓아내는 것이면 하나님의 나라가 이미 너희에게 임하였느니라."(눅 11 : 20)는 말씀의 표징이다. 교회가 이와 같은 짧은 이야기들을 충성스럽게 전할 때마다 마비되고 죽어 있는 사회제도는 개선될 것이다. 교회가 밖으로 나와서 복음적이고 예언적인 "일어나라!"를 외친다면 변화되지 않는 것은 없을 것이다.

특주(特註) : 누가와 동료 유대인들

법을 집행하는 사람이라면 누구나, 가정의 논쟁에 있어서 중재자가 되느니 차라리 은행을 털려는 사람을 만류하겠다고 말할 것이다. 부엌에서나 침실에서 남편과 아내 사이에, 형제들 사이에 있는 격노한 논쟁에서는 누군가가 상처를 받는다. 낯선 사람에 의함보다 친척들에 의하여 더 많은 사람들이 죽임을 당한다. 가족들 사이의 불화는 최악의 싸움이다.

스데반의 연설(행 7장)은 가족 내부에 있었던 불화에 대한 회고이다. 스데반은 '우리 조상' 아브라함에게 해주신 약속들로 말을 시작했다. 아브라함의 가족에 관한 이어진 역사는, 복을 주시겠다는 하나님의 약속을 열어 보여 주는 역사이다. 그러나 누가가 쓴 것은 가족 내부의 충돌에 관한 이야기이다. 요셉을 시기하여 노예로 판 형들, 자기의 형제들과 자매들에 의해 배척을 당한 모세의 이야기이다(행 7 : 23 - 29). 스데반은 하나님의 가족들 내부에는 언제나 말썽이 있어 왔다고 말한다.

우리가 사도행전을 읽을 때 우리는 하나님의 가족들 내부에 계속된 충돌을 읽는다. 현대의 사도행전 해설자들은 사도행전에 나오는 이들 '유대인' 의 위치를 바르게 읽고자 애씀에 있어서 광산지역을 밟는 것 같음을 느낀다. 본 주석은 다음과 같은 가정(假定) 아래서 이끌림을 받았다. (1) 누가복음과 사도행전은 예수의 강림 이래, 이스라엘과 교회 안의 길고 고통스러운 불화 중에 나온 글들이다. (2) 누가는 아마 사도행전이 쓰여지던 때에 유대인 - 그리스도인이었을 것이다. (3) 이스라엘을 복음화하기 위한 교회의 어떤 실제적인 희망은 없어졌다. (4) 누가는 아직도 이스라엘에게 해주신 하나님의 약속들이 은혜스럽게 성취되는 것을 기반으로 그 위에서 자신의 복음선포를 하는 것이 필수적이라고 느끼고 있다. 그리하여 본 특주의 제목이 "누가와 동료 유대인들"(Luke and His Fellow Jews)이다. 가능하다면 우리는 나사렛의 유대인들에게는 우월한 위치를 주고(눅 4장), 예수 옆에 서 있는 이방인들에게는 이름만의 우월성을 부여하지 말고 그들도 유대인들과 함께하는 하나님의 식구라는 견해를 갖고 사도행전을 읽어야 한다. 유대인들에게도 그리스도의 임하심은 복이며, 동시에 심판이다.

복음을 배척한 저 유대인들에 대한 누가의 가혹한 서술은 우리들이 듣기에도 사납고 악의에 차 있으며 철저하게 반유대인적(anti-Semitic)인 것 같다. 왜냐하면 우리 후대의 그리스도인들은 실제로 초기 기독교 진리의 주장들에 대하여 난폭한 반응을 보였던 믿지 않는 일부 이스라엘인들과 같은 상태로 위치가 바뀌었기 때문이다. 사도행전은 우리에게, 어느 시대에나 자신들이 서거나 넘어지거나 자신들의 진리가 주장하는 것을 믿는 대신에 자신들의 신앙을 함께 갖지 않는 자들을 죽이려고 하는 신자들이 있음을 상기시킨다. 통탄할 일이다! 이것이 교회가 유대인들을 취급해 온 슬픈 이야기이다.

교회가 유대인들과 가졌던 관계에 대한 역사를 피상적으로만 알아보아도 우리 이방인들은 두려워 떨게 될 것이다. 예수께서 가져오셨던 그 검(劍)은 처음으로 유대인에게서 유대인을 단절시켰고, 복음에 대한 단번의 곡해로 유대인과 이방인을 갈라놓았다. 십자군의 칼로든지 히틀러(Hitler)의 가마(oven)로든지 기독교의 복음전도에 의하든지 한때 핍박받던 교회는 예수의 사람들을 핍박하는 자가 되었다.

물론 우리 후대 사람들이 가진 반유대주의(anti-Semitism)는 어떤 방법으로든지 사도행전에 있는 회당과 교회 사이에 있던 불화에 관한 누가의 기록을 설명하지 못한다. 누가는 결코 데오빌로에게 하나님의 선민인 그 백성을 향하여 칼을 들고 일어나라고 재촉하지 않는다-그렇게 한다면 누가가 설교하고자 하는 바로 그 복음의 주장들을 부정하는 것이다. 유대인들이나 그리스도인들이나 똑같이 종교적 논쟁에 대한 로마의 잔인한 반응 앞에 희생자들이 되어 왔었다. 복음은 이와는 다른 길이었다.

티드(David Tiede)는 우리가 사도행전을 기성집단의 문서로 보아서는 안 된다고 주장한다. 지배계층 사람들이 자기들이 새롭게 얻은 지배권을 정당화하려는 문서로 보지 말라는 것이다. 오히려 사도행전은 성숙하지 못한 유대인들이 로마에 대항함으로써 기원후 70년에 있게 된 예루살렘의 무서운 파멸의 결과로 얻은 황폐(荒廢)를 견디어 내려는 유대인 내부 사람들의 시도이다. 이 황폐는 유대인 못지않게 그리스도인들에게도 영향을 주었다. 하나님의 성전이 황폐되고 하나님의 백성에게 유혈의 핍박이 진행될 때 하나님은 어디에 계시는가? 이 비극은 신실한 사람들 중 그 누구의 잘못 때문인가? 미래에 대한 소망은 무엇인가? 이제 성전이 없어졌으니(행 7 : 49–50), 우리는 어떻게 신실한 자들이 될 수 있겠는가? 압박을 받고 있던 자들의 질문과 하나님의 약속들 외에 아무것도 갖고 있지 못하게 된 자들의 논쟁이 그러했다. 이해관계가 크고, 문제가 심각하다면 논쟁이 뜨거우리라고 예상된다. 무거운 압박을 받고, 외부로부터 끊임없는 공격을 받고 있는 가족은 유쾌한 감정을 가질 수가 없다.

하지만 누가의 도(道, Way)에 대한 유대인들의 고집과 핍박의 실례들을 반복해서 들을 때 우리는 사도행전을 불편한 감정 없이 읽을 수 없다. 스데반을 돌로 친 사건에 관한 누가의 기록과 같은 이야기들은, 미묘하게도 현대의 이방인들이 유대인들을 향하여 갖는 적개심을 자아내게 하는가? 그렇다. 그 이야기들은 분명히 그렇게 하고 있다. 그리고 이러한 이야기들을 기록해 놓은 본문들을 해석할 때 조심하지 않는다면 우리는 계속해서 그렇게 할 것이다.

이들 이야기는 유대인 대 유대인의 이야기이지 유대인 대 그리스도인의 이야기가 아니다. 교회는 자체의 생명을 위하여 싸우는, 오해받고 핍박받는 소수의 단체였다. 배척을 받은 모든 경우, 개종시키려다 당한 모든 실패는–특히 하나님의 선택을 받은 그 백성과의 경우에 있어서는–이 어린 교회로서는 생사의 문제였다. 사도행전은, 어떤 의미로는 '밑바닥에서 위로' 살펴본 신앙의 세계를 그려 놓았다. 그리고 조롱을 받고 핍박을 받으며, 무시를 당하고, 지배적 문화의 언저리에 붙어서 생(生)과 사(死)의 갈림길에 걸려 있는 종교적 소수 집단이라는 견지에서 본 신앙의 세계를 그려 놓았다.

우리가 사도행전의 증언을 아무런 생각도 없이 그 당시와는 매우 다른 우리의 상황에 적용시킨다면 해석상의 곡해가 생겨난다. 교회가 절대 우세하고 문화적으로 확립되었으며 다수의 종교가 되어 있는 처지에서, 우리는 감히 저 옛날 스데반의 역할이나 돌을 던졌던 당시 유대인들의 역할을 잘 이해하지 못한다. 지금은 위치가 바뀐 것이 사실이다 : 하나님의 선지자들에게 돌을 던진 자들은 바로 우리들이며, 하나님의 선민 중 많은 이들을 순교자로 만든 것도 바로 우리들이다. 만일 사도행전에 강압에 호소하고 시저(Caesar)와 합세하며, 신학적으로 서로 다른 점들을 해결하기 위하여 폭력을 쓴 저 이스라엘인들을 향한 책망이 있다면, 이 책망은 곧 우리를 향한 책망이다. 진리를 위하여 고난을 당하는 것이 무엇인가를 알고 있던 스데반과 바울의 후예들이, 교회를 비판하던 자들이 한때 우리를 향하여 사용했던 그 책략을 사용한다면 이 얼마나 슬픈 일인가! 이러한 의미에서 유대인의 존재는 지속적으로 그리스도인들을 향한 일종의 악평이 되고 있다. 우리는 수세기에 걸친 유대인들에 대한 그리스도인들의 잔인함을 돌이켜본다. 그리고 이상하게 여긴다. 왜 우리의 복음은 우리에게 바르게 살아갈 수 있는 힘을 주는 데 실패했을까? 그리고 우리의 주(主)께서 구원하시고자 죽으셨던 그들 형제와 자매를 옹호해 주고, 그리고 그들을 위해 죽기까지 할 수 있는 힘을 주는 데 실패했을까? 교회와 유대인들과의 관계는 사도행전의 중심된 관심사인데, 그리스도인들에게는 계속되는 하나의 주요 의문점이다.

누가가 그의 동료 유대인들 때문에 겪는 몸부림에 대하여는 오해의 여지가 참으로 크다. 그리하여 우리는 왜 어떤 이들이 스데반을 돌로 친 기록 같은 본문을 깨끗이 없애고 이들 적개심을 품은 '유대인들' 을 기록에서 삭제하려 했는지, 그리스도인들과 유대인 사이에 더 심한 원한을 일으키기보다는 그 유대인들을 그저 '비평가들' 로 바꾸어 기록하려 했는지 이해할 수 있다. 다른 이들은 누가를 반유대적(anti-Jewish)이라고 비난하고, 당시의 교회가 이런 의문스러운 본문들의 사용을 용인하였는지에 대해서 의문을 갖는다. 이러한 제안들은 잘못 아는 데서 나온 것들이다. 오늘의 교회 안에서 교사와 설교자로서 우리는 역사의 도전에 비켜 설 수 없다. 이러한 본문들은 우리들로 하여금 가능한 한 역사적 맥락과 누가의 동기들과 우리들 자신의 동기들을 살펴보도록 요청하고 있다. 본문을 바꾸기보다는 우리들 자신을 바꾸자. 역사보다는 우리의 인식을 바꾸자. 누가와 같은 인물이, 성경과 이스라엘의 소망 안에서 그의 전반적 신학의 기초를 놓기 위하여 그러한 수고를 해 왔던 그가, 이스라엘에 속한 자기의 형제들과 자매들이 복음을 거절한 데 대하여 그러한 고통과 분개와 슬픔과 분노를 느끼고 있었던 그가 어떻게 반유대적(anti-Jewish)일 수 있겠는가?

사도행전은 우리 이방인들에게 처음으로 메시야를 찾도록 가르쳐 준 그 사람들로부터 우리를 갈라놓은 데 대한 구실이 아니다. 오히려 당시의 교회가 이스라엘과 끊을 수 없는 관계를 맺도록 결합시켜 준 수단이다. 이 사실을 분명히 한다고 해서 사도행전을 설교하고 가르치는 책임을 다했다고 할 수는 없다. 우리 그리스도인들은 참으로 유대인들과 다른 점을 갖고 있다. 그들의 이야기는 우리들의 이야기와 쉽게 동화되지 않는다. 교회는 이스라엘의 대치품이 아니다. 사도행전 2장은 (그뿐 아니라 사도행전 전체가) 예수의 메시지가 최초로 이스라엘에 속한 자들에 의해 믿어졌음을 우리로 하여금 생각하게 한다. 그렇지만 사도행전은 하나님이 이스라엘에게 해주신 약속을 받을 권리가 없는 자들 중에서 교회가 궁극적으로 가장 기름진 토양을 발견해 내고 있음도 말해 준다. 사도행전은 "그러면 하나님께서 이방인에게도 생명 얻는 회개를 주셨도다." (11 : 18)라는 놀라운 통찰력을 불러일으킨다. 누가가 이 사실을 알아차리고 있듯이, 이스라엘은 모든 민족을 향한 빛이 되었는바, 그 빛이 강렬하여 이스라엘 안에서도 많은 이들을 소경이 되게 했다. 예수에 관한 유대인과 유대인 사이의 언쟁은 사도행전을 쓴 목적 가운데 주요부분이 되고 있는데, 계속적으로 이스라엘과 교회의 논쟁거리가 되고 있다.

유대인들은 예수를 그들이 오랫동안 기다려 온 기름부으신 바 된 분으로 알아보는 데 실패했다. 우리가 가진 반유대주의를 극복하기 위하여 우리는 (모든 반유대인 사람들의 마음에 극히 친근한) 거짓된 이론에 찬성해서는 안 된다. 그 이론은, 유대인들은 하나님의 선택된 사람들이 되기를 그만두었으므로 유대주의는 그리스도인들에게 있어서 더 이상 신학적인 문제가 되지 않는다는 것이다. 바울이 말한 바와 같이 하나님의 은사와 부르심에는 후회하심이 없다(롬 11 : 29). 늦게 들어온 우리 이방인들이 모종의 자유주의적 지성적 제국주의를 갖는다면 유대인들과의 관계에서 생긴 궁지로부터 빠져 나올 수 없을 것이다. 이 사상에 의하면, 그리스도인들과 유대인들이 미국 땅에서 함께 살아가려면 우선 별로 말썽을 부리지 않고 보편화된 아메리카의 이교도로 개종하기를 요구할 것이기 때문이다. 우리의 형제요 자매인 유대인들과 좋은 관계로 되돌아가는 최선의 길은 사도행전적이어야 한다. 우리가 예수의 동족을 잘못 대한 우리의 모독적 행위를 더 분명하게 알아차릴수록 그리스도께서 이스라엘을 향한 예언적 약속의 성취를 더 잘 이해하게 된다. 우리가 그 약속에 포함되기에는 자격이 없음을 더욱 예리하게 느낄수록 하나님 가족의 내부에 있는 비극적인 분열은 더 빨리 치유될 것이다. 우리 신앙인-그리스도인과 유대인-들이 하나님을 향한 우리의 신앙을 민족주의적 충성이나 이교적 철학, 또는 다른 외래의 진리가 주장하는 것들에 의해 희석시킨다면, 우리들이 가족으로 함께 살 수 있게 하는 신학적 자원을 빼앗기게 된다.

사도행전의 증인들이 선포했던 메시지인 그리스도의 주되심(lordship)은 복음이 진리라고 믿지 않는 자들에게 그리스도인들이 저지른 죄에 대한 보상으로 포기되어서는 안 된다. 그리스도의 이야기는 신앙을 강요하는 검을 사용하거나 그 이야기가 묽어져서 유대인들이 자신들을 공격해 옴을 인식하지 못하게 될 때까지 그 이야기를 주입시킨다고 해서 믿어지는 것은 아니다. 예수의 이야기가 믿어지게 되는 단 한 가지 방법은 사도행전의 방법이다-시저의 수단에 호소하지 않고 우리들이 기쁨으로 자원하여 복음에 의해 살고 죽으며, 우리가 말하는 사랑에 야단스럽게 모순되지 않는 삶을 사는 것이다.

누가는 불화가 있는 가정에 관하여 말했다(눅 15 : 11-32). 작은아들은 방탕한 생활을 마치고, 누더기를 입고 창기들의 값싼 향기를 풍기면서 집으로 돌아왔다. 기다리던 아버지는 기쁨으로 그를 받아들였다. 잔치가 시작되었다. 그의 형은 - 결코 집을 떠나지 않고 들판에 남아 있었고 아버지를 위하여 성실하게 일하고 있었는데 - 잔치를 벌이고 있는 집안으로 들어가기를 거절했다. 아버지가 깜깜한 집밖으로 나와서 큰아들에게 들어가자고 간청했으나 허사였다.

우리들의 시대에 이 이야기는 슬프고 예상되지 않은 방향으로, 누가가 상상할 수 없었던 쪽으로 진행되고 있다. 동생은 곧 회개와 뉘우치는 정신을 잃었다. 아버지가 자애롭게 받아 주심에 대한 감동도 사라졌다. 자신의 귀향을 축하하기 위하여 열린 잔치에 형이 불참한 것에 대하여 분노를 느끼게 된다. 그는 형에게 대항할 음모를 시작한다. 두서없이 말을 지껄인다. 자신이 아버지의 집에 오게 된 것이 얼마나 행운인가를 잊어버린다. 마침내 그는 자기 형을 집밖에 둔 채로 문을 잠그고 빗장을 건다. 회개자(悔改者) 영접을 축하하기 위하여 열린 잔치는 승리를 얻은 강탈자(强奪者)의 잔치가 되었다.

음악과 춤은 계속되었다. 잘난 체하는 동생은 이 모든 것을 자신을 위해 하고 있다. 그러나 바깥 어두운 곳에는 지금도 아버지가 서 계신다. 누가가 전해 준 이야기에서처럼 아버지가 항상 서 있었던 바깥 어두운 곳에, 지금은 큰아들 옆에서 계신다. 동생은 자기 형을 밖에 두고 문을 잠그는 데 성공했다. 그러나 가엾게도 그는 자기를 사랑한 아버지마저도 밖에 두고 문을 잠근 것이다.

제 2 부

이방인 전도

사도행전 10 : 1~19 : 20

이방인 선교 시작 / 10 : 1~14 : 28 **147**

특주 : 사도행전에 나타난 개종 **157**

특주 : 누가의 정치론 **177**

선교에 성공, 교회에는 문제 / 15 : 1~35 **194**

여러 교회에서 사역 / 15 : 36~19 : 20 **200**

이방인 전도

사도행전 10 : 1~19 : 20

이방인 선교 시작
사도행전 10 : 1~14 : 28

오늘날 교회 안에서 때때로 "유대인들은 예수도 믿지 않았는데 구원을 받게 될까?" 하는 질문을 받는다. 이 질문은 자신을 내부 사람으로 인식하고 외부 사람의 운명에 관심을 갖는 사람으로부터 나온다. 사도행전의 견지에서 보면 이 질문은 호기심을 일으키는 질문이다. 사도행전에서는 "유대인들이 구원을 받게 될까?"가 논쟁거리가 되지 않는다. 이 문제는 역사의 여명기(黎明期)에 하나님이 아브라함과 나머지 사람들에게 해주신 약속들에 의해서 이미 결판이 났었다 – 하나님께서 이 백성을 자기의 소유로 삼으실 것이다. 이때 이후로 하나님의 모든 행위는 **예수와 성령을 선물로 주신 것을 포함하여** 그 약속에 대한 하나님의 성실성을 보여 준다. "이 약속은 너희와 너희 자녀와 모든 먼데 사람 곧 주 우리 하나님이 얼마든지 부르시는 자들에게 하신 것이라"(행 2 : 39). 이스라엘에게 해주신 자기 약속에 대한 성실성은 사도행전에 있는 좋은 소식의 기초이다. 이 사실은 다른 증거를 요구하지 않는다.

답변을 하기 위하여 많은 논증과 누가가 활용하고 있는, 그 모든 신학적, 문학적 기술을 필요로 하는 질문은 "**이방인들은** 구원받을 수 있는가?"였다. 이 질문은, 온갖 의도와 목적을 위하여, 누가가 사도행전을 쓰려던 때 이전에 대답이 되었다. 그러나 그 대답은 자명하지 않았고, 그 질문은 계속되고 있었다. 누가의 교회는 설교의 기초를 하나님이 **이스라엘**에게 주신 약속의 진실함과 성취 위에 두었다. 그러나 1세기가 끝날 무렵에 교회는 유대인들이 자기들의 것으로 했어야 할 복음을 거절했다. 대신에 이방인들이 원래 그들에게는 전해지지 않았던 이 기쁜 소식을 받아들이고 있음을 보게 되었다. 누가는 교회가 어떻게, 왜 그런 상황이 오게 되었는지를 스스로 설명해야 하는 어쩌면 좀 당황하는 기간에, 아니면 혼동하는 기간에 본서를 쓰게 되었다. 성경의 다른 부분들과 마찬가지로, 사도행전은 하나님에 대한 교회의 경험을 이해하려는 교회 자체의 시도이다. 그 경험이란 우리가 만나게 되리라고 예상하지 못했던 사람들을 만나게 될 때 매우 혼동하게 되는 경험이다.

그러나 오늘날 사도행전의 해설자들은, 교회가 아직도 유대인들과의 관계에 있어서 당황하거나 혼동하는 상태로 존재하고 있음을 알고 있다. 우리들의 형제인 유대인들의 좋은 소식이 어떤 방법으로 우리들에게 전달되었는가? 우리들이 메시야를 찾도록 최초로 가르쳐 준 그 사람들과의 관계에 있어서 우리는 어떤 태도를 취했는가? 우리가 보는 것을 왜 다른 이들은 볼 수가 없는가? 그리고 그들이 가졌던 그 궁극적인 의미를 우리들의 생명 속에 주신 그분을 왜 믿지 못하는가? 이 두 가지의 신비함보다 더 심오한 믿음의 신비는 없을 것이다. 이에 대한 하나의 설명은, 그들은 종교적으로 괴팍한 반면에 우리는 종교적으로 지각이 예민하며, 누가는 그러한 설명을 암시해 주는 정도이지 그 이상은 아니라는 것이다. 그렇게 말한다면 우리의 기대의 근원이 되고, 또 구세주를 오시게 한 그들의 품위를 떨어뜨리게 될 것이다. 그런가 하면 하나님께서 수천년 간 그들을 사랑하신 모습을 보이신 후에 지금 마침내 자기 백성을 버리셨다고 말할 사람도 있을 것이다. 바울이 로마서에서 그처럼 웅변적으로 증거하고 있듯이, 만약 하나님께서 자신이 선택하신 자들에게 성실하지 못하시다면 이 하나님은 그리스도인들이 경배하는 그 하나님과는 같을 수가 없다. 그리고 우리는, 유대인들이 우리가 믿는 것처럼 믿지 않는다고 해서 그들이 하나님 믿기를 중단했다고 추측할 수도 있다 – 그리고 누가는 논쟁을 할 때면 때때로 이 사실을 암시하기도 한다. 그러나 수많은 학살을 당해 오고 그들의 어린이들이 대학살 중에 죽어가는 것을 보면서도 우리와 같은 신앙을 갖지 않는다고 불신앙자들이나 무신론자들이라고 그들을 비난하는 것은 우리 이방인 풋내기들(Johnny – come – latelys)이 범해서는 안 되는 비뚤어진 자기자랑이다(특주 : *누가와 그의 동료 유대인들* 참조).

그러한 질문들은 우리들에게는 흥미로울지 몰라도 누가의 질문들이 아니다. 누가의 시대 이전에 예수에 관한 이스라엘의 판정은 대부분 내려졌다. 처음에 유대교의 한 종파로 생각되었던 단체가 회당에서 나와 독립했다. 교회는 신속하게 이방인들로 구성되는 현상을 보였다. 누가는, 명예스럽게도, 이 사실을 놀라운 사실로 생각한다. 그리고 오늘날 우리 이방인들이 잘해서가 아니라 이방인을 향하신 하나님의 은혜 덕분임을 감사하고 있다. 유대인들의 예수 배척은 누가를 고통스럽게 했으나, 이방인들이 구원에 포함되어 있다는 사실은 그에게 있어 놀라움이었다. 이 놀라움과 그들이 그렇게 구원에 함께하는 데 대한 의문은 사도행전에 있는 누가의 주요 관심사이다. 유대인들의 운명은 전에도 언제나 그러했듯이, 신실하고 정의로우신 하나님의 손에 달려 있다. 바로 그 하나님이 지금 참으로 놀랍게도 자기가 선택하신 가족들 안에 이방인들을 위해서도 처소를 마련하셨다.

어떻게 그렇게 되었을까에 대한 깊은 의미는 사도행전의 나머지 장들의 관심사이다. 고넬료의 이야기는 예루살렘의 회의 석상에서 베드로가 했던 연설로 끝나게 되는데, 66절로 된 7막의 드라마로 사도행전 안에서 가장 긴 이야기이다. 누가가 그 이야기에 할애하는 지면의 분량만을 기준으로 판단한다면, 우리는 이제 사도행전의 결정적인 관심사, 본서 전체의 회전축이며 장구한 구속(救贖) 드라마의 전환점을 취급하게 되는 셈이다.

10 : 1~11 : 18
이방인에게도 전도

교회는 어떻게 내부인들이 기꺼이 외부인들을 자기들에게 포함시키는 전환점에 이르게 되었는가? 그 좋은 소식은 예루살렘에서 시작하여 사마리아로 옮겨졌고, 구스인의 개종으로 인해 땅의 끝까지(1 : 8) 이르게 되었다. 더욱 중요한 것은 이 공동체를 비열하게 핍박하던 사울이 이제는 바울이 되고 하나님의 선택하신 그릇이 되었다는 것이다. 다음에는 복음이 어디로 가게 될까? 경이롭게 짜여진 7막으로 된 드라마는 그 내막을 보여 준다(Haenchen).

제1장면(10 : 1－8) : 한 이방인, 로마인, 로마군의 신사적인 장교 고넬료가 등장한다. 누가는 “그가 경건하여……하나님을 경외하며……구제하고 하나님께 항상 기도”(10 : 2)했다고 말한다. 그렇다고 해서 타국에서 군인이라는 직업을 가지고 생활비를 받고 있는 한 사람의 이야기가 주는 영향력을 약하게 할까? 고넬료는 예수의 긍휼을 받았던 누가복음 7 : 2～10에 있는 경건한 백부장을 연상케 한다. 그렇게 그는 신사였고 로마의 군인이었다. 그렇다. 그러면서도 그는 경건하다. 누가가 2, 4, 22절, 그리고 30절에서 백부장의 경건에 관하여 꾸준히 반복하여 말하고 있는 것은 이 사실을 분명히 하려는 것이다. 그는 외부인이지만, 최소한 그는 이 공동체의 언저리에 있다. 뿐만 아니라 그는 가르침과 안내를 받고자 하는 이방인이다. 지금은 교회라고 불리고 있는 그 공동체를 향한 고넬료의 움직임은 그의 선택이나 영웅적인 결정에 의한 일이 아니다. 이 이야기는 하나의 환상으로 시작된다. 이 이야기에서 고넬료는 (베드로처럼) 줄거리가 바뀔 때마다 고넬료나 베드로보다 더 크신 어떤

분이 이끌어 가고 계셨던 이 드라마 속에서 거의 피동적인 연기자이다.

제2장면(10 : 9－16) : 고넬료는 이상한 환상을 보았었는데, 이제는 베드로가 어리둥절할 차례이다.

베드로는 정오에 어떤 집의 평평한 지붕 위에서 기도를 하고 있었다. 하나의 큰 보자기가 모든 동물들을 그 안에 담고 내려왔다(여기에 물고기는 없었다－물고기들이 어떻게 보자기 안에 있었겠는가?[창 1 : 24 참조]). 베드로는 그것들을 죽여 먹으라는 명령을 받는다. 그 음성은 실제로 "어서 먹으라!"였다. 그 음성은 세 차례나 명령하지만, 베드로는 정결한 것만을 먹는 법에 충실하여 거절한다. 이러한 법이 유대인으로서 다른 이들과 동화하시려던 예수께는 방해물이었다(그리하여 이들 법은 폐기되었다.). 그들은 믿음을 버리고 자신의 특성을 포기하고 제국의 선량한 시민이 되라고 무서운 압력을 가하는 가운데서, 또 자신의 신분을 분명히 하고 신앙의 성실성을 확실히 했다. 여기서 약간의 돼지고기를 먹고, 저기서 한줌의 향(香)을 시저(Caesar)에게 사른다면 믿음의 공동체는 머지않아 조용히 말살되고 말 것이다. 우리는 이 이야기를 다수 종교가 된 우월한 위치에서 읽으면 안 된다. 다수가 되면 넓은 마음과 관용이 아무런 대가를 치르지 않기 때문이다. 이 이야기는 복음이 처음 전해지던 때처럼 소수자의 견지에서 읽어야 한다. 약간의 돼지고기나 한줌의 분향(焚香), 또는 하찮은 잡혼(雜婚)이 당시의 공동체에게는 생과 사의 문제였다. 식사의 법도는 예의나 어떤 특이한 음식요리상의 관습의 문제가 아니었다. 이 법도는 유대인들의 생존과 신분상의 문제였다. 그런데도 이들 법도가 생존과 신분을 위해 어떤 구실로 대치될 수 있을까?

베드로가 어리둥절하고 있는 것도 전혀 이상하지 않다.

제3장면(10 : 17－23a) : 고넬료의 사환들이 욥바에 도착하여 베드로를 찾고 있다. 다시 한번 누가는 천사가 고넬료를 찾아온 이야기를 반복하고 있다(10 : 30과 11 : 13에서 또다시 반복할 것이다.). 이 드라마의 대본은 하나님에 의해 쓰여졌음을 관중들이 잊어서는 안 되기 때문이다. 베드로는 자신이 어디로, 또 왜 가고 있는지 알지 못한다. 오히려 그는 그 이

야기가 저절로 진행되도록 하고 있다. 그는 어리둥절하고 있지만 여전히 인도하심에 기꺼이 따르고 있다. 누가복음의 시초에 나오는 마리아처럼, 베드로는 "저는 주의 계집종(handmaid)이옵니다."라고 말할 수 있었다. 제자들은 때때로 이렇게 말하는 자들이다. "주여, 저는 주께서 저를 어디로 인도하시는지 알지 못하오나 가겠나이다."

제4장면(10 : 23b – 33) : 고넬료의 친구들과 친척들은 그의 집에서 만나 모여 우리가 예상했던 것과 같이 베드로가 그의 유명한 연설 중 하나를 하는 시간이 되자 그의 말에 귀를 기울였다. 이야기가 진행되면서 말은 베드로에게서 고넬료에게로, 고넬료에게서 베드로에게로 오가고 있음을 눈여겨보라. 두 사람이 연설하고 있다. 그리하여 누가는 있었던 사건의 두 가지 본질을 강조하고 있다. 이것은 한 이방인의 개종에 관한 이야기인가, 아니면 한 사도의 개종에 관한 것인가? 하나님의 선교(God' s mission)가 진전되려면 고넬료와 베드로 **둘 다** 변화될 필요가 있다. 모인 사람들이 첫째로 본 것은 권세 있는 고넬료가 베드로의 발 앞에 엎드려 그에게 절한 것이다. 우리는 이 행위를 종교적 사건에 관한 이방인의 전형적인 순진성으로 볼 수 있을 것이다 – 이방인들은 기회가 주어지면 누구나 (또는 무엇이나) 섬긴다. 권세 있는 군사 전문가인 고넬료는 무릎을 꿇고 베드로의 무릎을 붙잡는 것이 지나친 행동이라고 보지 않는 것 같다. 그러나 베드로는 고넬료의 지나친 엎드림을 시정한다. "일어서라, 나도 사람이라"(10 : 26). 베드로가 이 사람에게 무엇을 말하든지 그것은 그가 가진 인격의 힘 이상의 어떤 것이 되고 있다. 이윽고 베드로는 모인 사람들에게, 하나님께서 깨끗하고 깨끗지 아니함에 대한 자신의 생각을 고쳐 주셨기 때문에, 자기가 유대인의 법을 어기고 있다고 고백한다. 그 환상에 대한 어리둥절(10 : 9 – 16)은 해소되었다. 이 이야기 속에 집과 친절한 접대가 얼마나 자주 나오고 있는지 눈여겨보라. 유대인과 이방인의 접촉에는 가정적, 가족적, 그리고 식탁에서의 문제들이 있기 마련이다. 그리스도께로의 개종은 "누가 우리 식탁에서 먹게 되는가?"라는 현실적인 문제로 발전한다. 누가는 이 장면에 많은 지면

을 할애하고 있는데, 이는 그 장면의 중대성을 보여 준다. 베드로와 고넬료의 대화를 통하여 누가는 한 장면을 만들어 내고 있다. 옛 장벽은 무너져 내렸고, 한때는 서로 이상했던 유대인과 이방인이, 베드로가 감히 들어갈 수 없는 집안에서 화기애애한 대화를 주고받는 장면을 보여 준다. 이렇게 장소가 마련되고 이런 모습으로 진행되면서, 이 장면은 하나님께서 유대인과 이방인을 함께 이끌어 가고 계시는 그 즐겁고 새로운 공동체의 가능성을 다정하게 감동적으로 암시해 주고 있다. 식탁에 함께했던 사람들 때문에 비난을 받으셨던 예수께서 그렇게 하셨던 것처럼 베드로도 그렇게 주장할 수 있었다. "내가 너희에게 이르노니 이와 같이 죄인 하나가 회개하면 하늘에서는 회개할 것 없는 의인 아흔 아홉을 인하여 기뻐하는 것보다 더하리라"(눅 15 : 7).

제5장면(10 : 34 – 43) : 이제 설교는 귀가 울리는 베드로의 고백으로 시작된다. "내가 참으로 하나님은 사람의 외모를 취하지 아니하심을 깨달았도다." 그의 말은 우리가 사도행전에서 익숙하게 된 개요 – 선포, 성경의 증거, 회개로의 권유 – 를 따라 이어진다. 하나님은 얼굴을 보시는 분이 아니시다. 편애를 하시지도 않고 사람을 외모로 취하시지도 않는다. 우리는 참으로 당황하고 흥분되며 세상을 뒤집는 이 말을 이해할 수 있는가? 자신의 신앙이 하나님의 특별한 사랑에 근거한다고 여기는 사람들, 이 사랑에도 불구하고 그 사랑 때문에 고난을 견디어 온 사람들, 또 믿음을 지속해 온 사람들에게는 분명히 그러할 이 말을! 이 말은 듣기에 쉽지 않았다. 누가는 사도행전을 통하여 한 단계씩 성경의 증거를 제시하면서 우리를 예루살렘에서 사마리아로 안내하고, 개종한 사마리아인들과 구스인을 만나게 하고, 지금은 욥바를 거쳐 이 로마의 군인과 만나게 해주고 있다. 우리로 하여금 복음의 활발한 움직임을 느끼게 하고 제자들이 이곳으로 오는 것을 꺼려 했음도 알게 하기 위해서이다. 그리고 복음을 충분히 놀랍도록 적용한 말씀 – 하나님은 편애하시지 않는다!(God shows no partiality! – 개역성경에는 "하나님은 사람의 외모를 취하지 아니하시고"라고 번역되었음 – 역주) – 을 깨닫는다면, 그들이 여기까지

온 여행이 얼마나 지루하고 고통스러웠을까도 알게 하기 위해서이다. 그 환상의 주요 내용은 약간 확실하지 않았었다 – '속되고', '깨끗지 아니한 것'은 음식을 가리키는가, 아니면 사람을 가리키는가? 그러나 그것은 이제 분명해졌다. 논쟁거리는 밝혀지고 있듯이 단순히 '깨끗지 아니한' 음식 뿐만 아니라 '깨끗지 아니한' 사람, 즉 누가 우리의 식탁에 앉을 자들인가에 관한 것이다. 더욱 명확히 말하면 그 환상은 무엇이, 또는 누가 깨끗하고 깨끗지 아니한가를 아는 데 우리가 무지하다는 사실에 관한 것이다.

이제 베드로가 자기의 입장을 성경으로 정당화하는 일이 남아 있다 – 쉬운 일이 아니다. 첫째로 그는 주장한다. "각 나라 중 하나님을 경외하며 의를 행하는 사람은 하나님이 받으시는 줄 깨달았도다"(10 : 35). 훌륭한 의견이지만 성경의 어떤 본문을 제시하여 근거로 하고 있지 않다. 분명히 하나님은 예수 그리스도를 이스라엘에게 보내셨다(10 : 36). 그러나 이 말은 고넬료와 베드로에게 도움이 되지 못할 것이다. '만유의 주 되신 예수'라는 말은 구원의 계획 안에서 이방인들을 고려한 근거가 된다. 베드로는 이 이야기에 어떤 새로운 관념을 가미하지 않고, 오히려 그는 예수께서 주님이시라는 주장의 의미를 더 깊이 논하고 있다. 예수께서 모든 사람을 창조하신 이와 함께 다스리기 위하여 승천하셨기 때문에, 구원과 창조는 부활 – 승천을 통하여 예수 그리스도 안에서 연결된다. 하늘과 땅을 창조하신 그분과 함께 다스리시는 그리스도의 주되심(Lordship)에 관한 희망은 모든 사람들을 구원에 포함시키려는 그리스도인들의 노력에 대한 근거이다. 한 부분만을 창조한 분을 주님으로 모실 수는 없다. 그러므로 어떤 나라에나 그분을 경외하고 의를 행하는 사람은 "하나님이 받으시는 줄 안다."

이어서 베드로는 사도행전의 이전의 사건들과 자료들을, 다시 말하면 그리스도인의 선포를 인용하여 설명한다. 그러나 이 설교를 주의 깊게 살펴보면 자신이 왜 여기에 고넬료와 그의 친척들과 함께 있는지를 정당화하기 위한 어떤 그럴듯한 히브리어 성경본문을 나열하고 있지는 않음을 알 수 있다. 그의 연설은 '본문을 증거하는 것' (proof texting) 이상이다. 그리스도의 주되심은 율법이나 선지자들로부터 증명된 어떤 것이 아니다. 사도들의 경험과 믿음으로부터 모은 하나의 신학적 진술이다. 베드로의 설교는 복음의 운동에 관하여 그가 최근에 얻은 새로운 인식을 위해 노력하려는 하나의 시도이다. 그는 자신을 정당화하기 위한 성경본문을 갖고 있지 않다. 그는 그를 지지해 줄 만한 전통이나 성경구절이 없이 멀리 위험지대에 서 있다.

이것이 교회에서 때때로 있는 일이다. 만약 예수 그리스도께서 주님이시라면, 교회는 복음에 대한 놀라움과 새로운 적용을 발견하려는 기대를 갖고 그의 주되심의 새로운 영역으로 침투해 들어가는 모험적인 임무를 수행해야 한다. 복음에 대한 이 놀라움과 새로운 적용은 우리가 성경만을 보아 왔다고 하더라도 우리들 스스로는 볼 수 없었고, 주님이 우리에게 보여 주셨다고 해야 설명이 가능한 것들이다. 이 말은 우리들 스스로의 지나친 새로운 관념 속으로 빠져드는 미숙한 공상의 비약을 의미하지 않는다. 그리고 새로운 계시를 추구한다는 미명(美名) 아래 최근에 일고 있는 문화의 풍조를 잡으려는 가엾은 노력도 의미하지 않는다. 오히려 이 말은 예수 그리스도께서 주님이시라는 성경적 증거의 깊은 의미를 계속해서 깊이 되새기고, 하나님이 주시는 영적 자극에 민감해야 한다는 의미이다. 믿음은 그것을 바르게 갖게 되면, 하나님의 구속의 역사로부터 뒤쳐지지 않으려고 숨가쁜 시도를 하며, 계속해서 "하나님은 무엇을 하고 계신가? 하나님은 지금 어디로 가고 계신가?"라고 스스로 묻게 된다.

제6장면(10 : 44－48) : 성령이 홀연히 임하셨기 때문에, 복음은 누구에게나 공평하다는 베드로의 새로운 통찰력이 타당한가에 대한 어떤 의심도 사라진다. 성령은 이 이야기의 주체가 하나님이시라는 베드로의 주장을 확실히 하면서 고넬료와 그의 친척들 위에 강림하고 계신다. 이방인들에게 세례를 베풀어야 하는가에 대한 의문은 이로써 해결되었다. 성령이 이 사람들에게 이미 임하셨으니 누가 물로 세례 주는 것을 금할

수 있겠는가?(10 : 47) 바람은 다시 임의로 불었고(요 3 : 8), 이제 교회는 이 바람의 움직임을 설명하지 않으면 안 된다.

제7장면(11 : 1－18) : 복음은 이방인들에게 세례를 주는 일을 스스로 떠맡은 한 사람의 통달한 진보적인 지도자 혼자만의 노력에 관한 것이 아니다. 베드로가 예루살렘으로 돌아왔을 때 그는 교회를 향하여 무언가를 설명해야 했다. 그 환상에 관한 이야기를 다시 들려주었다. 누가는 예루살렘의 성도가 화를 낸 것은 이방인과의 식탁에서의 교제였다고 말함으로써 그 교회의 저항을 완화시키고 있다. 세례가 사람을 식탁의 교제에 참여시키기 때문에 다른 두 사람이 함께 가기는 했어도 실제로는 세례가 (또는 할례의 문제가－15장을 보라.) 그들의 분노의 근원이었을 것이다. '식탁의 교제' 문제가 성찬(the Lord' s Supper)에 참여시키는 문제였을까? 누가는 이것을 분명히 하고 있지 않다. 아마 누가의 교회는 '종교적'(religious) 식사와 '비종교적'(nonreligious) 식사의 구별을 알지 못했던 것 같다. 누가 교회의 식탁에 받아들여져야 하는가는 철저히 종교적인 문제다. 베드로는 "성령이 내게 명하사 아무 의심 말고 함께 가라."(11 : 12)하셨다고 말한다. 교회는 잠잠하더니 반응을 보이는데, 하나님의 백성의 무용담 중 대담한 (그리고 깜짝 놀라게 하는) 장(章)이 열리는 것을 알아차린다. 하나님께서는 이방인에게도 생명을 향하여 돌아올 수 있는 능력을 허락하셨다. 이 이야기의 진정한 '영웅', 이 드라마의 '인기 주역'은 베드로도 아니고 고넬료도 아니다. 대담한 약속을 해주시고 그것들을 지키시며 인간의 차별들 가운데서, 사람들의 편파성 가운데서 길을 찾아내시는 은혜롭고 자극을 주시는 그분이시다.

고넬료와 같은 이방인들이 구원에 포함되었다. 기본적으로 좋은 사람들로서가 아니라 이스라엘과 똑같이 회개할 수 있는 사람들로서이다(11 : 18). 회개는 흔히 잘못 알고 있는 것과는 반대이다. 내가 그리스도를 향하여 내딛는 영웅적인 첫걸음이 아니며 내 죄에 대해 미안하게 느끼는 감정도 아니다. 회개는 진리를 향하여 돌아설 수 있게 하시는 하나님의 선물이다. 진리를 향하여 내 자신과 내 형편으로부터 온전히 돌아선다는 것은 분명히 내 능력 밖의 것이다. 고넬료처럼 나는 스스로 회개-돌아서기-할 수가 없다. 그래서 하나님께서 나를 위하여 그렇게 하도록 해주신다. 그리스도 안에서 하나님이 우리를 향하여 돌아서 주셨고, 우리에게 회개를 '주셨다'(5 : 31, 11 : 18). 놀랍게도 고넬료는 이 이야기에서 피동적이다. 마치 그는 사건들에 의해 밀리고 옮겨 다니면서 스스로 하거나 억제하는 것도 자기 능력 밖에 있는 그러한 반응을 보이는 사람처럼 행동한다. 회개가 바로 이런 것이다. 회개는 우리가 하는 결정 이상이다('**내가 내** 생명을 그리스도께 바쳤으므로', '**내가** 예수를 **나의** 구주로 모셨으므로' 등의 이상이다.). 혹은 우리가 하나님께 드리는 어떤 선량한 행위 그 이상이다. 회개는 하나님이 자신을 우리에게 주심에 대한 우리의 기쁨에 찬 반응으로 하나님께서 은혜스럽게 우리를 향하여 돌아서 주심에 대한 은혜 받는 자의 태도인데, 필수적이고 매우 적절한 생(生)의 전환이다. 회개는 하나님의 은혜에 대한 한 행위이다. 베드로는 유대인이나 이방인이나 고넬료와 같은 덕망 있는 이방인이나 사울과 같은 열광적인 핍박자 모두 지금 하나님을 향하여 돌아올 수가 있을 것이라고 말한다(10 : 43).

후에, 에베소 사람들은 고넬료와 같은 이방인 그리스도인들을 생각하게 되었을 것이다. 그들은 "그리스도 밖에 있었고 이스라엘 나라 밖의 사람이라. 약속의 언약들에 대하여 외인이요 세상에서 소망이 없고 하나님도 없는 자이더니, 이제는 전에 멀리 있던 너희가 그리스도 예수 안에서 그리스도의 피로 가까워졌느니라. 그는 우리의 화평이신지라. 둘로 하나를 만드사 중간에 막힌 담을 허시고"(엡 2 : 12-14).

특주(特註) : 사도행전에 나타난 개종

지금까지 우리는 사도행전에서 많은 사람들이 변화받는 것을 보았다. 조롱하던 자들이 회개하는 신자들로(2 : 14-41), 이국 땅 끝에서 온 사람이 복음을 깨닫고 세례를 받으며(8 : 26-40), 열광적인 원수가 용기 있는 형제로 바뀌고(9 : 1－30), 신사적인 군인이 교회에 의해 양자(養子)가 되었다(10 : 1－11 : 18). 누가의 사도행전에는 성령의 능력에 의한 역사로 변화된 이 같은 극적인 기록이 많다. 복음에 관한 것은 무엇이든지 마음과 생명의 변화에 관한 것이다. 우리가 여기서 잠시 멈추고 누가가 보여주는 개종의 모습들을 함께 그려보는 것은 잘하는 일일 것이다.

본론을 시작하면서, 우리가 언급해야 하는 말씀은 베드로가 군중에게 한 말일 것이다. "너희가 회개하여 각각 예수 그리스도의 이름으로 세례를 받고 죄사함을 얻으라. 그리하면 성령을 선물로 받으리니"(행 2 : 38). 이것이 개종을 위한 사도행전의 계획인가?

우리가 이 말씀을 상세히 해설하면서 기록했듯이, 우리는 이 구절을 개종의 한 표본으로 해서는 안 된다. 사도행전의 어디에서도 이 형식은 언급되고 있지 않다. 구스인의 개종에 관한 기록은 성령께서 그 공동체로 하여금 모든 한계를 넘어 온갖 사람들에게로 가도록 하시는 극적인 방법을 보여 준다(8 : 26－40). 이 기록은 모든 개종 가운데 가장 극적인 개종이라고 볼 수 있는 원수 사울이 형제 사울로 바뀌는 개종(9 : 1－19a)을 위한 무대를 세운다. 이 사울의 개종은 고넬료(그리고 베드로)를 변화시키는 쪽으로 움직여 나간다. 그 공동체는 이방인들까지 식탁의 교제로 불러들이는 변화를 받고 있기 때문이다(10 : 1－11 : 18). 이렇게 살펴보니 개종에 관한 누가의 기록들은 하나의 요인이나 하나의 계획으로 요약하기에는 너무도 가지가지임을 알 수가 있다.

개종에 관한 이야기들을 연속적으로 모아 놓았다고 해도 자료들을 엮어 맞추는 누가의 방법을 알게 해주는 그 상황은 우연일 수 없었다. 누가는 사도행전 1 : 8이 극적으로 이루어지고 있음을 그려내고 있는 것이다 : "보라, 이러한 사람들을 통하여 복음은 진실로 땅 끝까지 가게 되었다." 사도행전 2장의 길가의 군중, 구스인과 고넬료는 모두 스스로 원하고, 복음을 알고 싶어하는 개종자들이다. 사울은 이와는 다르게 사나운 원수였다. 그러나 사도행전 9장은 복음이 자체의 원수들을 압도하고 있음을 보여 준다. 병고침마저도 사람들이 돌아서게 하는 사건이 될 수가 있다. 애니아의 치료(9 : 32 – 35)와 도르가를 살려낸 일(9 : 36 – 43)은 이들 긍휼의 역사 이후에 "주를 믿더라.", "주께로 돌아가니라."는 논평을 불러일으켰기 때문이다.

이야기의 맥락 속에서 우리는 개종에 관한 이들의 이야기가 그 공동체에 무엇을 의미해 주었는지를 추측할 수가 있다. 사도행전 7장 이후에 스데반이 죽임을 당하였기 때문에 교회는 황폐화되었다. 폭도(暴徒)와 정사(政事)와 권세를 잡은 자들이 복음의 미래에 관하여 장담을 할 수 있을 것인가? 연이어 일어나는 핍박 가운데서 신자들이 흩어지고 있는 현상은 이 도(道)의 종말을 알리는 신호인가? 아니다. 이야기는 끝나는 것이 아니라 오히려 시작되고 있다 – 사도행전 8~10장에 있는 개종의 기록들은 이 사실을 과시한다(Gaventa, pp. 124 – 125). 개종에 관한 이야기들은 교회에 의하여 사랑스럽게 반복 전달되었다. 하나님의 지속적인 능력은 그리스도인의 공동체를 아무것도 없는 데서(*ex nihilo*) 창조해 내고, 성령의 권능으로 매세대마다 새롭게 창조해 내고 있음을 확증하면서 그렇게 했다. 교회는 가혹한 시련을 받아도 용기를 낼 것이다. 모든 것이 우리에게 맡겨져 있지 않으며 믿음의 공동체는 우리들만이 만들어 낸 것이 아님을 알기 때문이다.

혹 어떤 이는 누가가 원래부터(per se) 개인이 개종한 이야기들에는 관심이 없다고 주장할 수 있을 것이다. 아마 바울을 제외하고 개종한 개인들의 개성과 개인적인 배경은 밝혀지지 않았다. 이 사람들은 개종자 그룹의 상징들로서, 교회가 기적적으로 확장된 데 대한 그 광범위한 이야기 안에서 단편들로서 중요한 만큼 개종한 개인들이나 전형적인 표본들로서는 중요하지 않다. 어떤 개종도, 오순절의 군중의 개종이라도, 바울의 개종까지라도 사도행전의 설교 중에 호소력을 갖는 그 반복된 형식(본 주석 2 : 14~41의 "오순절날의 설교" 중 C. H. Dodd의 사도행전의 설교 형식을 참조하라 – 역주)의 요소가 되지는 못한다. 복음주의적인 해석과는 다르게 개종의 이야기는 그것 자체가 결말이 아니다. 개종은 공동체의 생명 내부에 있는 어떤 문제에 관한 광범위한 이야기의 한 부분이다. 복음은, 최소한 누가복음과 사도행전 안에서는, 단순히 사람들로 하여금 개종 그 자체를 위한 개종을 하게 하는 것에 관한 것이 아니다. 우리는 변화와 전환에 관한 개인들의 이야기에 초점을 맞추었지만, 이러한 개종들은 사도행전 2장의 군중의 개종까지라도 그 공동체로 받아들여지고 세례를 받고 함께 떡을 떼고 기도하는 결과에 이르렀다(2 : 42-47). 그 공동체는 바울의 다메섹 길의 체험을 아나니아와 바나바를 통하여 확증하고 해석해야 했다. 그 공동체는 베드로의 행위와 고넬료의 개종을 옳다고 확인해야 했다.

우리들은 급진적으로 개성화된 환경과 개종에 대한 급진적으로 주관화된 접근방법을 활용하고 있다. 그러기에 우리가 사도행전에 있는 개종을 그것의 공동체적, 단체적 본질에 유의하는 것은 잘하는 일이다. 개종은 한 가족 안으로, 양자로 받아들이는 것이다. 그리고 개종은 새로운 나라(Kingdom)로 이민가는 사회적, 단체적, 정치적 현상이다.

누가는 개종의 기록들을 많이 모음으로써 교회가 어떤 하나의 형식이나 계획을 개종에 대한 표준이 되는 단계로 지정하는 것을 경고한다. 성령께서 사람을 돌이키는 일을 하실 때 다양한 형태를 취하시고 다양한 반응을 보이도록 상황에 따라 특이하게 이끄신다. 각 사람은 그의 이름으로 부르심을 받는다. 다시 말하면, 각인(各人)은 성령께서 합당하다고 여기시는 대로 취급된다. 베드로는 언제 개종되었는가? 예수께서는 언제 그를 따라오라고 부르셨는가? 베드로는 언제 예수께서 "……하나님의 그리스도시니이다."(눅 9 : 20)라고 고백했는가? 베드로는 언제 누가 깨끗하고 깨끗지 아니한가를 자신이 알지 못했음을 알아차렸는가?(10 : 1-11 : 18) 누가는 우리가 하나의 기록, 하나의 순간을 정하지 않도록 하고 있다. 베드로는 '그 도'(道)의 일원으로서 글자 그대로 '중도'(中道, on the Way)에 있었던 것이다. 그는 어디로 가게 되든지 예수를 따르기로 결심했다. 이 길에서 중요한 전환이 있을 때마다 그는 놀라움을 느끼곤 했다.

스타인메츠(David Steinmetz)는 기술하고 있다. 개신교 개혁자들은 죄가 인간의 생각과 의지 속에 매우 깊이 뿌리 박혀 있다고 철저히 확신했었다. 그리하여 복음은 필수불가결하며 특유하다. 그리고 평생에 걸쳐 개종이 진행될 때만 우리는 하나님이 뜻하신 피조물이 될 수 있다고 기술하고 있다. 현대의 복음주의적 관점은 개종이 즉시, 그리고 순간적으로 일어나는 현상이라고 하는데, 이 관념은 개혁자들의 생각 속에 뿌리내려 있지 않으며, 우리가 덧붙여 말한다면 누가의 생각 속에도 그러하다. 바울이 다메섹의 길에서 주님을 극적으로 만난 것도(사도행전에 세 차례 보도되고 있다－매번의 설명마다 상당히 다르다.) 그 공동체의 해석과 고려와 확증을 필요로 했다. 생각컨대 우리는 그리스도인의 삶을 영위함에 있어 더한 전향과 부가적인 전환을 필요로 한다. 이러한 전환을 면제받을 만큼 우리는 노련하거나 숙달되어 있지 않다. 그리스도인의 생활은 누가가 바울의 생애를 짜맞춘 그것과 비슷하다－일련의 여행들, 순례들, 하나님의 신실하심을 알게 되는 미탐험의 영역 안으로 들어감 등이다. 개종은 순간이라기보다는 하나의 과정이다.

누가복음과 사도행전 안에서 개종이란 **시작에 관한 이야기들이다**－개인의 새로운 생활의 시작은 말할 것도 없고 교회생활에 있어서의 새로운 장의 시작, 새로운 사명의 시작에 관한 이야기들이다. 개종은 그리스도인의 여정의 시작이지 최종 목적지가 아니다. 더욱이 사도행전의 개종은 **하나님이 주신 직분에 관한 이야기들이다**－누군가가 어떤 신성한 일에 부르심을 받은 이야기이다. 개종은 그 개종자가 자랑할 개인적인 소유가 아니라 복음을 지속적으로 밀고 나가게 하기 위한 것이다. 끝으로 사도행전의 개종들은 **하나님의 은사들(gifts)에 관한 이야기들이다**－개종에 관한 모든 누가의 기록에 있어서 하나님은 주연기자(主演技者)이시다. 사소한, 상세한 것들까지도 하나님의 역사에 기인한다. 개종은 공동체의 능숙한 지도력이나 설득력 있는 설교나 성경해석의 결과가 아니다. 많은 기록에 있어서, 예컨대 빌립이 구스인에게 행한 사역의 기록에서처럼 하나님의 신비한 손이 모든 것을 지휘한다. 다른 이야기들에 있어서, 예컨대 베드로와 고넬료의 이야기에 있어서, 교회는 자극받고 소리를 지르면서 하나님의 역사하심 속으로 끌려 들어가야 했다. 교회 성장을 목표로 한 공동체가 진행하는 묘한 방안, 전략적 계획, 빈틈없는 노력들은 전혀 개입되지 않는다. 우리의 많은 사랑을 받는 '자유 의지'(free will)라는 현대적 개념들과 개인적 선택과 결정이라도 사도행전의 개종에는 거의 그 역할이 없다. 개종은 하나님의 은총에 의한 놀랍고도 예상하지 못한 행위이다. "……**그 많으신 긍휼대로**……우리를 거듭나게 하사 산 소망이 있게 하시며"(벧전 1 : 3b, 굵은 글씨는 저자의 강조).

오늘날 많은 사람들은 개종을 지나친 부흥운동(revivalism)이나 요란한 전파에 의한 전도쯤으로 알고 있다. 이런 전도운동에서는 어떤 수단도 합법화되고, 개종은 기독교의 시작이요, 끝이 되고 있다. 어떤 '자유주의적'(liberal) 그리스도인들은 개종이라는 말을 사용하는 것까지도 배격한다. 우리가 누가복음과 사도행전에서 보듯이 개종은 지엽적(枝葉的)인 사건이 아니다. 사도행전은, 우리가 믿기로는, 안 믿는 이들을 개종시키기 위해서가 아니라 개종한 믿는 이들을 확고히 하기 위하여 기록되었다. 여러 계층의 사람들에게 역사하고 많은 논쟁거리들을 취급하면서, 사도행전은 교회가 자체의 정체성을 분명히 하고 투쟁 중에 있을 때 확고히 해주고 내부에 있는 논쟁들을 판정하도록 돕는 일을 추구한다. 개종은 교회가 교회 되게 하고 모든 적과 한계를 극복하게 하는 하나님의 기적 같은 능력의 증거로서 교회생활의 가장 중심부에 위치한다. 우리는 교회를 송두리째 잃어버리는 모험을 감행하면서 개종의 중요성을 무시하고 있다. 우리가 예로부터 불러온 노래 "내 모습 이대로" 나를 받으시는 하나님이시지만, 하나님과 만나게 되면 하나님은 우리를 그대로 두지 아니하신다. 주요 개신교사상(Protestantism)의 대부분이 개종에 그 초점이 있지 않고 적응(適應), 조정(調停)에 있으며 복음은 현상유지(status quo)로 쇠약해져 버렸다. 사도행전은 변화, 돌아섬이 그리스도인의 생활양식의 주요 부분임을 일깨워 준다.

시저가 내리는 평화와 정의(justice)에 대한 정의(定義, definition)와 논쟁하지 않는 교회, 복음과 현상(現狀, status quo) 사이의 간격을 좁히는 문화적으로 적응하는 설교자들에 의해 잘 나가는 교회는 개종을 설교할 필요가 없다. 이러한 교회들 안에서는 데오빌로가 개인의 근심을 이겨낸 사람들의 이야기들과, 전통적인 진리 안에서 안정을 찾은 사람들의 이야기와, 자신들과 같은 부류의 사람들과 사귀고 가정에 안전하게 머물고 있는 사람들의 이야기들을 듣게 될 것이다. 이러한 교회 안에서는 어떤 사람도 종교적 개종이나 안정을 위한 문화적 해독(解毒, detoxification)을 필요로 하지 않게 된다. 그러나 교회가 더한 어떤 것을 희망하고 새 하늘과 새 땅을 바라며 제자됨의 대가를 알고 이를 기꺼이 지불하고자 하는 사람들이 나타나기를 바란다면, 한스 큉(Hans Küng)이 말한 대로 할 것이다.

> 우리는 메타노이아(metanoia, 회개)를 설교해야 한다. 우리는 사람들을 흔들어 세상으로부터 하나님께로 향하게 해야 한다. 우리는 금욕주의(asceticism)의 정신으로 우리들 자신을 세상으로부터 가두어서는 안 된다. 오히려 하나님의 사랑이 요청하는 즉시 순종하는 정신으로 매일의 세상생활을 해 나가야 한다. 교회는 자체의 과업을 완수하기 위해서 개혁되고 다시 개혁되어야 하고, 날마다 개종되고 다시 개종되어야 한다(p. 438).

교회의 성장을 위하여 더욱 유기적이고 과학적으로 경영되는 방법들이 필요하다고 주장하고 있는 시대에, 사도행전에 있는 개종들을 연구하는 우리들은 이들 많은 방법들에 대하여 약간 곤란한 의문들을 제기하고자 한다. 만일 교회가 가장 효과 있어 보이는 온갖 방법을 동원하여 대량으로 '사람들 얻기'(winning souls)에 관련된 기관이라면, 개종은 믿음의 시작이라기보다는 끝이 되고 만다. 누가복음과 사도행전에서 개종은 복음의 부산물이며 복음이 아닌 성령의 능력과 만난 결과이다. 누가는 **어떻게** 사람들이 개종하게 되는가, **어떻게** 교회가 복음을 전해야 하는가, 어떤 기술이 가장 효과가 있는가, 어떤 방법이 가장 확실한 결과를 얻는가와 같은 실용주의적(utilitarian) 물음에 관심을 갖고 있지 않다(Gaventa, pp. 150 – 151). 이들 개종은 **하나님의** 행위에 관한 이야기들이지, 교회의 프로그램에 관한 이야기들이 아니다.

11 : 19~30
두 회중 : 안디옥과 예루살렘

스데반의 죽음으로 일어난 핍박의 바람은 이 도(道)를 따르는 사람들을 구브로(Cyprus)와 안디옥(Antioch)까지 옮겨다 놓았다(8 : 1 참조). 다시 누가는 핍박이 복음을 유대인들과 이방인들에게로 퍼져 나가게 했다고 반복하여 말한다(11 : 20). 복음은 들판의 불과 같다 – 한 장소에서 번지다가 다른 장소로 옮겨붙는다. 지금 이 들불은 그 무엇으로도 끌 수 없게 강렬하게 타고 있다. 왜냐하면 이방인과 유대인 사이의 장벽도 넘어서 타고 있기 때문이다. 다른 분야에서와 같이 사도적 설교에 의한 복음전도의 성공은 단순히 인간의 창작이 아니다. "주의 손이 그들과 함께 하시매……"(21절).

우리는 새 지역으로 돌진해 가는 선교사가 아직도 예루살렘공동체에 의해 지원을 받고 있다고 기술했다(22절). 빌립이 사마리아 사람들에게로 간 이후에 그 진행을 재가(裁可)하기 위하여 베드로와 요한이 예루살렘으로부터 파송된 것을 회상해 보라(8 : 14 – 17). 바울의 극적인 개종은 예루살렘에서 검토된 후에 확증되었다(9 : 26 – 30). 고넬료를 향한 베드로의 움직임도 최초의 교회인 예루살렘의 성도에 의해 인정을 받아야 했다(11 : 1 – 18). 15 : 1~35에서는 예루살렘이 바울의 선교 전략들을 토의할 것이다. 예루살렘으로부터 내려지는 이 모든 지시의 중요성을 간과하지 않도록, 예루살렘은 열두 사도가 머물고 있는 곳임을 기억하자. 8 : 1로 돌아가서, 우리는 열두 사도를 제외하고 모든 이들이 도피했다는 사실을 알고 놀랐다. 이 열둘은 예수운동(Jesus movement)을 위한 역사적 기지(基地)를 형성하고 있었다. 사도행전의 시초에 열두 사도의 정체를 밝힐 때 예수의 세례로부터 승천하실 때까지 예수와 함께 있었던 자들이라고 했다(1 : 21-22). 그들은 예수의 역사적 사역과 연결된 사도적 고리(apostolic link)이며 전통을 이어나가는 자들이요, 교회의 선교가 흘러나오는 근원이며 논쟁 중에는 최종 상고(上告)의 법정이다. 예루살렘과 그곳에 머물고 있는 그 열둘은 누가가 전통을 말해 줄 때 방법이 되며, 교회의 사명에 관하여 무엇이 참으로 그리스도인다운 것인가에 대한 규범이다(Talbert, *Acts*, p. 48).

선교사의 입장을 보면, 전도자들이 경계 지역에 나갔을 때 복음의 타협이나 매수(買受)의 유혹을 받을 때가 많다. 어떤 전도자들은, 교회가 성장만을 위하여, 개종시키는 데 성공하기 위하여, 또는 어떻게 해서라도 모든 사람들을 끌어들이기 위하여 존재한다는 생각으로 혼란에 빠질 수도 있다. 예루살렘의 성도들은 "큰 무리가 주께 더하더라."(24절)는 사실을 아는 것으로 만족해 하지 않았다. 사람들은 여러 가지 이유들 때문에 이 새로운 운동에 매력을 느끼게 되었을 것이다-그 이유들 가운데 그 어떤 것은 기독교적인 것이 아닐 수도 있다. 그리하여 예루살렘에서는 이 새로운 이방인들의 개종이 사도적 규범에 일치하는가를 확인하기 위하여 그것을 점검하려는 의도에서 바나바를 안디옥으로 보낸다. 다행스럽게도 "저가 이르러 하나님의 은혜를 보고 기뻐하여 모든 사람에게 굳은 마음으로 주께 붙어 있으라 권하게" 되었다(23절). 11 : 18에서 예루살렘교회는 이방인을 대상으로 하는 선교를 정식으로 인정했었다. 이제 이방인 선교는 이에 대한 허락이 확실해졌고, 범위를 넓히고, 흩어져서 주 예수를 선포하는 이름없는 수많은 설교자들에 의해 진행되고 있다. 우리는 바나바가 안디옥에 있는 이방인들의 사역을 인정할 수 있었던 사실에 놀라지 않는다. 결국 우리는 그가 "성령……충만한 자……"(24절)라고 듣고 있기 때문이다-이 성령충만은 이방인 선교의 배후(背後)에서 제일 중요한 힘이었다(1 : 8).

데오빌로의 교회는 후대에 알려지게 된 어떤 이단(異端, heresy)에 말려들고 있어서, 누가가 그 논쟁의 해결방안으로 전통(傳統, tradition)의 힘에 호소하게 되었을까? 우리는 알지 못한다. 그러나 우리는 당시에나 그 이후에나 교회는 본연의 길을 가기 위하여 뒤를 돌아보고 전통을 판단의 기준으로 했었다는 사실만은 잘 안다. 오늘의 교회는 자신들의 행사(行事, practice)가 전통적 규범에 일치하는지에 대한 확신을 매우 필수적인 것으로 보지 않을 수도 있을 것이다. 왜 우리는 신조의 판단과 성경의 정확한 말씀과 별세한 이들의 견해를 따라야 하는가? 많은 사람들은 과거에 대하여 의심을 갖는다. 과거를 오해와 불공평과 미개한 관념들의 저장소로 보기 때문이다. 성경을 오래된, 그리고 당시의 문화에 의해 결정된 가치들로 가득한 옛날의 책으로 본다. 그러므로 자신의 경험을 유일한 안내자로 하여 자신의 길을 열어 나가야 한다고 말한다. 그리하여 우리는 우리 자신의 문화가 판정한 편견들을 무시한다(과거의 편견은 오늘 우리 시대의 그것보다 알기에 쉽다.). 그리고 교회를 정박(碇泊)에서 풀어 자유롭게 해야 한다고 주장한다. 그리하여 예루살렘과 거기에 머물고 있는 열두 사도는 큰 위험을 무릅쓰면서도 과거를 무시하며 신앙의 사도적 '사실들' 을 버리고 있는 교회를 향한 경고자로 서 있다.

우리는 또한 바나바가 안디옥교회를 위하여 무엇을 했는지 주시해야 하겠다. 그는 거기서 이방인들을 향한 선교를 인정함과 동시에 사울을 찾으러 다소에 갔다(25절). 어떤 목적을 위하여 바울을 찾아 나섰는가? 자신과 바울이 안디옥으로 돌아와서 이 새롭게 개종한 무리들을 1년 간 가르치기 위하여 바울을 찾으러 갔었다(26절). 바나바는 바울을 받아들이기 위하여 은혜스럽게 지도자들의 모임을 결성했다. 바울은 교회의 합법적인 교사로서는 아직도 이르다는 열두 사도의 평가를 받고 있었던 터였다.

교회의 극적인 복음전도의 돌진(突進)은 **열두 사도의 전통에 의한 판단을 받아야 하고, 이 새로운 그리스도인들은 양육을 받아야 한다**. 이방인들을 향한 선교가 무엇을 의미하든 그저 명부에 이름을 기록하는 것을 의미하지는 않는다. 이방인 선교는 예수를 믿는 사도적 신앙을 위하여 제자들을 얻는 것(winning disciples)을 의미한다. 사도행전에서 그리스도인이 된다는 것은 분명히 부활하신 그리스도의 임재를 성령의 능력으로 체험하는 하나의 사건이다. 그러나 사실을 소유하는 것, 즉 이해하는 사건이기도 하다. 기독교의 모체가 되는 유대교처럼 기독교는 토론하고 배우며 논쟁하고 가르치는 종교이다(지금 누가는 눈에 띄는 하나의 신앙의 운동을 말하고 있다 - 분명한 것은 아직은 유대교를 벗어나지는 못했으나 새로운 길[path]을 따라 진행되고 있는 신앙의 운동이다.). 제자들이 비로소 그리스도인이라 일컬음을 받게 되었던 곳은 바로 이 안디옥에서였다(26절). 신앙이란 매우 이상하고 우리 본래의 경향에 잘 맞지 않아서 주의 깊은 지도와 장기간의 양육에 의해서만 믿음을 원하는 사람들의 생활 속에서 터득될 수가 있다.

사도행전 2 : 42에서 우리는 오순절의 그 극적인 경험이 교회가 "사도의 가르침을 받아 서로 교제하며 떡을 떼며 기도"하는 것으로 절정에 이른 것을 보았다.

만약 교회가 반문화적 현상이며, 그리스도의 진리는 외부로부터 오고, 그리스도인이 된다는 것은 우리 본래의 경향에 역행하는 것이 사실이라면, 교회가 가르치는 직무를 소홀히 하는 것은 교회의 혼(魂)을 잃어버리는 위험스러운 처사이다. 양육은 개종에 역행하지 않으며 개종의 한 부분이다. 그리고 양육은 그리스도를 알지 못하는 문화에 의한 부패의 요소들에 대하여 교인들이 맞서도록 무장을 갖추는 교회가 되게 할 것이다. 교회는 **개종** 뿐만 아니라 **양육**도 시켜야 한다.

사도행전 11 : 27~30을 처음 읽게 되면, 이 기록이 복음전도와 안디옥의 새로운 그리스도인들의 양육에 관한 기록 직후에 갑자기 끼여들고 있는 것처럼 보일 것이다. 그러나 면밀히 검토해 보면, 이 기록은 이 부분에 적합한 절정을 이루고 있음을 알게 된다. 아가보는 글라우디오 황제가 다스리는 기간에 흉년이 있을 것을 예언했는데 아마 기원 46년에서 47년까지의 유대의 흉년인 것 같다. 안디옥의 그 새로운 회중은 - 얼마 전만 해도 복음에 대해서는 의문스러워 하는 사람들로 여겨졌던 이방인들로 구성된 자들인데-유대에 있는 이들을 돕자는 호소에 관대한 반응을 보이고 있다. 이 이야기는 그리스도를 따르는 자들이 자기들의 재산을 나누어 가지고 모든 물건을 통용했다는 2 : 44~45과 4 : 32~37의 기록을 연상케 한다. 분명히 안디옥에 있어서의 이 나눔은 물건과 재산을 함께 썼다는 처음의 기록보다는 덜 극적이다. 그러나 물질적인 소유를 서로 나누는 것은 진정한 기독교공동체의 지속적인 증명이 되고 있었음을 분명하게 보여 준다. 그리고 이 사실은 이방인들과 유대인들이 교회 안에서 참으로 하나임을 보여 주는 현실적인 표적이다. 이들 이방인은 진실로 개종한 자들이었다. 왜냐하면 그들은 오랜 세월 동안 유대인들이 실행해 오던 자선(慈善)을 실천해 보이고 있기 때문이다. 예루살렘의 유대인들이 이방인들까지 복음 안으로 끌어들이기 위하여 은혜스럽게 밖으로 손을 폈던 것처럼, 이들 이방인들은 그들이 가진 것을 궁핍 중에 있는 예루살렘의 형제 자매들과 함께 나누기 위하여 손을 폈다. 교회는 각자 자신의 길을 가고 자신의 식구들만 돌보는 제각기 고립된 회중이 아니다. 여러 회중들로 이루어진 전체 교회는 멍에를 같이 멘다-예루살렘의 성도와 같은 나이 먹은 회중들은 새로운 회중들을 출산하고 참된 믿음 안에서 그들을 인도하고 양육하며, 안디옥의 성도 같은 젊은 회중들은 궁핍 중에 있는 회중들에게 반응을 보여 준다.

몇 절 안 되는 말씀 안에서 누가는 참 교회의 생생한 모습을 다시 우리에게 보여 주었다. 성령에 의하여 힘을 얻은 한 교회가 그리스도 안에서 모든 사람을 위해 있게 된 그 좋은 소식을 선포하기 위하여 가장 먼 지경에까지 나가는 힘있는 교회가 되었다. 이 선포에 반응이 있자 집중적인 가르침과 주의 깊은 양육이 이어졌다. 효과적인 복음전도와 양육은 물질적인 책임과 나눔으로 확실하게 되었다. **전도**(out-reach), **양육**(nurture), **선교**(mission)는 안디옥과 같은 새로운 회중이 예루살렘과 같은 오래된 회중에 의해 실행된 사도적 형식을 그대로 본받은 것들이다.

이 부분의 말씀을 해설하는 사람은 회복주의자(restorationist)들의 경향을 피한다면 좋겠다. 그들은 초대교회에 관한 사도행전의 기록들을 후대 교회생활의 단순한 견본들로 읽고 있다. 교회의 역사는 사도들의 교회를 '회복' (restore)하려는 시도들로 가득 차 있으나, 이 시도들은 궁극적으로 실패했다. 그들은 교회생활을 이상화하고 신약성경 안에 있는 지극히 간소화한 조직이론(all-too-brief organizational comments)을 근거로 오늘의 교회를 조직하려 하기 때문에 실패했다. 이상과 낭만은 완전한 신앙의 공동체란 없음을 발견할 때 배격되고 만다. 왜냐하면 과오를 범할 소지를 갖지 않은 사람이 없는 교회란 없기 때문이다.

사도행전에 있는 교회가 가졌던 그 원시적(原始的, primitive)인 일치를 복구하도록 희망하는 도덕주의적 요청(moralistic calls)을 따르다 보면, 사도행전에 있는 교회의 전반적인 이야기를 부정하게 된다. 물론 누가는 데오빌로의 교회가 용기를 갖도록 하고 있다(11 : 23). 용기가 필요한 자들에게는 실패와 패배의 이야기들을 해주지 않게 된다. 이렇게 하다 보면 사도행전은 초대교회의 놀라운 모습들을 더욱 부각시켜야 한다. 초기의 회중들은 성공을 거두었다. 어려운 논쟁들을 해결했고 서로를 잘 돌아보았다. 그러나 그들은 당시의 회중들을 고통스럽게 했던 수많은 내부적 어려움들에 둘러싸였던 것도 사실이다. 어떤 교인들은 떨어져 나가고, 어떤 이들은 거짓말을 했으며, 다른 이들은 교회를 나누어 불화의 분파들을 만들었고, 그리고 모든 사람들이 지도자들과 함께 기뻐한 것은 아니었다. 데오빌로와 그의 교회는 그런 중에서도 용기를 냈을지도 모른다-그의 교회에도 몇 번의 진퇴양난(進退兩難, dilemma)이 찾아왔었으나 그 최초의 회중들은 그것들을 **이겨냈으니** 말이다.

주님께서는 교회가 자체의 문제들을 해결하는 데 필요한 수단들을 주셨다. 당시의 교회가 어떤 문제와 부딪쳐 싸우고 해결할 때마다 교회는 "주의 손이 함께하시매"(11 : 21)라고 믿음의 선언을 했다. 이 같은 선언은 어떤 불가능한 이상이 아니라 보통 사람들에게 참으로 가능한 것이다. 자신들의 생활이 하나님의 역사하심 속에 붙잡혀 있음을 알고, 오늘의 교회로 하여금 교회를 향한 오늘의 도전을 창의적으로 해결할 수 있게 하시는 성령을 신뢰하는 보통 사람들에게 가능한 것이다.

우리는 누가가 안디옥과 예루살렘에 있는 회중들의 삶에 관한 이야기를 **돈**(*money*)에 대한 말과 함께 끝내고 있는 사실을 깊이 생각함이 좋을 것이다. 이교도(異教徒, pagans)를 향한 성공적인 복음전도와 이 새로운 교회의 발전에 의한 밝게 타오르는 불빛을 보고 만족하지 말고, 사도행전은 교회가 자체(自體)의 금(金)으로 무엇을 하고 있는가에 대한 의미있는 일에 주의하라고 주장하고 있는 것이다. 유다는 돈을 받고 주님을 배신했다(1 : 18). 아나니아와 삽비라는 돈 때문에 성령을 속이고 죽임을 당했다(5 : 1-11). 앞으로 우리는 바울과 실라가 어떤 빌립보 사람의 사업행위를 방해했다고 하여 감옥에 갇히게 되는 것을(16 : 16-24) 보게 될 것이다. 에베소의 은세공인들은 복음이 그들의 수입원을 파산시켰다고 하여 폭동을 일으킨다(19 : 23-41). 돈을 사랑함은 복음이 맞서 싸워야 하는 가장 방심할 수 없는 세력 중 하나이다. 그리스도의 진리와 돈에 대한 우리들의 애착과의 싸움은 잔인하다.

그러나 돈에 대하여 누가가 그려내고 있는 모습은 적극적인 면이 없지 않다. 최초의 그리스도인들이 자기들이 가진 것을 다른 이들과 나누어 쓰기는 했지만, 누가는 그들이 각자의 재산을 인정하고 있었다고 추정한다(2 : 45, 4 : 37, 5 : 4). 교회에서 다른 이들과 함께한다는 것은 교회에서 다른 이들의 필요에 자신과 자신의 소유를 맡긴다는 의미이다. '사적인' 재산은 교제(fellowship) 속에서는 틀린 호칭이 된다. 안디옥에 있는 이방인 개종자들이 그들의 재산을 예루살렘의 형제와 자매들과 나누었을 때, 그들은 재산을 그것이 있어야 하는 정당한 곳에 둔 것이었다. 쥬얼(Donald Juel)은 말한다. 수세기 후에 배교자였던 줄리언 황제(Emperor Julian)는 불평하기를, "유대인은 그 누구도 구걸할 필요가 없고 저 사악한 갈릴리인들(그리스도인들)은 자기네 가난한 자들 뿐만 아니라 우리의 가난한 자들까지 돕고 있는데, 모든 사람들은 우리 백성(로마 이교도)이 우리들로부터 도움을 받지 못하고 있는 것을 알고 있으니 참으로 수치스럽도다."라고 했다(p. 93).

예수께서는 바리새인들에게, 의식적인 정결은 구제(救濟)와 같은 정신적인 복지 만큼 중요하지 않다고 말씀하시면서 통렬히 비난하셨다(눅 11 : 40 - 41). 예수께서 자선(慈善, charity)의 의무에 관하여 가르치고 계셨을 때(눅 16 : 9 - 13) 누가는, "바리새인들은 돈을 좋아하는 자라. 이 모든 것을 듣고 비웃거늘"(눅 16 : 14)이라고 진술했다. 사도행전에서 그리스도인 공동체는 구제하는 데 있어서 이스라엘의 최선의 전통을 따르고 있음을 보여 주었다. 그들의 구제는 '받아서 마땅한 가난한 자들' 이나 '스스로 일어서게 하기 위한 가난한 자들' 을 위하여 도와 주는 것이 아니었다 - 이러한 구제는 오늘날 우리가 종종 듣고 있는 자선을 위한 보잘것없는 의에 불과하다. 구제는 하나님의 뜻에 순종함을 말한다.

개종은 자선으로 증명된다. 만일 그 부자 관원이 예수를 따르기를 원한다면, 그는 모든 것을 팔아 가난한 자들에게 나누어 주어야 한다(눅 18 : 18 - 30). 삭개오는 그의 소유의 절반을 가난한 자들에게 주어야 한다(눅 19 : 1 - 10). 진정한 회개는 가난한 자들에게 관대함은 물론 자신의 소유와의 관련에 있어서도 변화가 뒤따라야 한다.

오늘의 교회 안에서 자선에 대한 강조가 한쪽으로 기울고 있음을 느낀다. 수입의 십일조에 관한 개념과 교회의 선교를 위한 관대함을 교육받고 양육된 구세대의 그리스도인들은 사라져 가고 있는 것 같다. 오늘 우리들은 재산을 나누어 주고 불행한 사람들을 돌보는 일을 정부나 개인의 자선기관들이 하도록 그들에게 기대를 건다. 우리는 어제의 '자선' 을 효과가 없고 온정주의적(paternalistic)이며 자기 잇속을 차리는(self - serving) 것이라고 헐뜯는다. 그렇다면 우리는 유복하지 못한 자들에 대하여 - 심지어 교회 안에 있는 그들에 대하여 - 물질적 책임을 얼마나 느끼고 있는가? 내 돈은 나의 사업이다. 내가 주는 것은 순전히 나의 사적인 일이다. 자선을 위하여 나 자신에게 요청하는 대신에 어떤 다른 이의 세금을 거기에 쓰도록 더 많은 사회의 복지법을 통과시키려 한다. 우리는 우리의 이기심과 욕심에 관련하여 자신들을 속임에 있어서 아나니아와 삽비라보다(5 : 1 - 11) 더욱 익숙해져 있다.

12 : 1~25
핍박과 구출 : 왕들을 경계하다

"그때에 헤롯 왕이 손을 들어 교회 중 몇 사람을 해하려 하여"(12 : 1) - 글자 그대로 그는 악을 행하기 위하여 손을 폈다 - 히브리 성경의 헬라어역(Septuagint)에 있는 좀 우호적인(favorite) 표현이다. 왕들은 그렇게 할 수 있다. 왕들은 단순히 손을 들어, 아니면 몇 마디 말이나 펜을 한 번 놀려 수천의 죄 없는 사람들을 망각의 세계로 보낸다. 마가복음 6 : 17~28에서 헤롯은 세례 요한의 목을 베었다. 왕인 그가 자기 잔치에서 어떤 춤을 보고 기뻐했기 때문이다. 마태복음 2 : 16~17에서 헤롯은 장차 자기 왕위에 경쟁자가 발생하는 위험을 당하지 않기 위하여 베들레헴 부근에 있는 모든 남자 어린이들을 죽였다. 누가는 헤롯의 악에 대한 이러한 이야기를 알지 못할런지 모르나 그를 교회의 비열한 원수로 묘사한다. 첫째로, 헤롯은 세베대의 아들 야고보를 죽인다(12 : 2). 그러고 나서 베드로를 붙잡는다(12 : 3 - 5a). 사도행전 4 : 25~26에서 베드로는 시편 2편의 첫 절을 인용하면서 빌라도의 행위를 설명했다.

> "어찌하여 열방이 분노하며
> 족속들이 허사를 경영하였는고?
> 세상의 군왕들이 나서며
> 관원들이 함께 모여
> 주와 그 그리스도를 대적하도다."

헤롯과 빌라도가 예수를 해하려고 음모했듯이 그들은 지금 예수를 따르는 자들에게 분노하고 있다.

반어적으로 베드로의 투옥은 무교절, 애굽의 노예신분으로부터 구출받은 성대한 축제일인 유월절 기간에 있었다. 이날은 베드로에게는 속박 중에 부자유한 날이었고 해방을 축하하는 날은 아니었다. 한때는 하나님이 자기들을 노예신분으로부터 구원해 주셨음을 본 그 사람들이, 지금은 해방의 축제 기간에 자기들의 동족을 감옥의 죄수들로 만들고 있다. 누가가 우리로 하여금 놓치지 않기를 바라는 비통한 아이러니(irony)이다.

그러나 교회는 헤롯의 권세에 대항하여 자체의 능력을 발휘하는 행동에 들어간다. 교회가 마침내 목적을 달성하게 될까? 베드로가 최후의 만찬 직후에 그렇게 하려고 했던 것처럼 검을 들게 될까?(눅 22 : 47－51) 그리고 이번에는 귀를 조금 자르는 그 이상을 하게 될까? 아니다. 제자들에게 그런 유형의 정치적 편의주의는 없다. "이것까지 참으라!"(눅 22 : 51). 교회의 능력은 기도의 능력이다－겉으로 보기에 헤롯의 군대 앞에서는 무력한 세력이다. 이 불공평과 국가에 의한 압박에 대항하여 우리는 어떤 좀더 효력 있는 정치적 행동을 기대할 것이다.

(헤롯이 야고보를 죽였던 것처럼 베드로를 죽이기 위하여) 그를 끌어내려고 계획했던 그 전날 밤에 기적적인 천사의 방문과 함께 베드로는 감옥에서 구출되었다. 불빛, 천사의 명령, 쇠사슬이 저절로 풀리는 등 이 모든 것은 하나님의 역사를 그 무엇도－헤롯의 쇠사슬과 감옥도－막을 수 없음에 대한 극적인 증거를 의미한다. 베드로에게 일어난 일은 사실이라고 하기에는 너무도 신기하였고 베드로 자신도 의심할 정도였다(12 : 9). 마가 요한의 어머니의 집에서는 너무도 기쁘고 거의 희극을 본 것 같았는데, 이 사실은 전체 교회가 베드로의 의심스러운 느낌을 나누어 갖게 되었음을 보여 준다. 베드로가 자유롭게 풀려난 것을 보았다고 주장하는 노예 소녀(slave－girl)는, 이때 해방시켜 주신 하나님의 권세를 찬양해야 하는 그들에 의해 미쳤다는 말을 들었다. 이 소녀는 그녀의 언니들－막달라 마리아, 요안나, 야고보의 어머니 마리아, 그리고 다른 여자들－처럼 느꼈을 것이다－그들은 예수의 부활 중에 나타났던 해방(liberation)을 잘 믿지 않으려던 사람들을 확신시키려고 했었다(눅 24 : 10－11). 스스로 속박 중에 있는 자들에 의한 복음전도의 증거는 '허탄한 이야기' 처럼 보일 수밖에 없다(눅 24 : 11).

국가의 힘에 대하여 거의 종교적인 경의를 표하는 시대에 살고 있는 우리는 이들 그리스도인이 놀라워하고 있음에 동정심을 가져야 한다. 우리는, 우리의 안전, 복지, 보호, 그리고 우리 사회의 온갖 취약성과 필요를 보살펴 주는 힘을 가진 우리의 국가에 기대를 건다. 국가는 우리가 국기 앞에서 조국과 민족자결의 선서를 하게 될 때 신분증을 주고 궁극적인 충성심을 갖도록 한다. 국가는 자기초월(自己超越)의 가장 보편적인 용인(容認) 수단이 되고 생(生)의 온갖 영고성쇠(榮枯盛衰, vicissitudes)에 대한 안전 수단이 된다. 우리는 현대의 국가가 핵무장을 하고 있음에 불평한다. 그러면서도 우리는 우리의 핵무기들로부터 우리 자신들을 구해 내는 방법은 거의 갖고 있지 않다. 왜냐하면 우리의 국가가 우리를 보호해 주도록 큰 힘을 필요로 하기 때문이다. 우리의 국가는 마치 신(神)처럼 우리에게 핵방패(nuclear shield)에 의한 힘의 균형으로 궁극적인 안전을 약속한다. 아니면 핵전쟁에 의한 상호 파멸 이후에 있을 궁극적인 전멸을 예상케 한다. 국가는 우리를 위한 생과 사의 권세를 갖고 있다. 누가 시청(市廳)과 싸울 수 있겠는가? 우리는 걸어 잠근 문 안에 모여서 헤롯과 그의 군사의 악한 손을 무서워하고 어떤 힘, 심지어 하나님의 능력이라도 그러한 손을 이길 수 있을까 의심하고 있는 그 작은 무리의 그리스도인들을 이해할 수 있을까?

> "주의 성령이 내게 임하셨으니……나를 보내사 포로된 자에게 자유를 …… 눌린 자를 자유케 하고"(눅 4 : 18).

나사렛에서 하신 예수의 시무(始務) 설교는 지금 아무리 권세 있는 헤롯이라도 복음을 가로막기에는 힘이 모자란다고 알리기 위하여, 제자들이 모여 있던 교회의 문을 두드리고 있는 이 자유로워진 사람에게서 성취되고 있다(12 : 24). 교회는 헤롯의 문을 열고 자유로워진 이 사람을 영접하기 위하여 문을 열 것인가?

끔찍했던 야고보의 살해로부터 무서워 떨었던 베드로의 투옥으로, 그의 석방으로, 마리아의 집에서 있었던 희극 같은 장면, 또 헤롯의 살기등등한 분노로, 그리고 누가는 우리를 이끌고 헤롯의 사망을 알려 주는 마지막 이야기로 안내한다. 12 : 20~23에 있는 이야기는 요세푸스(Josephus, *Antiquities*, 19 : 8 : 2)의 기록에서 발견되는 전설을 누가가 변형(變形, variant)시킨 것이다. 누가는 그 이야기를 약간 의미 있는 방법으로 개작(改作)하고 있다. 요세푸스의 기록에는 헤롯의 은(銀)으로 된 갑옷에서 반사되는 태양광선은 군중의 환호를 이끌어 낸다고 했다. 그의 찬란한 갑옷이 그를 신처럼 **보이게** 한다는 것이다. 사도행전에는 헤롯이 연설을 하면 그의 연설은 신(神)의 **소리** 같다고 했다. 누가는 그가 연설에 애착을 갖고 있음을 앞에서 과시했지만, 우리에게 헤롯의 위대한 웅변을 한마디도 소개하고 있지 않다. 헤롯의 말에 누가 관심을 갖겠는가? 그러나 연설의 효과는 누가의 관심사이다. 두로와 시돈의 그 가난하고 굶주린 사람들은, 아첨은 무엇이라도 가능케 한다는 가정 아래, 헤롯이 듣던 중 최고의 – 하나님보다도 더 나은 – 연설가라고 환호한 것 같다. 사도행전은 정복되어 절망중에 있는 사람들이 보여 주는 두 가지 가능한 반응을 제시한다 – 폭군을 향하여 유순하게 따르고 맹목적으로 알랑거리거나(두로와 시돈의 사람들), 참하나님 외에 어떤 다른 신들 앞에서 절하는 것을 완강히 거절하는(베드로와 교회) 반응이다. 만약 사람들이 폭군 앞에서 굽실거리거나 그의 말에 아첨한다면 머지않아 그 폭군은 자신의 명성이 대단한 줄로 믿기 시작한다. 자신이 신(神)인 것처럼 우쭐대는 왕은 – 찬란한 의상과 겉치레와 거창한 말로 – 자신이 하나님이라고 믿기 시작한다. 눌림을 당하고 굶주린 사람들에게 해방은 여러 가지 형태로 온다. 그 형태들 중에는 억압의 다른 형태에 불과한 해방의 형태도 있다. 해방(헤롯의 상표[商標, brand])이 있는가 하면, 구원이 있다.

이와 같은 왕들의 어리석은 뻔뻔스러움에 대한 하나님의 반응은 신속하고 무자비하며, 긍휼이 없고 추하도록 모욕적이다. 헤롯은 벌레의 먹이가 된다. 하나님은 하나님이 되고자 하는 자들에게 좋으신 분이 아니다. 히틀러(Hitler)는 베를린(Berlin)의 벙커 안에서 급사했다. 무솔리니

(Mussolini)는 거꾸로 매달렸다. 폭군들은 언제나 이렇게 된다. 헤롯이 벌레에 의해 먹히는 이 추한 장면 다음에, 누가는 간결하게 말한다. "하나님의 말씀은 흥왕하여 더하더라"(24절). 헤롯의 연설은 두로와 시돈의 굶주린 사람들에게 넋을 잃을 정도로 인정을 받았으나 이제는 조용하다. 그러나 주님의 말씀은 세계를 향하여 계속해서 폭발적으로 증가되고 확장되며, 한때 이 폭군의 꽉 쥔 주먹 안에 있었던 그 세계를 압도하고 있다. 마리아가 성모 마리아의 찬가(頌歌, Magnificat)에서 경고했듯이, 다른 나라들을 깨뜨리고 있는 이 새로운 나라 안에서는 교만한 자들은 비천해질 것이다(눅 1 : 52－53, 14 : 11 참조). 왕들은 그렇게 못하지만 하나님은 최후에 누구도 대꾸하지 못할 말씀을 하실 것이다.

누가복음과 사도행전에는 관원들과 국가에 관한 약간 긍정적인 내용들도 있다(눅 7 : 1－10, 행 13 : 4－12, 18 : 12－17, 19 : 23－41 참조). 그러나 관원들은 자기들의 정당한 직무를 지나쳐 "가라사대 그런즉 가이사의 것은 가이사에게, 하나님의 것은 하나님께 바치라."(눅 20 : 25)는 말씀에 실패했다. 그들이 그렇게 할 때 하나님께서는 가장 엄한 방법으로 그들을 다스리셨다. 하나님께서 폭군들과 신(神)처럼 행세했던 자들에게 언제나 그렇게 하셨던 그 방법대로 그들을 다스리셨다. 그 어떤 것도, 시저의 권세까지라도 복음의 진행을 방해해서는 안 되었다(특주 : *누가의 정치론*을 보라.).

이 구출(救出)이야기는 사도행전에 많은데 본문은 그중의 하나이다. 다른 이야기들이 있다(16 : 11－40, 19 : 23－41). 우리는 이들 이야기가 주는 바람직한 효과가 데오빌로에게 희망을 주었으리라고 기대한다. 데오빌로 자신 또는 그가 대표하고 있는 그의 교회가 감옥에 있었을 가능성이 있다. 그러나 기적적인 구출의 그림들이 있는 누가의 화랑(畫廊)은 이에 상응하는 효과를 내줄까? 수많은 엄청난 치료들과 기적적인 기도의 응답들에 관한 기록들은 이를 바라는 사람들에게 반대 효과를 낼 수도 있을 것이다. 기도를 통한 하나님의 구원에 관한 이야기들은 데오빌로의 믿음을 쉽게 강화하는 만큼, 그만큼 그에게 실망을 일으킬 수도 있을 것이다. "만일 당신이 **진정으로** 믿음을 갖는다면, 당신은 고침을 받을 것입니다."라는 텔레비전 부흥사의 말을 듣는 사람은 치유를 받지 못할 때 실망하기 쉽다. 이들 기적적인 이야기의 해설자들은 하나님께 대한 확신이 현실성(realism)과 겸손(humility)으로 가감될 수 있다는 식으로 제시할 필요가 있음을 유의해야 한다. 베드로는 헤롯의 긴 팔을 벗어났고 그 좋은 소식을 전파하는 데 써야 할 하루를 낭비하게 되었으나 그것은 잠시뿐이었다. 비록 복음을 소지한 사람들은 방해를 받고 있었지만, 복음은 계속 방해를 받지 않았다.

특주(特註) : 누가의 정치론

고넬료의 개종(10 : 1 – 11 : 18)은 사도행전의 중심 주제 – 교회의 발전과 로마제국과의 연관 – 를 깊이 생각할 수 있는 기회를 갖게 한다. 헨첸(Haenchen)은 사도행전을 이해하는 데 열쇠로서 이 사실을 중시한다. "기독교는 유대교로부터 단절됨으로써 유대인들의 종교가 누리고 있었던 관용도 잃게 되었다"(p. 100). 헨첸은 누가가 사도행전을 쓴 것은 그리스도인들이 국가에 대하여 파괴적이라는 (유대인들의?) 고발을 막고 기독교를 옹호하기 위해서였다고 느꼈다. 헨첸이 주장하는 내용의 기본은 이렇다 : 유대교는 관용을 받아 왔던 종교로서 어느 정도 로마인의 관용을 받았다. 그러나 갑자기 흥왕하게 된 교회와 같은 유대인의 종파에 대하여 로마인들은 이해나 동정심을 거의 가질 수가 없었다. 그리하여 누가는 데오빌로(헬라어 이름 – 그도 로마의 관리였던가?) 앞에서 변론한다. 그리스도인들은 참이스라엘이다 – 경건하게 성전에 가고, 부정한 음식과 이방인과의 친교를 거절하는 율법을 지키는 자들이다. 유대인들이 복음에 끈질기게 저항하고 배척하므로 복음은 다른 방향으로 – 이방인들에게로 – 진행되었다. 그러나 이방인 개종자들 역시 히브리어 성경(Hebrew Scriptures)이 금하는 한 유대인의 법을 지키도록 요청받고 있다(15 : 21, 21 : 25). 교회는 지금 참이스라엘로, 이스라엘이 한때 제국 안에서 받고 있었던 모든 권리를 누릴 자격을 갖춘 자들이라는 것이다.

케어드(G. B. Caird)는, 네로(Nero)가 기원 64년 7월에 로마의 절반을 태웠던 그 불을 그리스도인들의 탓으로 돌렸다고 쓰고 있다(p. 14). 이 시점까지 로마의 관리들은 그리스도인들과 유대인들을 거의 구별하지 못하고 있었던 것 같다. 그리스도인들은 로마인들이 어떻게 대하느냐에 관한 한 유대인들과 동일한 법적 취급을 받았다. 케어드는 누가의 사도행전이 기본적으로 회당과 교회 밖의 독자들을 위하여 쓰여지고 발행되는 것을 의도했던 "기독교 신앙에 대한 최초의 대변증서(大辯證書, great apologia)"라고 믿고 있다. 누가는, 케어드에 따르면, 그리스도와 그를 따르는 자들이 본 이야기의 모든 국면에서 로마의 관리들에 의해 다르게 취급되었고, 로마의 법에 준한 정치적 파괴행위에 있어서 결백하다는 선언을 받았다는 것이다 : 총독 서기오 바울은 자청하여 개종했고(13 : 12), 갈리오는 바울에 대한 유대인들의 불만에 찬 항의를 물리쳤으며(18 : 15), 에베소의 서기장은 신성모독(神聖冒瀆)이라고 고발당한 그리스도인들을 옹호했고(19 : 37), 글라우디오 루시아(23 : 29), 벨릭스(24 : 22), 베스도(25 : 4)는 바울에 대한 기소에 판결을 거절하고 그로 하여금 "금하는 사람이 없이"(28 : 31) 그의 과업을 수행하도록 했다. 이 말 "금하는 사람이 없이"는 사도행전의 마지막에 쓰여진 말인데 사도행전의 목적을 설명하는 데 쓰여졌다고 볼 수 있으며, 그리스도인들을 내버려두도록 하는 호소일 수도 있다(Haenchen, p. 102 ; Frank Stagg, "The Purpose and Message of Acts").

사도행전을 로마를 향한 교회의 초기 변증(apology)이나 변호(辯護, defense)로 보는 헨첸과 케어드의 견해는, 사회 안에서 교회의 위치에 관한 그들의 해석상의 편견을 반영한다. 사도행전을 로마를 향한 변증으로 보는 본서에 대한 성격묘사는 다분히 자유주의 신학(liberal theology)에 근거한다. 본 신학은 모든 신학으로 하여금 신약성경 자체보다는 문화를 중심으로 해석하고 변증하도록 시도한다. 자유주의 해석자들은 근대 세계의 힘있고 자신에 찬 문화와 만나면서 교회의 주요 업무가 이 문화에 대한 자아해석(自我解釋)이라고 추정한다. 그리하여 예수 그리스도를 주님으로 인식하지 못하는 세계가 교회를 이해하고 받아들이게 한다는 것이다. 기독교를 위한 자유주의 변증자(辯證者, aplogist)들이 좋아하는 수법은 종교가 모든 영향력 있는 문화의 핵심에 위치하고 있다고 논하면서, 기독교가 명백히 모든 종교들 중에서 가장 크기 때문에 문화가 최상으로 발전할 수 있도록 기여할 수 있다고 주장한다. 기독교는 이렇게 참된 문화를 산출하는 데 있어서 유용하다는 근거 위에서 변호되고 있다. 우리들의 시대에는 라우센부쉬(Walter Rauschenbusch), 라인홀드 니이버(Reinhold Niebuhr) 같은 색다른 신학자들이 기독교가 아메리카를 더욱 민주적으로 발전시키는 데 값진 공헌을 했다고 말한 바가 있다.

그러나 이것이 사도행전의 목적인가? 사도행전의 교회는 결코 헬라문화를 변호하지 않는다. 누가의 이론은 철저히 유대적이다. 그의 청중은 문화가 아니고, 아름답고 매혹적이기까지 한 문화 속에서 신실하고자 몸부림치는 교회이다. 이뿐 아니라 누가의 교회는 (정부의 핍박이 있을 법한데도) 방어적이지 않고 공격적이다. 로마의 '문화적 경멸자들'(cultured dispisers)에게의 적응(適應, Schleirmacher)은 누가가 진행하고 있는 게임의 칭호가 아니었다. 헬라문화는 3세기까지는 그리스도인 집필자들에게 중요시되지 않았다. 이때가 되어서야 그 문화가 배출했던 최상의 인물들인 클레멘트(Clement)와 오리겐(Origen) 같은 사람들이 기독교적인 것들을 제국에 더욱 이해될 수 있는 말들로 바꾸고자 시도했었다. 그러나 누가는 그들의 모험에 관심이 없으며, 시저를 위하여 교회를 정비하는 데 관심이 없다. 누가의 사도행전을 후대에 해석하는 우리들 역시 그러하다.

관용을 받는 종교가 되도록 교회를 위하여 호소하려는 것이 사도행전의 보조적인 목적이 될 수 있을런지 모르나 그런 것 같지도 않다. 누가가 사도행전에서 지칠 줄 모르고 히브리어 성경을 인용하며 누가 참으로 신실한 이스라엘인가를 계속 주장하면서 계속하고 있는 이론은, 이스라엘과 그들의 성경을 연구하는 데 생(生)을 바치지 않은 어떤 외인(外人, outsider)에게는 이해가 되지 않을 것이다. 이뿐 아니라 제국의 관료정치(bureaucracy)에 벨릭스(Felix)와 함께하고 있는 자들이 누가의 사도행전에 있는 로마 관리들의 이야기들로 마음들이 움직여질런지도 의문스럽다.

누가의 교회는 많은 적들에 의하여 핍박을 받고, 오해받고 있다 : 사두개인들, 바리새인들, 헤롯당파 사람들, 로마에서는 말할 것도 없이 빌립보와 에베소에서처럼 이해관계가 있는 상인들에 의해서다. 사도행전에 있는 로마의 관리들은 자발적으로 나서서 그리스도인들을 핍박하게 하고 있지는 않다. 의심할 여지가 없이, 로마인들은 유대인들이 시저가 말하는 법과 질서를 위협하지만 않는다면, 유대인들의 신학적인 사소한 말다툼에 대해서는 관심을 가질 수 없었을 것이다. 로마의 통치자들은 유대인들의 내부 싸움이 끓어올라 민중이 폭동을 일으키게 될 때면 언제나 개입하여 전형적인 로마제국의 방식대로 하는 것이 보통이었다 - 무자비하고 잔인하게 했다. 예수라는 이름을 가진 한 젊은 스승(Rabbi)은 로마인들이 점령한 지역들 안에서 자기들이 정한 평화와 정의를 유지하려는 그들의 요망(要望) 중에 생겨난 많은 희생자들 중 한 분이셨다.

누가가 사도행전을 쓰려던 때에는 대대적인 이스라엘의 개종은 끝나 버렸었다. 교회의 미래와 역사에 대한 영향력은 (누가는 종말이 곧 임하지 않으므로 계속되는 역사 속에서 교회의 중요성을 위하여 노력해야만 했기 때문에) 로마와 같은 곳에서, 그리고 고넬료와 같은 이방인들에게 미쳤다. 그리하여 우리는 이야기의 전개 속에서 누가가 이방인들의 위치에 관하여 고심하고 있는 것을 잘 볼 수가 있다. 그것은 몸부림이었다. 로마가 지켜보고 있는 가운데 교회가 어떻게든 이스라엘의 법적 지위를 빼앗아야 하기 때문이 아니라, **복음의 성격 자체로 볼 때 신자가 그리스도께 갖는 관계 외에 다른 모든 것과의 관계는 의문스럽고 보조적이기 때문에 그렇다**. 교회는 권세자들과 참으로 문제가 많았다. 그들이 회당 안에서 권세와 평안을 유지하려드는 유대인 권세자들이든지, 아니면 유대인들을 제자리에 묶어 두려 하는 로마의 고관들이든지 그들과 문제가 많았다. 왜냐하면 교회는 많은 개종자들을 얻고자 요망하고 있었기 때문이다.

로마의 세계에서는 종교는 **국가**(*res publica*)의 하인이었다. 황제 숭배는 국가의 안정을 위하여 필수적이라고 생각되었다. 마르쿠스 아우렐리우스(Marcus Aurelius), 루시안(Lucian), 그리고 셀수스(Celsus) 같은 학자들이나 지성인들은 기독교를 우매하며 비이성적인 것으로 경멸하는 데 가세했다. 그 주된 이유는 기독교가 제국에 분열을 일으키는 작용을 할까봐 두려웠기 때문이다. 지식계급은 정부가 조사하도록 허가하기 이전의 시대에도 정치적 현상유지를 위하여 이론적 근거를 준비하는 자들로 인식될 수 있었다.

교회는 한 새로운 국가(polis), 세례를 받은 자들을 위한 한 새로운 나라(nation)가 되었다. 믹스(Wayne Meeks)는 교회를 로마 세계 안에 있는 다른 자발적인 연합체(聯合體, association)들과 비교하면서 말한다. "그리스도인들의 모임은 배타적이고 전체주의적이다. 어떤 사교 모임이나, 심지어 이교종파(異教宗派) 연합이라도…… '그리스도 예수께로 세례' 를 받아야 한다고 주장함에 있어서 그러했다.……이 사실은 유난히 철저한 재집단화(再集團化, resocialization)를 의미했다. 이 집단 속에서는 자기네 모임이 자체의 단원들을 위하여 실제로 우선적이며, 여타 모든 충성에 우선적이다"(p. 78).

교회는 이스라엘이 가진 언약의 백성(the covenant people)이라는 개념을 다시 마음속에 가졌다. 언약의 백성이란, 하나님께서 그들의 미래를 정해 주시기 위하여 하나님에 의해 부르심을 받은 자들이다. 하나님께서 약속을 받는 자들이 되게 하시려고, 어떤 것을 알려 주시려고, 그리고 "이방의 빛이 되게 하시려고"(사 42 : 6) 선택하신 아브라함, 이삭, 야곱과 같은 자들이다. 이와 같이 하나님은 한 이방인 고넬료를 택하셨다. 이 새로운 언약의 공동체 안에서는 당시에 로마의 세계를 지배하고 있던 사회적, 인종적(人種的), 성적(性的) 차별이 제거된다. 이 공동체는 개종해 오는 자들에게 이렇게 말한다. "너희는 유대인이나 헬라인이나 종이나 자주자나 남자나 여자 없이 다 그리스도 예수 안에서 하나이니라. 너희가 그리스도께 속한 자면 곧 아브라함의 자손이요 약속대로 유업을 이을 자니라"(갈 3 : 28 – 29). 이 새로운 **국가**(*polis*)에 가담하게 되면 모든 옛 정치론은 붕괴된다.

고넬료는 그의 개종 이후에 무엇을 해야 했을까? 그는 그의 군대생활로 되돌아갔는가? 우리는 2세기 로마 교회에 남아 있는 히폴리투스(Hippolytus)의 생활화(生活畵)로부터 알고 있다. 그 그림에는 이교 국가의 옷차림(accoutrements)을 지지하도록 돕는 군인이나 다른 누구(철학자, 매춘부, 화가)라도 그들의 의문스러운 직업을 버리기 전에는 세례를 받도록 받아들여지지 않았다. 그러나 누가는 고넬료가 시저의 군대생활을 그만두었다고 말하고 있지 않다. 군병들이 세례 요한에게 무엇을 해야 하느냐고 물었을 때, 요한은 그들에게 "사람에게 강포하지 말며 무소하지 말고 받는 요를 족한 줄로 알라."(눅 3 : 14)고 대답했다. 예수께서 다른 백부장의 종을 치료하셨을 때 이스라엘 중에서도 이만한 믿음을 본 적이 없다고 평가하셨다(눅 7 : 9).

아마 이러한 백부장들은 매우 예외적일 것이다. 그렇기 때문에 누가 복음과 사도행전에 특별하게 기록될 만한 가치가 있다고 여겨진다. 이들은 자기들의 최고의 충성을 시저에게 맹세한 자들이다 – 시저가 그렇게 주장하듯이, 그들은 신으로서 그를 위하여 죽고 그를 위하여 누군가를 죽이기로 맹세한 자들이다. 그럼에도 불구하고 그들은 복음에 의해서 다시 가다듬은 충성의 마음들을 갖고 있었다. 만일 일백 명의 군사들을 향하여 "가라.", "오라."고 명령하는 권세를 갖고 오만한 그 군대의 장교에게서 믿음이 발견되고(눅 7 : 8), 그리고 다른 백부장은 개종하고 성령을 선물로 받았다면(행 10 : 1 – 11 : 18), 그렇다면 **누구라도** 구원을 받을 수 있지 않겠는가! **누구라도!**

당시에는 지금과 같이 누가의 교회가 복음에 관련하여 국가보다 더 힘센 대적(對敵)이나 경쟁자를 상상하기란 어려웠을 것이다. 한때 국가로부터 생활비를 받고 국가에 봉사함으로써 자신의 신분을 유지했던 이러한 사람들이 개종한 사실은 실로 장관(壯觀)이었을 것이다. 오늘날 살인자(또는 할리우드의 인기 배우)가 그리스도인이 되는 것보다 더욱 장관이었을 것이다. 누가는 교회와 국가의 관계를 장미빛 모습으로 보여 주지 않는다. 대신에, 제국이 '교회'라는 이 새로운 단체의 움직임에 의해 상호관계로부터 이탈되고 있음을 보여 준다. 최초의 이방인 개종자가 로마의 군인이라는 사실은 결코 작은 일이 아니다. 누가는 제국의 복음화를 점진적이며 조심스럽고 공손한 사역으로 묘사하지 않는다. 대신에 누가는 최초의 개종자가 시저의 가장 훌륭한 사람 중의 한 사람, 고넬료라는 이름을 가진 백부장임을 놀랍도록 내세우면서 독자들을 크게 자극하고 있다. 이로 보건대, 교회는 매사에 제국과 힘을 겨루면서 진행하려는 의도를 갖고 있었음을 알게 된다. 복음은 모든 사람들에게로 가며, 모든 것-유대인들이 상대해 주지 않던 백부장들까지-을 변화시키고 있었다.

우리는 고넬료가 개종한 다음에 어디로 갔는지 알지 못한다. 이에 대한 관심은 누가의 이야기에 포함되지 않는다. 그가 평상시와 같이 업무로 돌아간 것 같지는 않다. 성령께서 어떻게 역사하셨든지 그렇게 될 수는 없었을 것이다. 변화, 방향전환이 이 사건의 전모이다. 이것은 복음의 본질 때문이다. 일단 누군가가 예수 그리스도께서 주님이시라고 고백할 수 있다면, 그리하여 그의 생(生)이 성령의 방향으로 전환되면 시저와 그의 세계가 세워진 그 기초는 위험스럽게 되고 만다. 누가는 벨릭스나 베스도 같은 로마의 공직자들에 대하여 큰 적개심을 갖고 있지 않다. 경우에 따라서는 그들이 그리스도인 선교사들을 보호해 주는 쓸모있는 자들로 보여 주고 있을 뿐만 아니라, 그는 오히려 그들이 그리스도인들로부터 들은 것에 의해 말문이 막히고 당황해 하는 모습을 그려 내고 있다. 바울이 말한 것과 같다. "이 세대의 관원이 하나도 알지 못하였나니, 만일 알았더면 영광의 주를 십자가에 못박지 아니하였으리라"(고전 2 : 8). 가련하게도 벨릭스와 베스도는 시저에 의해서 다스려지는 그 세계 이외의 한 세계를 생각하는 정치적 상상력을 갖고 있지 못했다. 마치 그들은 세계가 파멸되기 시작할 때의 세대처럼 자기네 법정에서 하는 증언을 듣고 불길한 예감을 느끼곤 했다. 그들은 성전에서 공회로 모였던 그 대적들 중 어떤 이들보다 더욱 약아빠진 자들이었다. 그들은 결국 다른 어떤 권세 있는 관리들처럼 어리석고 비겁하며 터무니없는 자들이었다. 그들은 줄곧 바울을 다른 사람에게 떠넘겼다. 그가 정치적인 뜨거운 감자(political hot potato)처럼, 그로 하여금 침묵하게 할 수도 없었고 그를 이해할 수도 없었기 때문이다. 누가가 바울과 같은 선교사들을 위하여 로마의 지배에 의한 **평화**(*pax Romana*)의 이점을 긍정적으로 묘사하고 있으나(21 : 27－22 : 21의 해설을 보라.), 교회는 자체의 과업을 수행하는 데 있어서 로마의 관용은 필요하지 않다. 왜냐하면 복음의 증거는 시저가 그것을 어떻게 보든 계속될 것이기 때문이다. 시저와 그의 관리들은 단지 배경막, 즉 그의 광범위한 제국의 경계보다 더한 우주적이고 세계적인 드라마를 위한 하나의 무대장치를 준비하고 있을 뿐이다. 예수께서 빌라도 앞에 서 계셨을 때, 유대인들은 예수께서 자신을 시저의 경쟁자인 "기름부음 받은 왕"(개역성경에는 "자칭 왕"으로 번역되었음－역주)이라 했다고 고소했다(눅 23 : 2). 그리고 사도행전 17 : 6～7에는 바울의 적들이, 바울은 온 세상을 소요케 하고 또 다른 황제가 있다고 선전하면서 시저의 명을 거역하고 있다고 고발한다. 물론 이 고소들은 적대자들이 만들어 낸 거짓이다. 그러나 이 고소내용에는 적대자들이 알고 있는 것보다 더한 진리가 있다. 시저는 그리스도 안에서 그의 경쟁상대를 만난 것이다.

오늘날 교회가 어디서든지 자신의 사명을 알게 되면, 교회는 동일한 배경막 앞에서 자체의 드라마를 연출한다. 국가는 누가의 시대로부터 시저가 갖고자 하는 권력과 영향력, 능률과 지배권을 장악한다. 국가는 수백만의 현대인들에게 궁극적인 자기정체(identity)의 원천이 되었다. 개인의 중대성이 줄어들면서 국가의 힘은 그만큼 증대되었다. 우리는 우리의 정부가 우리의 보안과 안전과 안락과 신분을 제공해 주기를 기대한다. 금세기에만도 이 교체된 신(神, deity)에게 바쳐진 수백만의 사람들 - 민족적 자존심과 정복의 전쟁에서, 강제 노동 수용소와 정치범 수용소에서, '재식민(再植民) 프로그램'(resettlement programs)과 '일천 년 공화국'(Thousand Year Reich)의 탐구를 위해서 - 을 볼 때 고대 로마의 시저가 오늘도 다스리고 있는 것 같다. 우리는 평화를 동경하지만, 오늘의 단일민족국가는 '자결권'과 '주권'과 같은 민족적 가치의 요인으로 전쟁이 불가피한 상태이다. 폭력은 어떤 국가, 민주국가이든 전체주의 국가이든 간에 국가의 기능이다. 왜냐하면 어떤 국가도, 우익이든 좌익이든 주권에 대한 반대 주장이나 반체제, 베드로나 바울과 같이 조국을 위하여 최선을 다하느니보다 죽음을 택하는 사람들을 오래 관용할 수는 없기 때문이다. 예수와 바울은 공히 결과적으로 로마에 의한 평화(pax Romana)에 위협적인 사람들이라 하여 처형되었던 것이다. 세계의 우리들 편에 있는 그리스도인들은 시저가 민주정치 쪽으로 기울기만 한다면 그리스도와 시저가 행복하게 공존하리라고 신뢰할런지도 모른다. 우리는 그러한 상황에 대하여 누가가 어떻게 생각할지 궁금하다. 벨릭스나 베스도, 본디오 빌라도가 약간 더 민주적인 사람들이 된다면, 시저의 왕국이 아닌 다른 어떤 왕국을 그들 앞에서 주장할 때 그들이 조금이라도 자신들을 양보하고 조금이라도 덜 당황하며, 교회의 증거를 듣고 그들의 집념을 조금이라도 누그러뜨릴까? 예수께서 빌라도의 손에 의해 죽으시고 (생각컨대) 바울이 그들이 말하는 로마 제국의 정의 아래 죽음을 당했기에 누가의 증언이 시작되었다. 그런데, 그러한 누가가 오늘날 우리가 한줌의 향(香)을 시저의 제단에 바치려는 마음을 좋게 생각할 것이며, 그의 제국이 그리스도의 주장에 의해 아무런 방해도 받지 않고 발전해 나가기를 용인하는 것을 좋게 생각하리라고는 믿기 어렵다.

누가의 교회는 로마 제국의 신뢰를 받고자, 또는 교회가 정치에 관심이 없는 단체임을 시저에게 확신시키고자 애쓰지 않았다. 교회는 대체된 정치적 실체(實體, entity)를 창안하고자 했고, 이 실체는 시저의 조직체계에 큰 장애물이 되었다. 기독교는 제국보다 더한 조직을 갖추고 있었기 때문에 이 제국을 상당 부분 파멸시켰다. 교회는 썩어 가는 고전주의적인 세계에 세속적 장치를 대신하여 역동적이고 조밀하게 짜여진 배타적 조직체계를 공급(供給)했다. 데오빌로의 교회는 하나님께서 성령을 통하여 세계 속에 개입하심 뿐만 아니라 제국의 최상의 문화적 성취로부터 떨어져 계심에 대하여 감사했다. 우리의 가장 오랜 교리문답(catechism)인 교훈서(*Didache*)는 살인하지 말 것, 타인의 배우자와 간음하지 말 것, 어린이들을 학대하지 말 것, 태아를 죽이지 말 것 등을 가르침으로써 고넬료와 같은 세례 후보자들을 준비시켰다. 그렇게 함으로써 교회는 로마 세계에서 가장 널리 용인되고 있는 관례들 중 어떤 것들과 충돌하는 위치에 스스로 섰다. 그러나 오늘날 우리의 북아메리카의 교회는 – 제3세계 국가들 안에 있는 변혁 중에 있는 어떤 교회들도 마찬가지로 – 문화적으로 중요하게 (시저가 중요함[significance]을 정의한 대로) 인식되기를 매우 원하고, 교회가 자체를 개종시키거나 복음화함이 없이 사회를 변화시키고 개선하기 위한 힘을 갖고자 매우 갈망한다. 그리하여 우리는 복음의 미련함(the foolishness of the gospel)을 세상 지혜의 표준들에 기꺼이 적응시키고, 시저가 아닌 한 왕에게 바칠 새 왕국의 충성심을 기르는 대신, 사회를 향한 증거를 별로 중요하지도 않은 제국을 교화시키는 데 영향력을 행사하는 것으로 약화시키고 있다.

데오빌로에게 바치는 그의 첫 번째 책에서 누가는 철저히 정치적인 맥락 안에서 시작되는 이야기를 전한다. "이때에 가이사 아구스도가 영을 내려 천하로 다 호적하라 하였으니, 이 호적은 구레뇨가 수리아 총독되었을 때……"(눅 2 : 1 – 2)라고 쓰고 있다. 이것이 모든 중요한 역사를 기록하는 방법이다. 당시에 시저는 무엇을 하고 있었고, 어떤 당이 집권했으며, 크레믈린이나 백악관에, 또는 어디에 누가 앉았는지에 관한 기록과 함께 쓴다.

그러나 누가의 독자들은 이 이야기 가운데서 좀 이상한 아이러니를 주시하게 된다. 이 복음이 쓰여지던 때가 되자 아구스도(Augustus)와 구레뇨(Quirinius), 그들의 시대에 그토록 유력한 사람들, 말로 전세계를 흔들 수 있었던 통치자들이 그들의 무덤 속에서 썩고 있었으며, 흙으로 돌아가고 있었고 잊혀져서 역사에는 각주(脚註)에서나 나오는 자들이 되었다. 그러나 베들레헴의 아기의 출현은 아무도 알지 못했는데, 이 아기는 아구스도와 헤롯과 구레뇨의 세상을 전복시켰다. 그의 추종자들이 벨릭스와 베스도의 세계를 전복시키려 하고 있기 때문이다. 최후에 말씀하시는 분은 바로 이 베들레헴의 아기이며, 시저의 사람들 중 한 사람으로 고넬료라는 백부장의 개종 중에 온전히 작용한 말씀도 그의 말씀이다. 사도행전은 조금이라도 인식되고 존중해 주도록 시저에게 겸손하게 호소하기는커녕, 나라들이 아닌 하나님이 세계를 지배하신다는 사실을 시저에게 보여 주기로 결심한 교회를 향하여 말하고 있는 혁명적인 선언서이다.

데오빌로의 교회는 하나님의 주권을 신앙하는 믿음으로 정치와 사회에 관련된 모든 것들을 혁신적으로 바라보는 법을 다시 배워야 했다. 하나님 앞에서 열국은 단지 물통 안의 한 방울의 물에 불과하고, 우리들 자신 역시 그러하다.

13 : 1~14 : 28
이방인 선교를 확정 : 바울과 바나바의 사역

바울이 다메섹을 향한 길에서 위임을 받을 때(9 : 15－16) 세 가지 말씀을 들었었다 : (1) 그리스도의 이름을 전하는 그릇이 될 것, (2) 이방인들과 왕들 앞에 서게 될 것, (3) 그리스도의 연고로 많은 고난을 받는 것을 보이게 될 것이다. 13 : 1~14 : 28에 있는 이야기들은 이 위임을 극적으로 확증한다. 사건 하나하나는 우리가 사도행전에서 예상하게 되는 그런 식으로 시작된다－그 어떤 일도 성령께서 시작해 주지 아니하시면 시작되지 않는다(13 : 2－3). 바나바와 사울은 선교의 새로운 무대에서의 활동을 위하여 '따로 세워진다.' 항상 그러했듯이 그들은 자기들 스스로 움직이는 '자유 행위자들' (free agents)이 아니다. 외부로의 진출을 위한 이 새로운 발걸음은 성령에 의해 선언되고, 금식과 기도와 안수를 통하여 교회에 의해 확증되었다. 성령과 공동체가 어떤 그리스도인들이 지도력을 갖는 데 동역하고 있다(6 : 1－7의 해설을 보라.).

이윽고 실루기아(Seleucia), 구브로(Cyprus), 살라미(Salamis), 그리고 바보(Paphos)를 포함한 숨가쁜 여정이 시작된다－멀리 있다고만 들은 장소들로, 이 장소들만 보아도 선교의 새로운 무대가 세계를 범위로 하고 있음을 알 수가 있다. 이제 복음전도자들은 복음의 지속적인 확산을 따라 배를 타고 먼 섬들을 향해 긴 여행을 하고 있다. (사도행전의 기록들을 근거로 추산하건대, 바울은 1만 마일 이상을 여행했다[Meeks, p. 20]). 그들이 바보(Paphos)에 이르렀을 때 바예수(Bar－Jesus)라는 마술사(개역성경에는 '거짓 선지자 박수' 로 번역되었음－역주)를 만난다. 그는 총독 서기오 바울(proconsul Sergius Paulus)의 종자(從者)로 있었다. 약아빠진 로마인들은 중대한 결정들을 할 때 돕도록 마술사들이나 점성가들을 데리고 있었다.

이 마술사가 서기오 바울을 기독교로부터 돌려놓으려고 하지만 않았더라면, 이 이교도의 소박한 마술쯤이야 무의미하게 보아 넘겨졌을 것이다(8절). 바울은 이 마술사와 정면으로 맞서서 싸울 태세를 취했는데, 이는 분명히 엘리야와 바알의 선지자들이 갈멜산 위에서 벌였던 경쟁을 회상하게 한다(왕상 18 : 19－40). 엘리야와 그 선지자들의 이야기에서는 어떤 하나님이 최고의 능력자인가를 보기 위한 경쟁이었다. 바울은 자기 속에서 역사하고 계시는 성령에 힘입어 이 마술사가 사기꾼임을 밝혀낼 수 있었다. ("마귀의 자식이요 모든 의의 원수여"라는) 바울의 혹독한 책망이 있은 다음－참선지자들의 말은 거짓을 부리는 자들에게 친절하지 않다－한때 영향력을 지녔던 엘루마(Elymas)는 인도할 사람이 있어야 하는 비틀거리고 얼떨떨한 멍청이로 전락되었다(11절). 이렇게 나타난 권세는 서기오 바울로 하여금 신자가 되게 하기에 충분했다(12절). 총독은 성령의 기적적인 능력에 대한 누가의 관심과 일치되어 개종했다(눅 4 : 31－5 : 11에서 기적들에 관한 기록들 다음에 개종이 뒤따른다는 사실을 참조하라.). 기독교는 마술이 아니지만 세상에서 신이라고 주장하는 자들이나, 그러한 세력들과 싸울 태도를 취하는 것을 복음 안에서는 개의치 않는다. 왜냐하면 하나님께서는 거짓된 신(神)들과의 공공연한 투쟁에서 그 권세로 잘 이기게 하시기 때문이다(8 : 9 - 13, 19 : 18 - 20을 참조하라.).

다음으로 바울은 비시디아 안디옥(Pisidian Antioch)까지 가게 된다(13 : 13 - 52) - 우리의 선교사들이 소아시아의 3분의 1 이상을 가로질러 여행해야 했던 것을 생각한다면 이 여행은 가까운 길이 아니었다. 이야기는 속도를 낸다. 전세계가 마치 들판이 불에 탈 때와 같이 점령되고 있다. 안디옥에서 바울은 바보의 총독과 같은, 미신을 신봉하는 이교도를 만나지는 않는다. 대신에 누가는 그가 회당에서 봉사하는 것을 보여준다. 몇 마디만 말해 주도록 요청을 받은 바울은 긴 연설을 하는데(13 : 15 - 41), 이 연설은 그가 자기 동료 유대인들에게 호소하는 하나의 실례이다. 유대인들은 참 믿음과 거짓 믿음에 관하여 논쟁할 때 기적과 능력(바울은 총독 앞에서 마술사에게 이 방법으로 시합을 했었다.)보다는 역사(歷史)를 들어 호소한다.

그 **연설**은 세 부분으로 나눌 수 있겠다 : 제1부(16b - 25절) : 예수께서는 다윗의 왕족 계보의 일원이시며, 하나님의 약속의 성취이시다(롬 1 : 3 참조). 이스라엘의 역사를 이렇게 간추려 요약한 것은 하나님께서 이스라엘을 해방시키시고 약속의 땅을 정복하도록 도우시며 그들에게 다윗과 같은 지도자를 주신 것같이, 하나님은 유사한 방법으로 역사하셔서 예수 안에서 해방과 정복(로마를?)과 인도를 해주신다고 바울은 주장한다.

제2부(26 - 37절) : 안식일마다 회당에 모이는 자들이 성경을 많이 말하고 있지만, 막상 그 말씀들이 성취되는 때가 왔을 때 그들은 예수와 선지자들의 말을 알지 못했다(27절). 유대인들의 죄를 사납게 말했던 사도행전의 앞부분에 나오는 연설들과는 같지 않게, 여기서의 강조는 자기 백성의 죄보다는 예수의 무죄였다.

시편 2편을 인용함에 있어서(13 : 33) 우리는 후에 '양자론적' 기독론(adoptionist Christology)으로 불려진 누가의 강력한 주장들 중 하나를 듣는다(2 : 36을 참조하라.). 그러나 13 : 33에서는 예수의 신적(神的) 신분을 확실히 한 것은 다름 아닌 부활이라고 말하고 있다.

십자가에 대한 누가의 전형적인 이해와는 다르게 본문에는 대속이 없다(누가는 막 10 : 45의 말씀 "인자의 온 것은………자기 목숨을 많은 사람의 대속물로 주려 함이니라."를 생략하고 있다.). 그리스도의 죽으심 자체에는(per se) 어떤 찬양도 없다. 오히려 십자가는 무지와 악과 로마인들과의 야합(野合)에 의한 결과로 그려져 있다(28 - 29절). "그리스도께서 우리 죄를 위하여 죽으시고"(고전 15 : 3)와 같은 설명은 사도행전의 바울에게는 알려져 있지 않다. 예수께서는 하나님이 주신 사명을 성취하기 위하여 순종하심으로 죽으셨다(눅 24 : 26, 46). 그는 잃은 자들과 쫓겨난 자들에게 이르기를 원하셨기에 고난을 받으시고 죽으셨다(누가가 고난받고 죽는 제자들을 묘사하듯이). 세상을 위한 하나님의 목적들은 (예수같이, 제자들같이) 하나님의 목적에 따르는, 그 순종이 죽음을 의미하더라도 순종하는 종들을 통하여 실현된다. 그리스도의 부활과 승천은 예수의 순종이 하나님의 목적의 일부라는 사실을 증명한 사건들이다. 이 말씀은 누가복음과 사도행전이 말하는 그리스도의 권세와 높아지심(exaltation)의 신학이, 바울에 의한 그리스도의 겸손과 십자가 죽으심의 신학을 완전히 부정하지 않도록 경고한다. 그리고 누가가 믿고 있는 것이 그리스도의 이야기에 있어서도 중대함을 강조한다. 부활은 예수에 관한 흥미있는 사건이며 인간의 무지와 배척에 대한 하나님의 반응이다. 그리고 부활은 예수께서 진실로 하나님의 약속들에 대한 성취임도 확증한다(롬 1 : 4을 참조하라.). 구원은 여기, 지금 가능한 것이다.

제3부(38 - 41절) : 예수를 통하여 용서와 구원이 주어졌다(문자 그대로 하나님을 향한 칭의[稱義]이다, 롬 6 : 5을 참조하라.). 이 연설은 불신앙의 위험에 대한 엄숙한 경고를 그 안에 담고 있다. 듣는 자들은 하나님이 그들에 대하여 심중에 갖고 계시는 "너희 때를 당하여"(41절) 어떤 두려운 일을 행할 것인지를 알지 못하고 있었을 것이다. 그러나 우리는 알고 있다 : 만일 그들이 예수를 배척한다면, 복음은 다른 사람들에게로 가게 되는 것이다.

중간의 짤막한 기록은 바울의 말이 효력을 냈다고 우리에게 전해 준다. 유대교로 개종한 이방인들과 많은 유대인들이 호기심을 갖고 더 듣기를 요청했던 것이다(42 - 43절). 한 주간 후에는 온 성이 거의 다 하나님 말씀을 듣고자 하여 모였다(44절). 누가는 이번 연설의 내용을 우리에게 전해 주지 않고 그 결과만을 전한다. 유대인들은 사람들을 끌어 모은 그의 성공에 대하여 시기하고 바울의 말을 배격한다. 그러자 바울과 바나바, 이들 새 제자와 오래된 제자는 결과적으로 그렇게 되리라고 우리가 알고 있었던 치명적인 말을 담대하게 하게 된다. "하나님의 말씀을 마땅히 먼저 너희에게 전할 것이로되, 너희가 버리고 영생 얻음에 합당치 않은 자로 자처하기로 **우리가 이방인에게로 향하노라**"(굵은 글씨는 저자에 의함.).

누가는 아마 고넬료가 개종했을 때부터인 이방인 선교의 시작을 우리가 회상하도록 하고 있는 것 같다. 그 이야기는 "그러면 하나님께서 이방인에게도 생명 얻는 회개를 주셨도다 하니라."(11 : 18)라는 선언과 함께 끝났는데, 13 : 46에 와서 "우리가 이방인에게로 향하노라."는 말씀으로 절정에 이르렀고, 최종적으로 14 : 27에 하나님께서 이방인들에게 믿음의 문을 여셨다는 말씀으로 다시 반복되고 있다. 이 극적인 이야기는, 이방인들은 개종하는 한편(48절) 유대인들은 선교사들을 향하여 핍박을 일으키면서 끝난다(50절). 선교사들은 예수의 초기 명령(눅 10 : 11)에 순종하여 저희를 향하여 발에 티끌을 떨어버리고 기쁨으로 출발했다(51 - 52절).

약간 놀랍게도, 제14장은 복음전도자들이 다시 회당을 찾은 이야기로 시작되고 있다. 이방인들을 상대로 한 그 운동은 유대인들을 버렸음을 의미하지는 않는다. 누가는 선교사들이 그들의 동족을 개종시키고자 가능한 한 최선을 다하고 있음을 우리가 믿기를 원하고 있다. 이고니온(Iconium)에서는 그리스도인들에 대한 평판이 잡다(雜多, mixed)했다. 성공적이었으나 핍박도 있었다. 누가는 수개월 또는 수년 간의 사역을 14 : 1~7의 삽입이야기에 보기 좋게 압축했다. 우리는 데오빌로의 시대와 우리 시대의 교회를 향하여 무언가를 말하고 행동하도록 의미하고 있는 한 권의 신학서를 읽고 있는 것이지 바울의 여행일지를 읽고 있는 것은 아니다. 누가가 우리에게 말하고 있는 것은 복음이 받아들여질 때에는 기쁨이 있고, 거절당하고 복음을 소멸시키려는 계속된 위협이 있을 때에는 고통도 있다는 사실이다 – 이렇게 되는 것이 복음의 활동이다.

바울은 루스드라(Lystra)에서 나면서부터 앉은뱅이가 된 사람을 만난다(8절). 이 이야기를 읽으면서 우리는 누가복음 5 : 18～26과 사도행전 3 : 1～10, 그리고 9 : 32～35의 선명한 메아리를 듣는다. 예수와 베드로에 의해 일어났던 긍휼과 치유의 기적적인 능력은 지금 바울에 의해서 나타나고 있다. 군중은, 그들이 종종 그렇게 하듯이, 자기들이 목격한 치유의 능력을 놀랍게도 오해한다. 그들은 바나바가 쓰스(Zeus)이고 바울이 허메(Hermes)(일반 역사에서는 쓰스(Zeus)를 제우스 신으로 부르고, 허메(Hermes)는 헤르메스 신(神)으로 부른다 – 역주)라고 생각한다. (오비드[Ovid]는 쓰스와 허메가 루스드라에서 멀지 않은 곳에 사는 경건한 노부부에게 사람들로 변신하여 나타났다고 전한다. 부부는 자기들이 신들을 접대하고 있는 줄도 모르고 그들을 잘 대접하여 보상을 받았다는 것이다[*Metamorphoses*, Ⅷ].) 이교 제사장은 이 두 '신들'에게 경의를 표하기 위하여 제례를 시작하기까지 한다. 이 모든 이교적 소란은 그 자체가 이교적임이 자명했다.

바나바와 바울은 즐겁지 않았다. 그들은 신이 아니라 좋은 소식을 (말과 행위로) 전달하는 자들이다. 군중이 앉은뱅이가 치료되는 데서 본 그 선함은 하나님께서 태초부터 인간을 향하여 은혜 중에 보여 주신 많은 선한 행위들을 상징한다(14 : 16 – 17). 군중은 요점을 이해하지 못하고 있다 : 이 두 '신들'을 향한 제사 준비를 계속하고 있다(18절). 누가는 고통 중에 있는 자들을 치료하는 그리스도의 능력과 이들 그리스도를 따르는 자를 통한 세상을 위한 하나님의 능력이 가능함을 확실하게 말한다. 그러면서도 누가는 그 능력이 모호한 현상이라고 알고 있다. 복음은 단순히 능력에 관계하고 있지 않고 **그리스도의 능력에** 관계하고 있다. 능력은, 선을 위한 능력이라도, 잘못 해석될 수도 있고 오해되기도 쉽다. 믿는 이들과 안 믿는 이들(유대인들과 누가의 이야기 중에 나오는 이방인들) 모두 복음을 마법이나 신의 무한한 힘(omnipotence)으로 오해할 수 있다. 극적인 치료는 – 바르지 않은 이유들이 있겠지만 – 루스드라에서 또는 주일 아침 텔레비전 앞으로 많은 사람을 끌어올 것이 분명하다. 그리스도의 능력을 가진 자들은 그 능력의 근원이 그들 자체 안에 있는 것으로 오해할 위험이 있다. 그러므로 그들은 그들의 선한 사역(使役)이 잘못 이해되는 것을 시정할 준비를 잘 갖추고 있어야 한다. 그리고 자신들 너머에 계신 분을 가리켜야 하고, 자신들의 선한 사역(使役)을 그리스도의 사역(事役)이라고 말해야 한다. 그리스도인 치료자들은 이처럼 교사들도 되어야 한다.

논쟁이 일어났고, 적대자들은 비열하게도 사도들을 돌로 쳐 죽은 줄로 알고 버리고 떠나갔다(14 : 19). 가엾은 바울은 폭도에 의해 죽은 채로 버려졌는데, 어떻게 갑자기 일어나서 그를 찾아온 따르던 자들에게 위로와 조리있는 충고를 줄 수 있었을까? 이 사실은 이 이야기를 전하는 사람에게 흥미있는 내용이 아니다. 누가는 주저하면서도 돌에 맞은 사건을 간략하게 기록했다. 왜냐하면 그의 이야기는 바울이 당한 고난에 관한 것을 위주로 하지 않고, 온갖 장벽들을 부수고 모든 장애물들을 이겨낸 복음의 능력을 위주로 하고 있기 때문이다. 핍박과 폭력은 다시 한 번 많은 사람을 제자로 삼는 데 기여했을 뿐이다(21절).

제자를 삼는 것이 사도행전에서 제자들의 일이었다. 북아메리카 개신교의 주요 교회들은 최근 몇십 년 동안에 꾸준한 교인 감소에 직면하고 있다. 그리하여 교회성장을 위한 피상적인 기교와 교회가 죽어 가고 있음에 대한 확신을 주지 못하는 변명 사이에서 방황하고 있다 – "우리는 실제로 죽어 가고 있지 않다. 우리는 봉사하기 위하여 대열을 단단히 정비하고 있을 뿐이다." "오직 보수주의자들(the reactionary), 보수적 교회들만이 성장한다. 우리는 지나치게 자유주의적이고 사회적으로 진보적이다. 그리하여 새로운 교인들을 끌어오지 못한다."고 말한다. 누가는 많은 제자들을 얻는 사업으로 교회를 이루는 방법을 잘 알고 있지 못할 것이다. 교회의 선교가 성장 이상일 때 그것은 곧 성장 이외의 어떤 것이 아니다. 그것은 분명히 쇠퇴가 아니다. 우리는 증거하기 위한 은혜의 기간에 살고 있다(1 : 8). 누가의 사도행전에서는 말씀을 선포하는 데 충분히 담대한 교회, 문화적 현상에 과감히 도전하는 교회, 현재의 정치적 타협을 영원한 것으로 받아들이기를 거절하는 교회, 메시지의 진리에 확신을 갖는 교회, 진리를 위하여 기꺼이 고난을 받고자 하는 교회는 성장했었다. 하나님은 그러한 교회들에게 성장의 열매를 주신다.

그리스도의 대중 선동가들은 이고니온(Iconium)과 안디옥(Antioch)으로 되돌아왔다. 그들은 "제자들의 마음을 굳게 하여 이 믿음에 거하라 권하고 또 우리가 하나님 나라에 들어가려면 많은 환난을 겪어야 할 것이라."고 말한다(22절). 만일 누가의 신학이 성장과 성공과 승리의 그것이라면, 그것은 고난과 위험의 거센 망치에 의해 만들어진 성공이다. 이 이야기는 지도할 자들을 세우고 어떻게 "하나님이……이방인들에게 믿음의 문을 여신 것을"(27절) 말하며 새로운 회중들을 조직하는 것으로 끝난다. 환난은 새로운 회중들을 거두기 위해서 심는 종자에 불과하다.

선교에 성공, 교회에는 문제
사도행전 15 : 1~35

"어떤 사람들이 유대로부터 내려와서……" 이 갑작스러운 사건의 개입으로 이야기는 방향을 바꾼다. 이방인 선교의 최초 단계를 끝낼 때 얻었던 그 기쁨과 평화(13 : 1-14 : 28)는 깨지고 만다. 이방인 개종자들이 할례를 받아 그들이 그리스도인이 되기 전에 유대인이 되어야 하는가에 대한 '적잖은 다툼과 변론'에 관한 이야기 때문이다.

얼마나 많은 그리스도인들이 교회의 언쟁 때문에 그들이 가진 열정을 소멸시켜 버리는가? 한 교인이 이웃의 어린이들을 위하여 교회가 후원하는 방과후 프로그램에 관하여 신나는 생각을 갖고 앞으로 나선다. 복음을 실천에 옮기자! 우리를 필요로 하는 어린이들에게 손을 펴자! 당회는 어린이들이 교회의 새 융단을 손상시킬 것 같다고 하여 이 제안을 거절했다. 마이크 앞에 몰려드는 사람들로, 예산에 대한 논쟁으로, 하나님의 말씀보다는 개인의 편견에 근거한 투표로 - 얼마나 많은 그리스도인들이 그들이 가진 당초의 열의의 불을 유쾌하지 못한 교회의 회의들에 의하여 소멸시켜 버리고 있는가? 왜 우리는 모두 그리스도인들답게 행동하지 못하고 합의하지 못하는가? 왜 그리스도의 몸 안에 그러한 말다툼이 있어야 하는가? 누가 유대인 대표로 앉아 있는가? 그들이 발언권을 요청하기 전에, 벌레가 기어나오는 깡통을 열기 전에는 이방인에게 선교해야 되는 것으로 알려져 있었고, 교회를 위하여 모든 일이 매우 잘 진행되고 있었던 것이다. 그들은 왜 그냥 앉아서 조용히 있다가 화평 중에 교회를 떠나지 못하는가? 어떻게 이런 교회는 신문기자들이 그 사실을 듣고 있을 때 한사코 야단법석하는 모습을 보이고자 하는가?

이들 바울을 반대하는 자들을 보수적 반발자들로 너무 속히 단정짓지 않기 위하여 그들의 동기를 확실히 알아보자. 그들 중에 누구도 이방인들에게 설교하는 것에 반대하지 않는다. 그들은 이스라엘의 언약 속에 지상의 모든 가족들을 향한 복이 포함되어 있음을 알고 있다(창 12 : 3). 그 언약과 복의 표(標), 예수 자신도 참여하셨던(눅 2 : 21) 그 표는 할례였다. 할례 없이 이방인들이 어떻게 언약의 백성에게 약속된 복에 참여할 수 있겠는가? 간략히 말해서, 그들이 어떻게 구원을 받을 수 있었겠는가? 관심사는 혈통적 배척이 아니라 언약적 영입이다. 바울은 이들 반대자를 '거짓 형제들'(갈 2 : 4)이라 부르고 있긴 하지만, 이방인들을 이스라엘에게 하신 모든 약속과 율법으로 사는 그 모든 아름다운 삶 속으로 신실하게 끌어들이려는 그들의 관심이 합당하다고 여기도록 하자. 애착심을 갖는 그 율법에의 고착(固着)은 유대인이 유대인으로 남는 길이다. 바울과 바나바와 안디옥교회는 어떻게 이 신성한 요청을 폐기하는 일을 떠맡고 있는가? 이 문제를 해결하기 위하여 '예루살렘에 있는 사도와 장로들'에게 대표를 파송한다. 다시 한번 혁신이나 복음을 시대적 도전에 적용하는 업무에 있어서 새로 엉킨 사안에 관한 논란이 일었다. 이때 우리의 선교사들은 예루살렘의 사도적 권위와 규범에 준한 전통을 따라 당당하게 나선다.

예루살렘에 이르러 그들은 "……하나님이 자기들과 함께 계셔 행하신 모든 일을 말했다"(15 : 4). 그러나 '바리새파 중에 믿는 어떤 사람들'은 확신을 갖지 못하고 이방인들이 할례를 받고 율법을 지킬 것을 요구했다. 많은 토론 후에 베드로가 고넬료 이야기(10 : 1-11 : 18)에 관한 자신의 경험을 언급하면서 말한다(7-11절). 그가 본 환상 가운데서 베드로는 하나님께서 저희나 우리나 분간치 아니하셨음을 알았다(9절). 하나님의 포괄적 은혜(롬 2 : 11을 참조하라.)를 깨달았기 때문에 베드로는 "우리가 저희와 동일하게 주 예수의 은혜로 구원받는 줄을 믿노라."라고 폭탄선언 같은 결론을 내린다. 이 결론은 로마서의 바울과 루터를 기쁘게 할 것이다. 베드로는 성령의 은사와 이방인들이 교제 속으로 들어오고 있는 실제적인 **경험**은 물론 그의 이론을 그가 받은 새 계시(환상)에 근거하고 있다. 베드로의 증언은 바나바와 바울에 의하여 확증되었다. 그들은 "하나님이 자기들로 말미암아 이방인 중에서 행하신 표적과 기사……"(12절)를 말했다. 경험에 근거한 또 하나의 논증이었다. 마치 그들의 이론에 도장을 찍어 주듯이 야고보(아직 우리가 만나지 않은 어떤 인물)가 일어나 이방인 선교를 지지하는 **성경말씀**을 인용하여 선지자가 이에 동의함을 주장한다(15-18절). 야고보는 아모스 9 : 11~12(Septuagint, 히브리어 구약성경의 헬라어역-역주)을 인용하고 있다. 참하나님의 백성의 회복을 말해 주는 본문(16절)이며, "내 이름으로 일컬음을 받는 모든 이방인들"(17절)을 포함시키는 말씀이다. 지혜로운 성경인용이다. 아모스는 이 이방인 개종자들이 율법의 요구를 따를 필요에 대하여 아무것도 말하지 않기 때문이다. 말씀을 지혜롭게 선택했다.

15 : 7~21에 있는 토론의 방법은 교회가 어떻게 토의해야 하는지에 대한 쓸모있는 지침이다. 한 가지 예를 들면, 교회가 지도자들에게 귀를 기울였다는 점이다. 바울은 이방인을 할례하는 문제에 있어서 베드로와

일치하지 않음을 그의 서신서들에서 말했다. 이 사실은 15 : 7~11에 서술되어 있는 베드로와는 같지 않음을 시사한다. 여하간 교회는 지도자들을 단순히 관리자들이나 관료적인 직원들 이상으로 그들에게 의존하고 있었다. 교회는 우리의 논쟁 중에 무엇이 문제인가를 보는 큰 시야를 가진 사람들과, 선명하고 용기있게 말하는 사람들을 필요로 한다. 그러나 교회가 정당한 절차에 따라 결의를 하고자 할 때 감정, 감상, 간부들의 세력, 씨족이나 성(性)에 대한 고려, 지도자들의 견해, 교인들의 과반수 찬성(오늘날 교회가 논쟁을 판결하는 방법들)은 그렇게 중요하지 않다. **경험**에 의한 확증과 **성경**에 의한 증거와 함께 새로운 **계시**가 교회를 위한 합당한 측정법이다. 이들 세 가지 표준을 갖지 않는 교회는 훌륭한 토론을 할 수가 없다. 모든 잡다한 의견들은 억제되어야 한다. 교회가 우리의 논쟁 때문에 파멸될까봐 두려워서 그것들을 용인해서는 안 된다. 왜냐하면 우리는 우리들의 논쟁을 판결할 만한, 일반적으로 인정할 만한 어떤 권위를 갖고 있지 않기 때문이다. 일치된 마음과 열려진 마음이 권위가 없는 교회를 위한 유일한 가치가 된다. 이 가치는 교회의 신실성을 지키기 위하여 궁극적으로 합당치 않은 것을 입증해 낸다. 계시와 성경과 경험에 호소해도 교회 내부의 상이점들은 쉽게 해결되지 않는다. 그러나 이 세 가지 기준은 우리의 토의를 위한 경계를 정해 준다. 이것들은 호소할 수 있는 최후의 법정이다.

야고보는 경험과 성경의 증거에 근거하여 "이방인 중에서 하나님께로 돌아오는 자들을 괴롭게 말고"(19절)라고 제안한다. 누가의 예수(Luke's Jesus)는 구원을 율법으로부터 분리하셨거나, 아니면 최소한 이방인들을 먼저 유대인으로 만드시는 그런 일을 하지 않고도 그들을 구원에 동참시키는 길을 찾아내셨다. 그리스도인의 사랑과 공동체에 대한 관심은 이 동참의 정신을 더하게도 하고 덜하게도 한다. 유대인 그리스도인들의 감정에 대한 배려로(갈 2 : 11-21의 주요 관심사) 이방인 그리스도인들은 네 가지를 지키도록 했다 : 이교의 신에게 바쳐진 것은 무엇이든지 먹지 말 것, 근친 결혼을 피할 것, 목매어 죽은 동물들의 고기를 먹지 말

것, 피에 관여하는 일을 피할 것 등이다(15 : 20 – 21). 레위기 17~18장은 이들 규례를 이스라엘 안에 거주하는 유대인들과 이방인들에게 공(共)히 적용한다. 야고보는 이들 이방인을 히브리 성경에 있는 '나그네들'과 유사하게 보고 있는 것 같다. 이리하여 이방인 그리스도인들은 양심적인 유대인들과 교제를 원하는 나그네들을 위하여 정해 놓은 최소한의 요구사항들을 지켜야만 했다. 주의 식탁에서는 우리 이방인들은 계속해서 유대인 주인의 손님들이다.

교회로의 개종은 환영이지만, 제한이 없는 것은 아니었다. 개종하는 이방인들을 자신들과의 교제에 동참시키기 위하여 유대인 그리스도인들에게 변화가 요청되었다. 그와 같이 개종하는 이방인들도 그 교제가 좋아지기 위하여 변화하지 않으면 안 되었다. 누가는 이방인 선교에 열심을 갖고 있는 중에 옛 이스라엘이 새 이스라엘인 교회에 의해 대치되었다고는 주장하지 않는다. 대신에 이방인들은, 모두가 좋기 위하여 기초적인 몇몇 레위기적 표준들을 고수하도록 요청하는 다시 구성된 이스라엘로 영입되었다.

누가는 그 어디에서도 예수께서 율법을 폐기하셨다고 암시하지 않는다. 이방인들이라도 유대인이 아닌 그들에게 적용되는 율법의 그 어떤 부분을 지켜야 한다는 것이다. 율법을 율법주의(legalism)와 동일시하는 우리 개신교의 경향은 우리로 하여금 율법을 누가가 보는 것처럼 보지 못하게 한다. 유대교에 있어서 율법은 구원을 얻는 수단이 아니다. 유대인들은 하나님께서 은혜로우시고 용서하시는 분임을 알고 있었다. 누가에게 있어서 율법은 구원의 수단이 아니라, 하나님의 백성의 일원으로서 자신의 정체성(identity)을 표현하는 한 수단이다 – 엄격히 말하면 어떤 유대인도 선물로 주신 율법을 통한 하나님의 구원과 하나님의 백성으로서의 정체성을 분리한다는 것을 알지 못했을 것이기는 하지만 말이다. 먹기에 관한 의식상의 규칙들은 결혼을 위한 윤리적 규칙들, 금전, 살인에 관한 규칙들과 똑같이 중요했다. 유대인들은 이교도의 세계 속에서 한 백성을 갖고자 하시는 하나님의 은혜로운 결의에 대하여 증인들이 되어야 한다. 유대인의 특성이 되는 다른 표적들은 소멸되었기 때문에, 그들의 왕이나 땅이나 성전과 똑같이, 율법은 그 백성을 함께 뭉치도록 붙들어 주고 있었다. 율법을 통하여 유대인들은 우상이 가득한 세상 안에서 한 분의 참하나님을 기꺼이 증언했다(E. P. Sanders).

이것이 율법에 대한 누가의 견해였다. 하나님의 백성은 하나님의 법에 따라 살 것이다. 그렇게 하는 데 실패한다면 선택받은 공동체는 분해되어 제국의 다른 종파로 흡수될 위험에 처하게 될 것이다. 바울은 유대인과 이방인의 문제를 하나의 방법으로 해결했고, 누가는 또 다른 방법으로 해결했다. 누가는 결코 "그리스도는……율법의 마침이 되시니라."(롬 10 : 4)고 말하지 않을 것이다. 이방인들은 하나님의 가족에 포함되어야 한다. 그러나 가족이 되려면 말씀을 믿고 성령의 은사를 믿음으로써 가능하다.

사도와 장로와 온 교회는 야고보의 제안을 좋게 여겼다(22절). 예루살렘의 모교회로부터 안디옥교회로 결의와 계획을 쓴 한 편지가 보내졌다(22-29절). 안디옥의 새 회중은 크게 기뻐했고(31절), 이방인들 중에서의 사역은 계속되었다. 내부의 불신은 말할 것도 없고 외부의 반대자들, 즉 유대인들과 이방인들을 이겨내야 했던 이 어린 교회는 아마 가장 억센 적(敵)이라고 말할 수 있는-교회 정책에 관한 동료 그리스도인들간의 불일치를 극복할 수 있음을 과시했다. 그러한 경우에 교회가 종종 범할 수 있는 실수-싸움 회피, 상이한 것들을 묻어 두거나 발끈 화를 내면서 사납게 구는-를 하지 않고, 사도들은 복음이 논쟁거리에 의해 파멸되지 않고 오히려 맞설 수 있는 힘을 자신들에게 주었음을 잘 보여 주고 있다. 분열을 너무 두려워하여 훌륭한 토론을 할 만한 어떤 보편적이고 의무적인 믿음을 갖지 못한 너무도 허약한 회중들이 있다. 누가는 그러한 교회들을 언급하지 않는다. 왜냐하면 그들의 제대로 알지 못하고 점잔 빼는 이야기들은 누구에게도 용기를 줄 수 없기 때문이다.

피를 먹지 말라와 같은 그러한 오래된 편견에 대하여 왜 이렇게 소란들인가? 바울과 바나바가 예루살렘의 회의 중에 훌륭하고 개방적인 '자유주의자들' (liberals)로, 그리고 그들의 반대자들은 반발하는 '보수주의자들' (conservatives)로 보려는 우리의 타성을 억제하고 이 사실을 상기하자. 이방인 선교와 그 선교를 설명하는 모든 이들이 이스라엘의 진실되고 역사적인 신앙에 충실히 행동하고 있다는 사실 말이다. 누가의 이야기에 있어서 바울은, (야고보가 인용한 아모스 9장 말씀이 좋은 예인데) 그가 이방인들에게 빛이 되기를 거절했다면 역사적 증언에 충실할 수가 없었을 것이다. 우리들 자신의 완고한 반전통적 신앙지상주의(信仰至上主義)로 "기분 좋으면 그대로 하라."(if-it-feels-good-to-you-then-do-it)라는 분위기 속에서는, 우리는 왜 바울과 사도들이 할례자들의 관심거리를 진정시키기 위하여 온갖 말썽들 속으로 들어갔는지 이상하게 여길 것이다. 우리들에게 있어서 교회는 이스라엘의 역사적 신앙에 충실하기보다는 포용, 공개, 긍정에 더 관심을 갖는다. 우리는 교리와 도덕의 역사적 표준들을 그것들이 과거 역사의 조건에 맞추어져 있고 그 문화에 매였으며 우리의 더욱 발전된 세계관에 전혀 맞지 않는 것으로 여겨 너무 성급하게 배격한다.

사도들은 바울과 바나바를 "우리 주 예수 그리스도의 이름을 위하여 생명을 아끼지 아니하는 자"(26절)로 그 새 교회들에게 추천했다. 우리는 교회 정책에 관한 우리 시대의 토론양식으로 그들의 증거를 오만한 눈으로 보기 전에 최소한 그들에게 준 신임장의 권위를 인식해야 한다. 그 신임장들은 피로 쓰여진 것들이다.

여러 교회에서 사역
사도행전 15 : 36~19 : 20

예루살렘의 회의 이후에 누가는 바울과 바나바가 돌아오는 길에 그들이 설립한 모든 교회들을 방문하고 있음을 기술한다(15 : 36). 이렇게 함으로써 누가는 이방인 중에서 시행한 바울의 사역에 관한 많은 이야기들을 짜맞추는 기회를 갖게 된다. 이 이야기들은 바울이 그리스-로마

(Greco-Roman) 세계의 위대한 문화의 중심지인 아덴(Athens), 고린도(Corinth), 에베소(Ephesus) 등지로 들어가는 내용들이다. 사도행전에는 이방인들을 향한 네 가지 주요 이동이 있다 : (1) 10장에 있는 고넬료(Cornelius)를 향한 베드로의 이동, (2) 11 : 19~21에 있는 구브로(Cyprus)와 구레네(Cyrene)에서의 그들의 사역, (3) 13~14장에 있는 바울과 바나바의 사역, (4) 16~20장에 있는 바울과 실라(Silas)의 사역 등이다. 매번 이동할 때마다 이방인들 중에서 있었던 사역들은 눈여겨보면 예루살렘에 의해 확인을 받고 있음을 알 수 있다. 마지막 세 번의 이동 중에는 각각 이방인 그리스도인들 편에서 그들의 동료 유대인 그리스도인들을 향한 교제의 몸짓이 있다(11 : 27-30, 15 : 31, 21 : 20-24, 26). 누가는 그의 이야기를 신중히 짜맞추면서 그의 중심 주제인 온갖 장벽을 넘어 교회가 온 세계 속으로 확장되고 있음을 줄곧 강조하고 있다. 동시에 데오빌로의 시대의 교회가 만나고 있었던 수많은 실제적 난관들도 취급하고 있다. 누가는 우리가 그들을 오늘 우리의 회중들과 비교하기를 희망한다. 그리고 우리 시대에 믿음으로 살아가기를 애쓰면서 초기 회중들 내부에 있었던 난관(dilemma)에 관한 자기의 기록들과 행동을 같이할 수 있기를 희망하고 있다.

15 : 36~16 : 10
계속된 이방인 선교 : 마게도냐로

바울과 바나바의 팀(team)이 분산된 데 대해 누가가 제시하는 이유는 갈라디아서 2 : 11~13에 기록된 바울의 설명과는 같지 않다. 자기가 바나바와 교리적인 상이점들을 가지고 있었다는 바울 자신의 주장은 누가의 목적에는 잘 맞지 않는다. 그리하여 누가는 바나바와 바울 사이의 신학적 논쟁을 의무를 다하지 않았던 마가 요한(John Mark)에 관한 개인적 말다툼으로 변형시키고 있다. 마가 요한은 제1차 전도여행 중도에 되돌아갔었다(13 : 13). 바울은 예언자였던 실라(Silas, 15 : 40)와 디모데

(Timothy) - 유대인 그리스도인 어머니와 헬라인 아버지(16 : 1 - 2)의 아들 - 를 선택했다. 바울은 디모데가 할례 받기를 요청하기에 이르는데(예루살렘 회의의 판결이 있은 후에 약간 놀라운 요청이었다.), 이것은 유대인 그리스도인들의 정서를 해치지 않기 위해서였다. 바울은 실라와 디모데를 선택하고 디모데가 할례 받기를 주장함으로써 선교를 강력하게 추진하기 전에 확실하게 전통의 멍에를 스스로 메는 충실한 유대인임을 다시 한번 보여 주고 있다.

누가가 우리에게 제시하는 자료들로 그들의 '여정'(旅程)을 재구성하기란 어려울 것이다. 왜냐하면 그는 분명히 2천 마일이 넘는 여정을 분명히 요약하고 두세 절 안에 압축시켰기 때문이다. 우리는 갈라디아(Galatia)와 브루기아(Phrygia)에 어떻게 교회가 설립되었는지 듣지 못하고 있다 - 오히려 어리둥절하게 된다. 왜냐하면 16 : 6에서 바울은 그곳에 가서 설교하는 것이 성령에 의해 금지당했기 때문이다. 누가가 바울과 바나바의 헤어짐에 관한 기록을 바꿔 쓴 것은 말할 것도 없고, 이러한 생략과 압축들은 우리로 하여금 이 사실을 상기하게 한다. 누가는 역사적 자료들을 가지고 쓰고 있지만, 그의 주요 관심은 지리적이거나 역사적인 것이 아니라 신학적인 것이었다는 사실이다. 누가에게는 역사적 상세함이 "이에 여러 교회가 믿음이 더 굳어지고 수가 날마다 더하니라."(16 : 5)와 같은 신학적 주장만큼 그렇게 중요하지 않다.

교회에 부딪쳐 오는 새로운 도전들로 인하여 새로운 지도력이 요망되었다. 일찍이 우리는 이스라엘의 열두 지파에게 증거하기 위하여, 제자들의 수를 채우고자 교회가 어떻게 맛디아(Matthias)를 선택했는지를 보았다(1 : 15 - 26). 6 : 1~6에는 과부들에게 물질을 분배하는 데 있어서 불공평을 시정하기 위해 일곱 사람이 선택되었다. 그리고 바나바(Barnabas)는 사울을 찾아갔다(11 : 25 - 26). 안디옥의 새 교회에서 같이 일하기에 참으로 적합한 사람으로 여겼기 때문이다. 지금 우리는 바울이 유럽 선교를 위하여 동행케 하려고 디모데를 택하고 있음을 본다(16 : 3). 앞에서 맛디아는 열둘이라는 수를 채우기 위하여 선택되었다.

왜냐하면 그는 예수의 사역 내내 예수와 함께 있었기 때문이다. 사울(Saul)은 안디옥에 있는 헬라파 유대인들(Hellenist Jews), 이방인들과 일하기 위하여 선택되었다. 왜냐하면 그 자신이 이전에 헬라파였기 때문이다. 지금 디모데가 선택되고 있다. 그는 좋은 사람으로 생각되고 있었을 뿐만 아니라 그의 배경을 볼 때, 그는 유대인과 이방인을 연합시키고 있기 때문이다. 교회 안의 지도력은 교회가 무엇을 해야 할 필요가 있는가에 따른 하나의 기능이다. 어떤 인물이 교회에 의해 선택되는 것은 특전이나, 개인적 권한이나, 개인의 신분의 문제로서가 아니라 교회 사명의 기능으로서이다. 교회는 그 인물이 교회의 사명을 용이하게 하는 그 무엇을 가졌는지를 보고 결정한다. 우리는 디모데의 선택 중에서 이 원칙이 다시 적용되고 있는 것을 본다.

이 부분 역시 복음의 앞길에 놓인 모든 장벽을 극복하시는 성령의 지속적인 능력에 우리의 주의를 기울이게 한다. 앞에서 본 장벽들에는 모임 그 자체 안의 내부적 약점(아나니아와 삽비라의 거짓말)은 말할 것도 없고 이방인들의 비웃음과 유대인들의 적대행위가 있었다. 15 : 1~35에서 우리는 교회 안의 의견 상충(相衝)의 장벽을 만났었다. 그 장벽은 예루살렘의 회의를 통하여 '성령과 우리'에게 좋게 보이는(15 : 28) 해결로 극복되었다. 지금 교회의 지도적 위치에 있는 두 선교사들이 마가 요한에 관하여 논쟁을 하고 있다(15 : 37 - 38). 어떤 운동의 창설자들 사이의 말다툼은 방금 시작된 그 조직을 파멸시키는 데 그치지 않는다. 이 지도자들의 불화는 이 어린 교회를 파멸시킬 것인가? 이로써 이방인 선교는 끝이 될 것인가? 진실로 그렇지 않다! 이제는 이방인을 향한 하나가 아닌 둘의 선교 공격대(thrusts)가 있게 되었다. 교회 지도자들 사이의 의견 차이라도 교회의 선교 사역을 갑절로 만드는 데 기여할 뿐이었다. 어떤 것이라도, 교회 내의 말다툼이라도, 대체로 성령에 의하여 "교회가 믿음이 더 굳어지고 수가 날마다 더하게 되는"(5절) 수단으로 바뀔 수 있다. 인간의 한계나 새로운 젊은 지도자들의 결여 등 그 무엇이라도 성령의 역사를 중단시킬 수 없다.

기독교 선교의 사역은 단순히 새로운 교회들을 설립하는 사역이 아니다. 어린 회중들은 어린 그리스도인들과 마찬가지로 조심스럽게 믿음을 갖도록 양육되어야 한다. 그리하여 바울과 실라와 디모데는 설립된 회중들을 양육하기 시작했다. 잠시 후에 바울은 환상을 통한 위임을 받는다 : "마게도냐로 건너와서 우리를 도우라"(16 : 9). 이 부분을 끝내면서, 경고도 없이, 우리는 누가가 그의 이야기의 태도를 놀랍게 전환하고 있음을 주시하게 된다. 16 : 10에서 처음으로 제1인칭 복수형을 사용하고 있는 것이다. 사도행전에 '우리들' 로 된 구절들이 구성하고 있는 말씀은 모두 97절이나 된다 : 16 : 10~17, 10 : 5~15, 21 : 1~18, 그리고 27 : 1~28 : 16이다. 학자들은 이 '우리' 가 들어간 구절들에 대한 가능한 설명을 세 가지로 발전시켰다 : 아마 사도행전의 저자는 바울이 했던 여행의 어떤 부분에 바울의 동반자로서 여행하고, 그가 제1인칭 복수형으로 바꾸어 기록한 때에는 그의 일기를 썼던 것 같다. 다른 이들은 말한다. 이 '우리' 는 사도행전의 저자가 사도행전의 자료들 중 하나에서 발견한 것으로, 그 인물이 실제로 바울의 동반자는 아니었지만 본서에 편입되었다는 것이다. 또 다른 가능성은 '우리' 는 바울의 여행이 실제로 있었던 당시의 교회의 시대와 이들 여행이야기가 사도행전의 기록과 같은 기록들 안에 수집되던 때와의 간격을 연결짓는 교묘한 수단으로서 누가가 사용한 문학적 수법(literary device)이라는 것이다.

'우리' 가 들어 있는 구절들이 다른 자료로부터 온 것 같지는 않다. 왜냐하면 이 구절들은 사도행전의 다른 부분과 사실상 구분이 안 되고 있기 때문이다. 우리는 사도행전의 저자가 바울의 여행에 동반자였는지는 확실히 말할 수 없다. 그러나 우리가 확실히 알 수 있는 것은, 저자가 '우리' 를 사용함으로써 그 이야기는 감동을 주는 이야기들이 되게 하는 극적 긴박성을 더해 주고 있다는 사실이다. 우리가 "하나님이 저 사람들에게 마게도냐에서 복음을 전하라고 우리를 부르신 줄로 인정함이러라."(16 : 10)는 단정적인 말을 하고 있는 자들의 다음 이야기를 읽을 때 그러한 것과 같다.

16 : 11~40
빌립보에서의 투옥과 석방

우리 모두가 그것을 기반으로 서로 손을 잡을 수 있는 요건이 있다면 그것은 언론의 자유, 종교의 자유와 같은 자유이다. 자유는 학문의 세계에 있어서도 복된 보화이다 – 생각의 자유, 교육의 자유, 출판의 자유 등이다. 자유는 또한 강단의 복된 보화이다 – 말하도록 하나님이 인도하신다고 느끼는 대로 말하는 자유이다.

자유라고? 오늘 우리는 강도에 대한 경보장치와 약상자들, 그리고 우리 자신들의 두려움에 둘러싸여 있다 – 심장마비, 무기력, 정신이상, 파산 – 이것이 자유인가?

우리 미국인들은 시민들에게 전에 없는 분량의 자유를 부여하는 사회를 건설했다. 나는 내가 원하는 것을 공격적으로 따라잡기 위하여 최대한의 공간을 부여받고 있다 – 당신이 당신의 것을 얻는 동안 내가 당신과 충돌하지 않는 한 그렇다. 소위 문화란 욕망의 거대한 수퍼마켓이다. 이 수퍼마켓에서 시민들은 자기본위의 소비자들보다 약간 낫게 취급된다. 나는 선택의 자유를 갖고 있다. 그러나 지금 나는 나의 자유를 가지고 무엇을 하고 있는가? 우리는 자유롭다. 그러나 가혹하게 고독하고 가혹하게 끌려다니고 있다. 봉급생활자의 일자리, 담보잡힌 매달의 보수(payment), 피로한 어린이들, 대학에서 등급을 위한 골육상쟁의 시험들 – 이것이 오늘 우리가 가진 자유이다.

자유가 있다, 그러고 나서 자유가 있는 법이다. 이 자유의 문제(matter)에 있어서 우리가 가진 문제(problem) 중 하나는, 우리가 참자유가 무엇인지 알지도 못한다는 사실이다. 사도행전 16 : 11~40은 매여 있는 빌립보의 사람들과 자유로웠던 사람들에 관한 이야기를 들려준다. 이 이야기 중에 누가 자유로운가?

우선 우리는 부자 여실업인(女實業人)이며 하나님을 섬기는 사람 루디아(Lydia, 14절)를 만난다. 하나님께서 복음을 향하여 이 여자의 마음을 열어 주셨다. 그러자 루디아는 그리스도인의 특징인 친절한 대접을 해주며 집을 개방한다. 루디아의 개종은 여러 가지 이유로 흥미롭다. **첫째로**, 이야기를 전해 주는 이는 이 여자의 개종이 바울의 능숙함 때문이 아니라 **하나님의 일** 때문임을 분명히 하고 있다. **둘째로**, 루디아는 **여자**라는 점이다. 우리는 바울과 실라가 근동(近東)의 남자들이지만 여자들을 향하여 공공연히 말하고 있음(13절)에 대하여 놀랄 필요는 없다. 누가는 그의 복음서 안에서 갈릴리로부터 예수를 따랐던 여자들을 두 번 언급했다(눅 23 : 49, 55). 그의 복음서 전반에서, 그리고 사도행전에서 '비천한 자들' 에 대하여 그가 보여 주는 상세한 관심은 한 사람의 작가로서의 그의 특징을 보여 준다. 예수께서 죽음에서 부활하셨음을 알리기 위해 남자 제자들에게 달음박질했던 최초의 복음전도자들은 사회적으로 지위가 낮았던(숨어 있던) 여자들이었다(눅 24 : 9).

전통적인 유대인들의 관념과 헬라 - 로마(Greco - Roman)의 관념들과 비교할 때, 교회는 여자들을 환영하고 그들을 지도자들과 선지자들로 내세운 면에 있어서 혁신적으로 보인다(고전 11 : 2 - 16). 여자들은 남편의 허락이 없어도 이 운동의 일원이 될 수 있었으며, 바울은 그것을 하지 못하도록 권고하고 있지만, 이교도 남편에게 이혼을 신청하기도 했던 것 같다(고전 7 : 13). 초대교회는 초기 회중들이 보여 주었던 여자들의 재능과 지도력으로 당시 여자들에 대한 문화적 제약들을 없애보려고 노력했던 것처럼 보인다. - 예컨대 지도자로서 여자들의 문제에 관하여 바울이 했던 좀 혼동을 주는 말들에서처럼(고전 11 : 2 - 16, 14 : 33 - 36), 그러면서도 루디아와 같은 여자 지도자들을 세웠다. 아마 누가는 데오빌로의 교회 - 여자들의 지위에 관하여 더욱 전통적인 문화적 관습으로 되돌아가고 있었던 것 같은데 - 로 하여금 여자들의 지도력이 사도적 관례임을 확신시키기 위하여 루디아와 같은 여자들의 역할을 탁월하게 보고 있는 것 같다.

셋째로 루디아는 **부자였던** 여자이다. 누가는 그의 복음서의 시초에 성모 마리아의 찬가(*Magnificat*, 눅 1 : 51 - 53)에서 부자에 대하여 경고

하는 마리아의 말을 기록했다. 그의 복음서와 사도행전의 전반에 걸쳐, 누가는 소유물을 하나의 특이한 위험물로 그려낸다. "약대가 바늘귀로 들어가는 것이 부자가 하나님의 나라에 들어가는 것보다 쉬우니라"(눅 18 : 25). 그러나 누가는 막스주의자들(Marxists)의 '계급투쟁'(class struggle)과 같은 분열을 조장하는 개념이나, 어떤 자유주의 신학의 극단적인 '가난한 자들에게 우선권'(preferential option for the poor) 같은 개념 속으로 빠져들고 있지는 않다. 예수께서는 삭개오가 그의 재산의 절반을 가난한 자들에게 주게 될 때 부자 삭개오를 구원하셨다(눅 19 : 1-10). 선한 사마리아인의 비유는 재산을 바르게 씀으로써 가능한 선(善)을 예증한다(눅 10 : 30-37). 교회 안에서 좀 부자인 교인들은 덜 가진 자들에게 나누어 준다(행 2 : 44-45, 4 : 32-35). 최초의 이방인 개종자 고넬료는 자선을 시행하는 사람으로 그려져 있다(10 : 2). 그리고 지금 루디아라는 부자인 여자는 손님 접대를 통하여 이 여자의 개종을 잘 보여 준다. 바울이 그 여자의 친절한 대접을 받는 사람으로 그 여자의 집에 머물기로 동의한 사실은, 때때로 남자와 여자를 갈라놓거나 회당 안에서 유대교에 입교한 사람을, 유대인과 이방인으로 갈라놓는 장벽이 교회 안에는 없음을 보여 준다. 루디아는 지금 손님을 접대하는 데 자유롭고, 바울은 지금 그리스도 안에서 그 여자를 자매로 받아들이는 데 아무런 거리낌이 없다(15절).

이 같은 계층간의 뒤섞임은 로마 세계의 상황에 비추어 볼 때 특별히 흥미롭다. 로마의 세계에서는 출생 때의 사회적 계층의 울타리를 넘어 어떤 이동을 할 수 없었으며 이동에 대한 기대도 하지 않았다. 계층은 태어날 때 고정되어 버리는 유전적인 것이었다. 단지 로마의 군대(그리고 때때로 사회적 특전을 받은 사람의 계층으로 여자가 결혼을 하게 될 때)는 더욱 경제적으로 향상된 계층으로 나갈 수 있는 상당한 희망이 부여되었다. 교회 안에서 사회적 계층을 넘어선 자유로운 친교와 따뜻한 대접에 대한 사도행전이 보여 주는 모습을 누가의 독자들은 놓치지 않을 것이다(Meeks, pp. 19-26).

셀수스(Celsus), 기독교의 평판을 나쁘게 하기 위해 책을 써 말썽을 부렸던 최초의 이교도 저자인 그는 주장했다. 교회는 이 신앙이 단지 "어리석은 자들,……노예들, 여자, 그리고 어린이들에게"만 호소력이 있었기 때문에 고의적으로 교육을 받은 자들과 부자들을 배제시켰다. "그들은 완전하게 되는 것을 배우기 위하여 양모(羊毛) 취급 상점이나 구두 수선집이나 여자 빨랫꾼의 가게"에 모인다고 했다(Meeks, p. 51). 많은 현대의 학자들은 교회에 대한 셀수스의 이 평가는 정확하지 않다고 느낀다-그의 기록은 막스주의 역사가들이나 가난을 낭만화하는 자들에게는 호감을 주어 왔지만 말이다. 초기 회중들이 1세기와 2세기에 놀랍게도 두드러지게 사회의 매력을 끌었다는 좋은 증거가 있다. 이렇게 된 것은 초대교회가-모든 사람의 생(生)의 처지를 설명하는 데 있어서 경제적 결정론을 자주 적용하는 오늘의 교회와는 다르게-사람의 가난이나 부를 궁극적으로 중요하게 보지 않았기 때문일까? 도르가(Dorca)의 관대한 도움을 받고 있던 그 가난한 자들(9 : 36-43)은 말할 것도 없고 부자 루디아도 교회 안에서 함께 예배를 드린다.

바울과 실라가 기도하는 곳으로 가던 중에 한 노예 여자가 다가와 말을 걸었다. 이 여자는 사람들의 점(占)을 쳐 주었으므로 자기 주인을 위하여 돈을 벌었다. 주인은 이 여자로 하여금 손금을 보게도 하고, 사업자들의 집회에서는 알아맞추기를 하게 했다. 이 여자는 마귀에게 사로잡혀 있었고, 정신적으로 균형을 잃고 있었다고 말할 수 있다. 이 여자는 바울과 실라를 따라와서 그들을 향하여 그들에 관한 것들을 말하며 소리를 지르고 있었다. 여기 노예가 되어 있는 한 모습이 있다-정신적인 질환에 걸려 있고, 정신분열증을 앓고 있으며, 어떤 '귀신'이 먹이감으로 붙들고 있다.

바울은 이 젊은 여자의 광란을 가라앉힐 수 있는 (충분한) 힘을 갖고 있었고, 그리스도의 이름으로 이 여자를 고쳤다. 하나님께 감사한다, 이 여자는 자유로워졌다! 그러나 아직은 아니다. 이 여자는 자유롭지 않다. 이 여자는 **노예**이다. 사람이라기보다는 하나의 재산인 것이다. "종의 주인들은 자기 이익의 소망이 끊어진 것을 보고 바울과 실라를 잡아가지고 저자로 관원들에게 끌어 갔다"(19절). 빌립보의 상공회의소(chamber of commerce)는 행동에 들어가고 있다.

어느 날 예수께서는 귀신들을 쫓아내어 돼지들 속으로 들어가게 하심으로써 정신적으로 미쳐 있던 사람을 고치셨다(눅 8 : 33). 이 자비의 행동으로 인하여 예수께서는 그 지방의 돈육취급협회(豚肉取扱協會, Pork Dealers Association)에 의해 즉시 읍 밖으로 쫓겨 나가시게 되었다(눅 8 : 37). 바울은 에베소에서 큰 부흥을 일으켜 많은 사람들이 개종하고, 그리고 모든 것이 너무 좋았다(행 19 : 23-41)-그러나 그 지방의 아데미 은감실 장인(匠人) 국제협회(the International Brotherhood of Artisans of Silver Shrine to Artemis) 회원 184명은 예외였다. 그들은 그 부흥을 전혀 좋아하지 않았다.

여기 젊은 여자가 있다. 이 여자의 온 생애는 지옥 같은 귀신의 속박에 매여 있다가 지금 자유로워졌다. 마땅히 기쁨이 있어야 하지만 그렇지 않다. 그 여자의 주인들은 그렇게 할 만큼 자유롭지 못하다. 지난 가을에 정신건강협회(the mental Health Association)운동에 1달러만 기부해도 좋아들했다. 그러나 이 사건은 다른 문제이다. 여기서 종교는 경제와 연루되고 있어, 이 여자의 주인들은 투자자들이 자신들의 이득이 위협을 받을 때 언제나 그렇게 하듯이 하고 있다.

여자의 주인들이 재판관에게 말한다. "우리는 어떤 사소한 종교가 제자리에만 있다면 그 종교를 반대하지 않는다." 그러나 "……이 사람들이 유대인인데 우리 성을 심히 요란케 하여 로마 사람인 우리가 받지도 못하고 행치도 못할 풍속을 전한다"(20-21절).

아니다. 우리는 나서서 우리의 경제적 이득이 위협을 받고 있다고 말하지 않고 우리들의 나라가 위협을 받고 있다고 말한다. "이 선교사들은 외국인들이야." 미국의 것만을(Buy American)!

이뿐 아니라, 그들은 유대인들이다. 우리 모두는 그들이 어떤 사람들인지 알고 있다. 돈을 움켜쥐는 유물론적(materialistic)임을 알고 있다.

만약 **민족주의**와 **반셈족주의**(anti-semitism)가 먹혀들지 않으면, 우리는 곧 **옛날의 종교**가 말했던 "그들은 우리가 행치 못할 풍속을 전한다." 라고 말한다. 민족, 종족, 전통은 모두 금전(金錢) 쪽으로 통한다.

그러자 군중은 **민주주의** 행동에 들어간다. 이 도시의 실업인 지도자들의 뒤에 선다. 그리고는 바울과 실라를 공격하고 매질한다. 바울과 실라는 이 도시의 감옥 중 뒷쪽 감방에 투옥된다. 간수는 그들의 발을 쇠로 된 착고에 채운다. 해방자들은 감옥에 갇힌 자들이 되었다. 예수께서는 가련한 젊은 여자를 자유롭게 하는 것을 도와 주셨었다. 그러나 두 명의 예수의 사람들은 이 과정에서 감옥에 갇히게 되었다. 그 예수께서 설교하셨다. "진리를 알지니 진리가 너희를 자유케 하리라."(요 8 : 32) – 그분께서는 마침내 어떻게 끝내셨는지 우리는 알고 있다.

바울과 실라는 감옥에 들어가는 것으로 끝나고 거기서 기력이 쇠하여지고 있었는가?(24절) 그렇지 않다. 이야기는 이렇게 이어진다. "밤중쯤 되어 바울과 실라가 기도하고 하나님을 찬미하매 죄수들이 듣더라"(25절). 잠깐, 사슬에 묶이고 발은 착고에 채웠는데 찬미하고 기도하다니, 감옥에서 일종의 시위를 하고 있다.

땅이 위아래로 움직이고 감옥은 흔들리며, 문들이 활짝 열리고 모든 사람을 묶었던 사슬들이 풀렸다. 간수가 깨어서 문들이 열린 것을 보고 겁에 질렸다. 맡고 있는 죄수들을 도망가게 한 간수에게는 어떠한 일이 있을 것을 안 그는 칼을 뽑았고, 치욕적인 간수가 되느니 명예롭게 죽겠다는 행동을 할 준비를 한다. 다른 사람이 갇혀 있는 감방의 열쇠를 가졌다고 해서 자유인이 되지 않는다. 쇠빗장이 감옥을 만들지 못한다.

바울이 소리친다. "네 몸을 상하지 말라. 우리가 다 여기 있노라. 그저 찬미하고 있노라." 간수가 말한다. "당신들은 사슬에 매여 있었으나, 지금은 도망갈 수 있도록 풀렸다." 바울은, "아니다, 우리 죄수들은 자유롭다. 우리의 간수인 당신은 매였었다. 그러나 지금 도망할 수 있도록 자유롭다."고 말한다.

그러자 간수는 묻는다. "내가 어떻게 하여야 구원을 얻으리이까?(30절)

내가 어떻게 하여야 자유로워지리이까?" 그리고 그는 세례를 받았다.

무엇이 자유인가? 이 이야기의 끝에 이르기까지 모든 사람이 처음에는 자유로운 것처럼 보였다 – 노예 여자의 주인들, 재판자들, 간수 – 그러나 그들은 모두 구속 중에 있었다. 그리고 처음에 노예들로 보였던 사람들 – 노예 여자, 바울과 실라 – 은 자유의 사람들이다.

내가 교회에서 어떤 모임 중에 여자들에 관하여 말하자 어떤 이가 일어나서 말했다. "연방정부는 이 나라의 여자들을 위하여 교회가 생각했던 것보다 더 많은 일을 했습니다. 마침내 정부의 도움 때문에 여자들은 직장에서 남자들과 동일한 수준이 될 수 있었습니다." 그리고 나는 라디오에서 역사 이래 처음으로 여성들 중 폐암의 발생 비율이 남성들과 동일하게 되었다는 것을 들었다. 고혈압, 심장 질환, 그리고 다른 스트레스가 연관된 질환들의 비율이 여성들 중에서 올라가고 있으며, 어떤 이들이 느끼기로는 앞으로 여러 해가 되기 전에 미국 여성의 평균 수명이 남성들보다 줄어들게 된다는 것이다.

당신들은 먼 길을 달려왔다. 오늘날 당신들이 도달한 그곳에 이르기 위해서인가? 자유가 있고, 자유가 있다. 일찍이 예수께서는 "너희가 내 말에 거하면 참 내 제자가 되고 진리를 알지니 진리가 너희를 자유케 하리라."(요 8 : 31–32)고 말씀하셨다.

그들은 목에 힘을 주고 머리를 쳐들며 대답했다. "우리가 아브라함의 자손이라. 남의 종이 된 적이 없거늘 어찌하여 우리가 자유케 되리라 하느냐?"(요 8 : 33)

그들은 거짓말을 했다. 자기들의 자유에 관하여 그처럼 오만하게 말했던 자들은 목에 시저의 멍에를 메고 있으면서 말했던 것이다 – 애굽, 앗수르, 바벨론, 로마의 노예들이었다. 진실로 그들은 자유롭지 않았다.

그러자 예수께서는 "그러므로 아들이 너희를 자유케 하면 너희가 참으로 자유하리라."(요 8 : 36)고 말씀하셨다.

빌립보에서, 자유라는 것이 있고, 진정한 자유가 있음이 분명히 보여졌다.

17 : 1~15
소란해진 제국 : 데살로니가와 베뢰아

"천하를 어지럽게 하던 이 사람들"(17 : 6)이라는 이 말은 사도행전 전반에 걸쳐 잘 꾸며댄 하나의 고발이다. 데살로니가에 있던 시기심 많은 유대인들이 바울과 실라를 기소했던 이 조작된 혐의에는 진리의 씨앗보다 더한 것이 그 속에 있었다. 사람들과 당국은 제자들이 정치적으로 위협하는 것은 아닌데도 그들을 두려워하고 있고, 제국은 이들 그리스도인을 풀어 주고는 불안해 했다. 이 그리스도인들은 "다른 임금 곧 예수라 하는 이가 있다."(17 : 7)고 가르친다(*특주 : 누가의 정치론*을 보라.).

바울과 실라는 베뢰아(Beroea)의 회당에서 보다 나은 대접을 받는다(17 : 10-14). 이 회당의 사람들은 "데살로니가에 있는 사람보다 더 신사적이어서……이것이 그러한가 하여 날마다 성경을 상고"했다(17 : 11). 이 말이 암시하는 바는 만일 그들의 동료 유대인들이 베뢰아에 있는 유대인들처럼 성경의 약속들을 찾는 노력을 기울였더라면, 그들은 바울과 실라가 선포하는 내용이 이스라엘의 성경에서 사실임을 발견했을 것이라는 사실이다. 데살로니가에서 온 유대인들이 베뢰아에서도 불화를 일으키기 전에는 모든 일이 잘 진행되고 있었다.

이방인 선교의 좀 뒷단계이지만, 우리는 다음 사실들을 주시한다 : (1) 바울은 계속해서 성경을 상고하는 회당들을 먼저 찾는다. 그리고 (2) 모든 유대인이 복음을 배격하고 있지는 않다. 받는 자들과 안 받는 자들이 계속 함께하고 있었다. 우리는 최소한 이 시점에서 어떤 쪽의 반응이 더 우월했다고 말하지 않는다. 말씀을 가르쳤을 때-연이어 세 번의 안식일 동안이나(2절)-우리는 실제로 어떤 자들은 그것을 배격했다고 인정한다. 그러나 현실적으로 많은 이들이 믿었다는 낙천적인 확신도 갖게 된다-적잖은 지도적 위치에 있는 헬라의 남자들과 여자들이다! 누가는 영향력 있는 사람들을 믿음으로 이끄는 데 있어서 바울이 거둔 성공에 관하여 자랑스럽게 말하고 있는 것일까? 아니면 성령께서 '높은 지위에 있는' 사람들까지 개종시키실 수 있음에 놀라고 있을까?

17 : 16~34
아덴에서의 바울, 문명인들의 우상숭배

우리는 복음의 능력이 부자와 가난한 자들, 유대인과 이방인들, 종과 자유인, 남자와 여자들에게 미치고 있음을 보아 왔다. 그러나 복음이 대학 도시의 약아빠진 지식의 분위기 속에서도 물러서지 않게 될까? 누가는 바울이 아덴(Athens)으로, 이교 문화의 바로 그 심장부로, 페리클레스(Pericles)와 플라톤(Platon)의 도시로 간 것을 말해 준다.

솔직히 바울은 아무런 인상도 받지 않는다. 피디아스(Phidias)의 조각들은 그를 감동시키지 않는다. 그는 선량한 유대인인고로 아덴을 '우상이 가득한' 황무지나 다름없이 보고 있다(17 : 16). 그는 유대인들, 에피쿠로스 학파의 철학자들(Epicureans), 그리고 스토아 학파의 철학자들(Stoics), 이 '수다쟁이'(babbler)를 학문적으로 경멸하는 그들과 쟁론한다(18절). 다른 이들은 신중한 탐구와 조심스런 조사를 한 뒤에 "이방 신들을 전하는 사람인가보다."(18절)라는 아연실색할 결론을 내리기도 했다. 아마 바울이 그들에게 전해 주는 것은 무엇이나 그들의 만신전(萬神殿, pantheon)에 흡수시켜 생각했기 때문인 것 같다. 그들이 가진 전설적인 아덴식 호기심으로 바울은 아레오바고(Areopagus) 광장으로 안내되었다. 아덴인들은 이 광장에서 지성인들이 즐기는 행사를 하면서 그들의 날을 보낸다 - 새로운 관념들을 탐구하면서 그들의 지루함을 해소했다. 진기함은 진리보다 더욱 신속하게 그들의 주의를 끌었다. 그리하여 이교적 지식이 매우 성행했다.

누가는, 이러한 배경이 공격을 가할 기회요, 기독교 문화를 경멸하는 그들에게 복음으로 호소할 수 있었다고 쓰고 있다. 잘 짜맞춘 전형적인 한 편의 웅변으로 사실상, 그리스도인 소크라테스인, 바울은 우선 그의 청중을 칭찬한다(22 - 23절). 그들은 우상숭배자들이지만 최소한 탐구자들이다. 그들의 경배의 대상은 잘못되었으나 예배에 대한 충동심은 옳았다. 그는 '알지 못하는 신에게' 라는 제단을 보았었다(23절). 그들의 종교적 열망은 유일신을 섬기는 유대인들에게는 수치스러운 것이었다. 그러나 그 열망은 오직 성경만이 보여 줄 수 있는 하나님을 향한 것으로 아직 알지도 못하고 전해 듣지도 못한 그런 것이었다.

때로 믿는 이들은 기독교 문화를 경멸하는 자들이 자기네 종교에 심취하는 것을 비난의 눈으로 바라본다. 이교도인들은 기독교 신앙을 '극단적으로 단순한', '과학 이전의', '미신적인 것' 이라고 비평한다. 그리고 점성술, 초월적 명상(transcendental meditation), 비교(秘敎)의 종파(esoteric cult), 또는 희심의 인간주의(happy hearted humanism) 등의 이상한 위안의 수단들을 찾아 달려간다. 그리하여 그들은 그리스도인들을 극단적으로 단순한 자들이라고 부르는 무례를 범한다. 그러나 바울은 그가 아레오바고(Areopagus) 광장에서 말한 것같이 최소한 그들이 무엇인가를 찾고 있다고 말하는 것 같다. 최소한 그들은 인생에 의미를 주고 세상과 긴밀한 관계를 갖는 그 무엇이 필요함을 알고 있었다. 교회는 이교도의 깊은 종교성으로부터 뒤로 물러서서 분을 품고 손가락질하는 대신에 아덴의 바울처럼 그들의 탐구에 도움을 주어야 한다.

바울은 계속한다. 창조에 대한 그들의 지식에 호소하면서(왜냐하면 그는 성경을 알지 못하는 이교인들에게 성경을 인용할 수 없었으므로), 우리의 보편적인 인간성에 호소하면서 그 하나님이 "우주와 그 가운데 있는 만유를 지으신……"(24절) 것을 주장한다. 이 크신 하나님은 손으로 지은 전에 갇혀 계실 수 없고(24절), 우리가 그분만을 섬길 때 우리의 참 목적을 발견하도록 온 세계 위에 어디에나 존재하고 계신다고 말한다(28-29절). 지금까지는 이교인들의 무지를 그냥 보아 넘기셨다. 그러나 지금은 세계에 거주하는 모든 자들을 창조하시고 또 심판하시게 될 한 분의 참하나님께로 향할 시간이다(31절).

누가의 바울은 자연계로부터 하나님에 대한 신앙 쪽으로 이치를 따져가면서 '자연신학'(natural theology)-자연계와 그것의 경이로움을 관찰하는 것이 우리 신앙의 선구자라는 신학－에 근접하고 있다. 사람이 어떻게 세계의 배후에 있는, 비록 알지는 못하지만, 그 참신(神)의 힘을 상상하지 않고 별들을 바라보고 세계의 신비를 생각할 수 있겠는가? 바울은 이교 시인의 시를 인용함으로써, 그리고 이교인들의 세계에 대한 경험을 말함으로써 자연계에 관한 말로 그들을 신앙 쪽으로 이끌어 가기를 바랐다. (실제로 바울은 이교도에게 호소하기 위해서가 아니라 그들이 죄 있음을 확증하기 위하여 자연신학을 응용했다－롬 1 : 18－23).

이렇게 바울은 세계에 대한 그들의 관찰력에 전적으로 호소했지만 그의 청중을 개종시킬 수 없었다. 계시는 관찰만으로는 미칠 수 없는 지경으로 우리를 데려다 준다. 너무도 많은 사람들이 자라나는 풀을 보고 세포가 분열하는 것만 보거나, 하늘을 바라보고 많은 현상들과 소용돌이치는 기체(氣體)를 본다. 자연신학은 예비적인 가르침 이상이 되기가 어렵다. 다른 무엇이 요구된다. 바울은 부활을 언급한다－자연계가 작용하는 방법을 보는 것과는 완전히 반대가 되는 사실이다. 자연계에서는 생물은 죽고 썩어 사라진다. 죽음은 죽음이다(Death is death). 되어진 것은 되어지고 마치고 끝나며 종결된다. 그러나 바울은, 그리스도인들에게는 예수의 부활이 우리의 '믿을 만한 증거' 라는 주장으로 그의 말을 끝내고 있다. 봄에 자라는 풀이 아니고 유럽 울새(robin)의 돌아옴이 아니며, 누에고치의 열림(opening)이 아니고 자연에 관한 다른 어떤 철없는 소리(drivel)가 아니라, 자연을 초월한 어떤 것, 즉 부활이 그분께서 "천지의 주재"(24절)가 되심을 최종적으로 믿게 하는 증거가 된다.

부활을 말함으로써 바울은 그의 청중으로부터 배척을 당하는 위험에 처할지도 모른다. 그들은 창조된 세계와 우리의 보편적인 인간성에 대해서는 동의할 것이다. 그러나 부활을 주장할 경우 가능한 아무런 '자연신학적' 증거를 제시할 수가 없다. 복음선포에 있어서 이성과 자연계의 관찰에 호소하면 그런대로 받아들여질 수 있다. 그러나 결국은 계시에 호소해야 하고, 이성과 경험에 대한 믿음은 보잘것 없는 것임을 분명히 해야 한다.

한계가 있다. 복음의 본질상 복음 전도자가 "여러 사람에게 내가 여러 모양이 된 것은 아무쪼록 몇몇 사람들을 구원코자 함"(고전 9 : 22)에는 능력의 한계가 있다. 바울의 말에 대한 반응은 그가 다른 데서 봤던 것과 매우 같았다 : 어떤 이들은 조롱하고(32절) 다른 이들은 믿었다(34절) – 그들 중에는 두 명의 뛰어난 아덴 사람들이 있었다.

그리스도인의 복음선포는 단순히 찬성하는 반응을 얻는 데 성공한 것만으로 판단되어서는 안 된다. 말씀이 신실하게 선포되는 곳에서 어떤 이들은 믿고 어떤 이들은 조롱한다 – 바울의 능숙한 웅변으로도 복음에 대한 무례는 제거되지 못했다. 실상은 그 웅변이 무례를 더 많아지게 했다.

칼빈은 "인간의 마음은 끝없이 우상들을 만들어내는 공장이다."라고 경고했다. 우상숭배는 반드시 무지하고 단순한 사람들의 소일거리가 아니다. 지성인들도 이 행위를 매우 잘 한다. 원래 진기하고 이상한 것을 알고 싶고 좋아하는 것은, 대학(academy)에서 많이들 그렇게 하는데, 어떤 새로운 아로새긴 형상에 대하여 알고자 갈망하는 것과 다르지 않다. 바울이 선포하고 있는 하나님은 인간이 섬기고자 여럿 중에서 선택하는 분이 아니시다. 그리고 여럿 중 한 분으로 계시는 데 만족하고자 하시는 하나님도 아니시다. 그리스도를 보내신 하나님은 여전히 이스라엘의 거룩하신 분이시며, 경쟁자가 있을 수 없는 질투하시는 신이시고 – 돈이나 성(性)이나 철학적 관념이나 제도나 그 무엇과도 경쟁을 용납지 아니하시는 독점적으로 사랑받으셔야 하는 신이시며 – 사람의 손으로나 마음으로 만든 우상들을 무섭게 심판하시는 신이시다.

18 : 1~19 : 20
바울이 얻은 성공과 기회

바울은 아덴에서 헬라의 또 하나의 큰 도시 고린도로 여행한다. 여기서 그는 로마에서 온 유대인 피난민 아굴라와 브리스길라의 손님이 된다. (누가는 차후에 브리스길라의 이름을 아굴라 앞에 두게 되는데, 이는 브리스길라가 고린도에 있는 그리스도인들의 지도자가 되었음을 시사한다－누가는 계속 초기 공동체에서 여자의 역할을 강조하고 있다.) 그들의 가정에서 머무는 동안에, 바울은 천막을 제작하는 일을 하게 된다(18 : 3, 살전 2 : 9, 살후 3 : 7－8 참조.). 그러나 그의 작업은 고린도 회당에서의 그의 말씀선포에 방해가 되지는 않는다(18 : 4). 특별히 실라(Silas)와 디모데(Timothy)가 도착한 다음에 그러했다(그들은 이 작업에 재능이 있었던가?－고후 11 : 9, 빌 4 : 15). 바울은 천막 만드는 일을 복음전도의 기회로 여긴다. "형제들아, 우리의 수고와 애쓴 것을 너희가 기억하리니 너희 아무에게도 누를 끼치지 아니하려고 밤과 낮으로 일하면서 너희에게 하나님의 복음을 전파하였노라"(살전 2 : 9). 그리스도인의 증거는 회당이나 주일 예배의 처소에서만은 아니다.

바울은 고린도의 유대인들이 그를 반대하자 그들과의 관계를 끊고 자기는 그들의 미래에 대하여 더 이상 책임을 지지 않겠다고 선언했다. 이제 그는 "이방인에게로 가리라."(18 : 6)고 했다. 그리고 그는 디도(Titius)라는 하나님을 경외하는 이방인의 집으로 옮겼다. 이렇게 옮긴 것은 잘한 일이었다. 회당장의 개종이 있었을 뿐만 아니라 사도행전의 관례가 그렇듯이 환상에 의해서도 확증되었다. 이 환상을 통하여 바울은 자기가 혼자가 아님을 다시 확신하게 되었다. 왜냐하면 (1) "내가 너와 함께 있으매", 그리고 (2) "이 성중에 내 백성이 많음이라."(10절)고 말씀해 주셨기 때문이다. 주님과 주님의 사람들로부터 자원을 받게 될 이 약속에 의해 다시 확신을 얻은 바울은 거기서 1년 반을 머무르며 가르쳤다(11절).

그 후에 바울은 총독 갈리오(Gallio) 앞으로 끌려갔다. 그러나 갈리오는 이 사건을 유대인들의 내부적 문제라고 판결하여 말한다. "나는 이러한 일에 재판장 되기를 원치 아니하노라"(18 : 15). 그러자 개종한 회당장이 폭도에 의해 폭행을 당했다－그들이 비(非)유대인들인지 유대인들인지 우리는 알지 못한다. 그리고 갈리오는 상관하지 않는다. 극히 최근에 개종한 사람도 동일한 핍박을 받는 처지가 되었다. 이 사실은 사도들을 고통스럽게 했다. 바울에게 보여진 환상을 통한 약속(18 : 9 - 10)은 성취되었다. 그는 그의 일을 계속하도록 허락받았었기 때문이다. 예언과 성취의 도식은 사도행전 전반에서 눈에 잘 보이고 있는데 본서의 나머지 부분에서 더욱 자주 나타나며 분명하다 - 이것이 우리가 하나님의 계획과 목적이 믿을 가치가 있음을 점차 믿게 하는 누가의 방법이다.

바울이 "이제 후로는 이방인에게로 가리라."고 선언했을 때, 그가 그의 동료 유대인들을 개종시키고자 더 이상 시도하지 않겠다든지, 그가 회당을 먼저 찾아가기를 그만두겠다는 의미로 말한 것은 아니었다. 그는 단순히 고린도에서 그의 기지(基地)를 옮기고 있을 뿐이었다. 기독교는 - 갈리오마저도 이 사실을 알고 있듯이 - 아직도 유대교 내부의 한 종파였다. 이 새로운 운동은, 바울이 옛 전통에 일치하게 행동하겠다고 맹세했듯이 그 뿌리로부터 단절되어서는 안 되었다. 누가에게 있어서 (그리고 우리에게 있어서도?) 그리스도인들의 주장들은 이스라엘이 가진 소망의 맥락 안에서 그 의미를 갖는다.

에베소에서, 바울은 회당을 먼저 찾아가는 고린도에서의 그의 형식을 반복하지만(18 : 19), 이윽고 옮겨간다. 누가는 이 여행 중에 바울이 **기독교 세례**의 본질을 우리에게 가르쳐 주는 기회를 갖게 되었음을 기록했다(18 : 25 - 19 : 5). 한 인물 아볼로(Apollos) - '말을 잘하고' (개역성경에는 '학문이 많고' 로 번역되었음 - 역주), '성경에 능하고' , '열심이 있고' , '상세한' 등 굉장한 말들로 소개된 사람 - 는 누가식의 모든 가능한 이상적인 제자의 속성을 지녔으나 한 가지가 부족했다. 그는 예수의 세례에 관하여 듣지 못하고 요한의 세례만 알고 있었다(18 : 25). 브리스길라와 아굴라는 아볼로를 바르게 세우기를 원했다(딤전 2 : 12에 있는 여자 설교자와 교사들에 대한 혹평은 모든 교회에 적용되지 않음을 잘 보여 준다.). 세례 요한과 같이 아볼로는 성경으로 공중 앞에서 유력하게 유대인의 말을 이겼다(18 : 28). 그러나 바울이 아볼로의 개종자들을 만났을 때, 그들이 "우리는 성령이 있음도 듣지 못하였노라."(19 : 2)고 하는 말을 듣고 충격을 받는다. 바울은 그들에게 세례를 베풀고 그들이 성령을 받도록 그들

위에 안수하였다. 바울은 요한의 세례가 요한의 전체적인 사역과 마찬가지로 그의 뒤에 오신 분, 그분의 오심은 성령의 새로운 시대를 신호해 주는데, 그분을 위한 준비와 연관이 있다고 설명했다(눅 3 : 16). 예수께서 세례를 받으실 때의 성령강림은 요한의 회개를 위한 예비적 세례에 의미 있는 새로운 중요성을 부가시켰다 - 그것은 성령이셨다. "예수도 세례를 받으시고 기도하실 때에 하늘이 열리며 성령이 형체로 비둘기같이 그의 위에 강림하시더니"(눅 3 : 21 - 22). 오순절에(행 2장) 성령은 예수를 따르던 모든 자들 위에 내려오셨다. 이 사건은 오래 기다렸던 성령의 시대가 지금임을 신호했다.

후대에 이 아볼로의 이야기 중에서 **두 가지** 세례 - 즉, 물세례와 뒤이은 성령의 세례 - 를 보는 주석가들은 누가의 의도를 잘못 읽은 것이다. 신약성경 가운데서 유일하게 '재세례 '(再洗禮, rebaptism)한 이 경우에 있어서, 바울은 그들이 **성령을 받도록** 아볼로의 사람들을 예수의 이름으로 세례했다. 누가에게 있어서 누군가가 예수 '안에' 있으면서 그의 성령 '안에' 있지 않는 경우는 상상할 수도 없을 것이다. '예수의 이름으로' 의 세례는 곧 성령으로의 세례이다(Baptism 'in the name of Jesus' is baptism in the Holy Spirit.). 어떤 의미로는 여기서 두 가지 세례가 소개되고 있다 ; (1) 요한에 의해서 시행된 회개의 세례, 이 세례는 준비 및 예비적이다. 그리고 (2) 예수의 세례, 이 세례도 물과 성령의 세례이며 세례받은 이는 새로운 시대 속으로 진입한다는 표이다. 누가는 성령 없이 제자가 되는 것을 생각한다는 것은 이해하지 못했을 것이다. 성령은, 바울이 아볼로를 따르던 자들을 그렇게 확신시켰듯이, 그리스도인들을 위한 선택적 구비사항이 아니다. 그리고 성령받음은 명목상으로 영적이지 못한 하층집단의 그리스도인과 '성령 - 충만 그리스도인' 을 구별짓는 어떤 등급도 아니다. 모든 그리스도인들은 예수의 이름으로의 세례와 안수의 효력에 의하여 "하나님의 은사를 받은 자들"이 된다(19 : 6).

누가는 성령의 은사를 통하여 나타나는 능력이 단순한 마법이라고 생각하지 않도록 "바울의 손으로 희한한 능을 행"함(19 : 11 - 20)에 관한 이야기를 삽입시키고 있다. 바울은 이 신유(healing)의 능력에 매우 가까이 있어서 그의 몸에 닿은 옷가지라도 신유의 효력을 발휘했다. 그의 능력이 일종의 마술이라고 여긴 어떤 떠돌이 유대인 귀신추방자들(exorcists)이 치료를 위해 예수의 이름을 사용하려고 했다. 그러자 "예수도 내가 알고 바울도 내가 알거니와 너희는 누구냐?"라고 묻고, 그 악령이 그들에게 뛰어오르므로 저희가 벗은 몸으로 도망했다(19 : 15 - 16). 누가는 마술이 심각한 문제라고 간주하면서도 그는 그것을 희극적 방법으로 다루고 있다. 바울의 신유의 능력은 소지하고 사용할 상품이 아니다(8 : 18 - 23에 있는 마술과 마술사 시몬에 관한 해설을 보라.). 그리고 이 능력은 마음대로 누구에게 전달해 줄 수 있는 어떤 기적적인 힘도 아니다. 이 **능력은 신자들이 개인적으로 체험하는** 주님과 맺은 관계로부터 비롯된다. 그들의 마술, 점성술, 그리고 부두교(voodoo)가 비웃음을 받고 있는 것을 보고 미신적이었던 유대인들과 헬라인들이 그들의 어리석음을 버렸다. 그렇게 되자 주의 말씀은 힘이 있어 흥왕하여 세력을 얻게 되었다(19 : 20). 그러나 브리스길라, 아굴라, 그리고 바울 같은 지도자들의 신중한 가르침과 양육이 없었던 것은 아니었다. 신앙은 단순히 개종만이 아니었고, 기적을 일으키는 능력 뿐만도 아니었다. 부활하신 그리스도와의 관계속으로 들어가는 개종이며 그 관계에서 얻는 능력에 관련된 것이었다. "당신이 신실하기만 하다면 당신이 무엇을 믿는가는 사실상 문제가 되지 않는다."고 말하는 어리석은 광신자는 안 된다. 누가는 새로운 개종자들의 바른 믿음과 신중한 양육을 주장하고 있다.

INTERPRETATION

제 3 부

마지막 선교 여행

사도행전 19 : 21~28 : 31

교우들을 격려 / 19 : 21~21 : 16 **224**

바울이 붙잡혀 로마로 가다 / 21 : 17~28 : 28(29) **240**

방해 없이 설교하고 가르치다 / 28 : 30~31 **279**

마지막 선교 여행

사도행전 19 : 21~28 : 31

누가복음의 거의 절반(9 : 51부터 19 : 37, 혹은 22 : 10까지)은 한 여행, 마지막 여행, 예수께는 (눅 9 : 31에 의하면) 일종의 대이동(exodus)과 같은 기록이다. 예수께서는 그의 제자들에게 "나를 좇으라."(눅 9 : 59)고 요청하셨다. 사도행전에서는 그리스도인의 생애가 '도'(道, the Way, 9 : 2, 19 : 23, 24 : 14)로 불려지고 있다. 이제 바울은 로마로 여행하면서 그리스도의 여행(道)을 모방할 것이다. 우리는 이 여행의 동기가 누가에게 호소력이 있었는지 궁금하다. 왜냐하면 그는 당시에 임박한 종말에 대한 기대가 물러가고 있다고 썼기 때문이다. 이제 그리스도인들은 긴 여정을 위하여 인내와 견딤의 미덕을 계발하지 않으면 안 된다(눅 8 : 15, 21 : 19).

부활절 저녁에 엠마오로 가는 여행에 관한 누가의 기록에서 의기소침한 제자들은 맹목적이고 침울하며 소망을 포기한 채로 걷고 있었다. 그들의 신비한 동행자는 그들에게 믿음이 부족함을 책망하고 예수께 생긴 모든 일들, 그분의 고난과 죽으심까지라도 영광을 앞에 둔 서막이라고 그들을 확신시켰다. 그들의 눈은 뜨였고 그들의 마음은 뜨거워졌다(눅 24 : 13-32). 사도행전에 있는 바울의 마지막 여행을 상세하게 말하면서, 누가는 분명히 이 사실을 확신시키려 하고 있다. 그리스도인의 길은 고통이 없는 것은 아니나 고독하지 않고 우울하지 않은 여행이다. 그리고 자기의 신실한 자들을 포기하지 않으시고 바울을 그렇게 하신 것처럼, 그들을 근심으로부터 영광으로 이끌어 가시는 그리스도와 함께 걷고 있는 길이다. 지금으로서는 위험이 점차 커지고 있음을 느낀다. "……바울이 마게도냐와 아가야로 다녀서 예루살렘에 가기를 경영하여 가로되 '내가 거기 갔다가 후에 로마도 보아야 하리라.'"고 말한 19 : 21부터 그 위험은 시작되고 있었다. 기독교를 제국의 수도로 옮겨가겠다는 바울의 결의는 우리로 하여금 그의 얼굴을 성도(聖都)로 향하셨던 예수(눅 9 : 51)를 생각하게 한다. 예수처럼(눅 9 : 52) 바울은 자기를 돕던 자들을 자기 앞서 보내고 있다(19 : 22). 사실상 지금 우리는 바울의 경로와 예수의 그것 사이에 있는 많은 유사점들을 보기 시작한다. 그의 사역과 로마를 향한 여행 중에서 바울은 능력에 있어서 뿐만 아니라 고난에 있어서도 예수를 따르고 있음을 잘 보여 준다. 왜냐하면 이렇게 하는 것이 그 나라(the kingdom) 안에 있는 길(Way)이기 때문이다 – 복음전도의 성공에는 치러야 하는 대가가 없지 않다(눅 9 : 23). 누가가 주장하는 '영광의 신학' (theology of glory)은, 제자됨이란 십자가를 지는 일(눅 14 : 27)이라는 사실을 인식함으로써 지속적으로 달구어진다. 그리스도에 대한 누가의 초상(肖像)은 권세, 영광, 하나님의 기름부으심 받은 분으로서의 승리를 강조할 것이다. 그러나 그 부활하신 분은 또한 십자가에 못박히신 분이며, 그의 손과 발에 있는 못자국들로 식별되시는 분이다(눅 24 : 39). 이 메시야의 제자들은 그들의 상처 자국들로 식별될 것이다. 누가복음의 비유에 나오는 망대를 세우는 사람처럼(14 : 28 – 30), 바울은 제자됨의 대가를 계산하고 로마에 이르기까지도 충성스럽기로 결의했다.

교우들을 격려
사도행전 19 : 21~21 : 16

마게도냐와 아가야로 다시 가려는 바울의 결심은 **앞으로 있게 될 투쟁을 잘 하도록 교우들을 격려하는** 그의 사역과 연관되어 있다. 바울은 도시마다 바람처럼 다니면서 설교하고, 몇 사람을 개종시키고 가방을 꾸려 계속 옮겨가는 순회 복음전도자와는 판이하게 다른 양육자였다. 어린 나무들이 살아 남아야 한다면 보살핌을 받아야 한다(18 : 23, 19 : 21-22, 20 : 1-2). 미국의 감리교회(Methodism) 안에서 화이트필드(George Whitefield)는 위대한 설교가였고 미국 초기의 '대각성운동'(great awakening)들 중 하나에 불을 붙인 최고의 복음전도자였다. 화이트필드는 조지아(Georgia) 주로부터 메사추세츠(Messachusetts) 주까지 설교하며 수천의 사람들을 개종시켰다. 애스베리(Francis Asbury)는 그의 설교로는 기억되지 않지만 미국 감리교의 아버지로 존경을 받는다. 왜냐하면 그의 조직능력 때문이다. 화이트필드는 개종시키고 애스베리는-교회들을 세우고-지속적으로 양육했다. 미국 복음주의 개신교(American evangelical Protestantism)는 '사산한 그리스도인들'을 생산해 내고 있다는 비난을 받아왔다. 믿음의 첫 단계들이 다음 단계에 대한 주의를 별로 기울이지 않은 채 그저 반복만 되고 있다. 결과는 전혀 뿌리를 못 내리는, 발육이 멈춘 그리스도인이 될 수 있다. 그러한 유치(幼稚)한 제자됨은 적응을 게임의 칭호로 삼는 교회 현상유지나 옳지 않은 당국자들에게 결코 도전하지 않는 교회들을 위해서는 충분할런지 모른다. 그러나 그러한 제자됨은 문화와 교회 자체의 생명 때문에 부닥쳐 오는 큰 위협들에 대처하기에는 적합하지 않다. 그리스도의 몸은 눈에 보이는, 그리고 제도상의 형태를 갖지 않으면 안 된다. 그리스도의 몸은 강화되어야 하고 덕성을 길러 나가야 한다.

가르침의 사역과 교회를 강화하는 사역은 민중 앞에서의 설교나, 개종자를 얻는 것이나 새 교회를 세우는 일만큼 매력이나 만족은 없을 것이다. 관리, 상담, 교육, 그리고 교회 회합(會合)에 나가는 매일의 현실적인 과업은 고역에 가깝다. 바울의 개종이나 에베소에서 만난 소요, 그리고 그의 항해여행을 잊을 사람은 아무도 없다. 그러나 교회를 든든하게 세우는 그의 사역기간 동안에 그가 힘썼던 날마다의 끈질긴 가르침과 양육을 기억하는 사람은 누굴까? 바울의 서한서들은 교회 안에서의 매일의 생활에서 가장 사소한 것들에게까지 주의를 기울이는 그의 결의에 대한 증명서들이다. 투쟁 중에 있는 회중을 강하게 하기 위하여 편지를 쓰고 새로운 개종자들을 참을성 있게 가르치는 일 - 이런 일들은 사역 중에 매우 극적이고 마음내키게 하는 과업들에는 속하지 않는다. 그러나 바울이 그리스도인 양육에 지칠 줄 모르고 노력한 것은 그의 가장 오래 남는 교회에의 공헌이며 계속된 그리스도인 지도자들에게 값진 모범이 되었다. 이 사실을 믿는 것은 회중들에게 필요한 일이며 제자됨의 도전임을 우리는 충분히 알고 있다.

19 : 23~41
에베소의 소요

새로 부임한 목사는 그 지역 안의 미성년자들에게 맥주와 술을 판매하는 불법행위에 대한 문제에 관하여 관심을 갖게 되었다. 젊은이들을 보호해야 하는 교회의 책임에 관한 설교가 있은 다음에, 도시를 청결하게 하고 미성년자들에게 법을 어긴 업자들을 기소하기 위하여 금주운동을 시작했다. 좋다! 아니다, 나쁘다! 자기 교회의 가장 뛰어난 교인 중 한 사람이 그 도시 고등학교의 맞은 편에 일용잡화식료품점을 소유하고 있음을 알았을 때 이 젊은 목사는 어떻게 했을까? 지금 생각하면 그는 **옛날** 목사이다.

우리는 19 : 26~27에서, 제자들이 투자된 사업의 이득을 감히 방해했을 때 무슨 일이 일어나는지 보게 된다. 우리는 종교가 자체의 위치만 지킨다면 좋다고 말한다. 실제적이고 진지한 사업관심의 '현실세계' 가 있고 또 종교의 세계가 있다. 불행하게도 이 둘은 깔끔하게 구분되지 않는다. 바울이 에베소의 은장색 조합(Ephesian Silversmiths Union), 지역번호 186(Local 186)과의 불화에서 보여 주는 것과 같다.

바울의 유일신교(monotheism)에 대한 은장색(銀匠色)들의 논쟁은 의미가 있다(19 : 25－27). 첫째로, 그들은 에베소 사람들의 욕심과 재정적 감정에 호소한다－만일 바울의 종교가 성행하게 된다면 우리는 실직자들이 된다. 그러고는 마치 뒤늦게 생각이나 한 것처럼, 그들은 바울의 다신교에 대한 비난이 소중한 아데미(Artemis) 여신에게도 나쁠 것이라고 덧붙인다(27절). 이 도(道)와 유대교는 별개라고 주장하는 알렉산더(Alexander)의 노력은 결과가 없었다(19 : 33－34). 이 사실은 이교도 군중의 마음속에서조차도 기독교와 유대교가 절친한 관계를 가졌다는 사실 뿐만 아니라 유일신교의 신앙들이 다신교에 대하여 취하는 태도의 위협도 보여 준다. 폭도가 보여 주는 장면은 군중을 뒤흔드는 경제적 자기 이득의 힘이 어떤 것인지를 보여 주는 생생한 증거였다. 혼란 중에 "사람들이 외쳐 혹은 이 말을, 혹은 저 말을 하니……태반이나 어찌하여 모였는지 알지 못하더라"(32절). 이교 우상숭배자들의 (지식은 말할 필요도 없고) 행동이 어떠한지에 대한 누가의 묘사는 결코 심한 표현이 아니다. 이 이야기 속에서 아데미 여신에 대한 숭배는 순전히 탐욕의 겉치레로서 폐지되어야 한다는 것이었다.

아데미 여신은 고대 세계에서 명예로운 역사를 지니고 있었다. 이 여신의 신전은 세계의 칠대경이(七大驚異) 중의 하나였고 로마의 은행 체계의 일부였다. 여러 개의 가슴을 가지고 풍부하게 주는 지상의 어머니인 아데미는 은행업무와 빚진 자들의 보호자로 존재하는 여신이었다. 그리하여 이 여신에 대한 숭배는 우상숭배의 종교적 숭배와 경제적 이득이 동기가 된 일종의 혼합주의(syncretism)였다－누가가 물질적 투자에 대한 이해관계가 복음에 위험이 될 수 있다는 논평을 할 수 있는 참 좋은 기회였다. 아데미는 오늘날에도 도시마다 숭배자들을 갖고 있다.

20 : 1~12
위로의 복음

바울은 마게도냐에서 제자들에게 여러 말로 권했다(20 : 2)－사도행전에서 바울의 사역 중에 큰 부분을 차지하는 활동이다(16 : 5, 18 : 23). 성도는 숱한 시련을 통과하면서 참아내야 한다. 그리하여 (글자 그대로 : **강한 힘으로**) 그들을 위로하는 업무는 언제나 충실한 사역의 큰 부분이다. 이 **격려의 사역**은 여러 가지 형태로 나타나는데 본론 중에 여러 형태들이 보여진다. 그리스도인 교사들과 설교자들에 의한 **권면**(exhortation, 20 : 1)은 제자들로 하여금 참된 복음과 거짓 복음을, 진정한 전통과 거짓 흉내낸 전통을 분별할 수 있게 한다. "그가 신실하기만 하다면 무엇을 믿든 문제될 것은 없다."라는 말은 바울이 고안한 표어가 아니다. 약하고 분명치 않으며 검토를 거치지 않은 신앙은 약한 제자들을 만든다. 기독교의 신앙은 단순한 지적 활동보다 훨씬 그 이상이다. 그러나 그 신앙은 지적 도전보다 못한 것도 아니다. 숙달되어야 하는 사실들이 있고, 분별해야 하는 진리들이 있으며, 바르게 들어야 하는 이야기들이 있다. 그리하여 성실한 회중의 생활 중에 주요 부분은 권면을 받는 데 쓰여질 것이다. 이 '말씀의 사역' (ministry of the Word)에 함께함은, 그것이 때때로 그렇게 불리고 있듯이 식탁의 사역이다. "안식 후 첫날에 우리가 떡을 떼려 하여 모였더니……"(7절)라는 말씀은 우리로 하여금 교회의 공중 예배의 핵심을 생각하게 한다.

이 말씀은 신약성경에 있는 가장 초기의 주간 **주일예배**에 대한 분명한 근거이다. 그리스도인들은－배척당하지만 않는다면－회당에서의 모임을 계속했다. 그러나 그들은 또한 분명히 유대인들이 일하는 주간의 첫날이며 그리스도인들에게는 부활의 날인 일요일에도 모였다. 누가는 교회가 이렇게 자체 예배의 구별된 날을 향하여 옮겨가고 있었음을 쓰고 있다. 이날은 교회가 유대교와 많은 면에서 연합하고 있었으면서도 역시 많은 면에 있어서 나누어지고 있었다는 사실을 상징한다. 식탁 주변에서 있었던 이야기들과 행동들은 물론이고 예배의 날은 교회로 하여금 하나의 분명한 실체를 구성하게 했고, 교회의 정체를 갖게 했으며, 자체가 누구냐를 계속 생각하게 했다. 일요일은 그리스도인들이 주님의 만찬(the Lord' s Supper)을 거행하기 위하여 모인 주님의 날(the Lord' s Day)이었다. 예배드리기 위하여 모인 식탁 주변에서 **떡을 떼면서**(in the breaking of bread, 2 : 42, 46), 그 식탁에서 그리스도인들은 하나님의 임재를 통하여 서로 붙들어 주었다. 개혁자(Reformers)들이 동의하듯이 말씀과 성례는 함께한다. 여기가 그리스도의 몸이 눈에 보이는 곳이다(고전 11 : 17-32). 여기가 그 몸을 개혁하고 이렇게 매주 새로워지는 율동(rhythm)과 하나님의 가족으로서 우리의 정체를 반복 확인하면서 양육과 격려를 받는 곳이다.

사도행전의 교회는 언제나 밖으로 밀고 나가고, 움직이고 불신자들을 향하여 문을 열고 호소하지만은 않는다. 교회는 예배와 교제를 위하여 모이기도 한다. 주일의 모임에서 영양을 공급받지 못하면 교회는 단순히 무의미한 활동만 하면서 자체를 상실할 것이며, 자신이 누구이며 누구의 소유인지를 망각할 것이다. 그리고 주변의 세상으로부터 수많은 요구와 공격을 받는 중에 낙담하게 될 것이다. 교회가 떡을 떼려 하여 모일 때(7절) 생겨나는 일들은 교회의 아무 경우에나 생겨나는 일들이 아니다. 우리가 우리의 예배 중에 하나님을 찬양하고 하나님의 방법(way)을 부지런히 탐구하는 동안에 우리에게는 어떤 일이 생겨난다 - 격려의 사역이다.

예언적 박력이 없는 교회, 현상에 대한 도전을 하지 않는 교회는 예배를 통하여 얻는 매주의 리듬을 별로 필요로 하지 않는다. 이런 교회는 세상 속에서 매우 느슨해져 있고 안일하여 격려를 필요로 하지 않는다. 아니면 문제는 반대편에서 생겨날까? 비전이 없는 교회, 주님의 식탁 주변의 모임으로부터 흘러나오는 능력이 없는 교회는 활력이나 통찰력을 갖지 못하여 세상의 현존상태를 향한 예언적 도전의 기틀을 갖지 못한다. 복음주의 활동가인 짐 왈리스(Jim Wallis)는 말했다.

> 우리 시대에서 가장 절실하게 필요로 하는 것은 단순히 케리그마(*kerygma*), 즉 복음의 설교가 아니다. 디아코니아(*diakonia*), 즉 정의를

> 위한 봉사도 아니며, 카리스마(*charisma*), 즉 성령 은사의 체험도 아니고, 프로페테이아(*propheteia*), 즉 왕의 도전도 아니다. 우리 시대의 가장 절실한 필요는 코이노니아(*koinonia*), 즉 교회가 되라는 요청, 서로 사랑하는 것, 그리고 세상을 위하여 우리의 삶을 주는 것이다. 지교회(枝敎會) 단위에서 믿음의 공동체를 살려 내고 숨쉬게 하며 사랑하는 것은 모든 다른 해답의 기초이다. 믿음의 공동체는 전적으로 새로운 질서를 구체화하고, 눈에 보이고 구체적인 대안을 제공하며, 현존의 세상을 향한 기본적 도전을 발생시킨다. 교회는 교회가 되도록, 믿음이 내세우는 주장들에 대한 실체를 보여 주는 그런 공동체로 재건되도록 요구하지 않으면 안 된다(p. 109).

교회가 모였을 때 때로 그런 일이 있듯이, 그날 드로아(Troas)에서 설교자는 약간 너무 길게 끌었다. 실제로 누가는 말한다. "말을 밤중까지 계속하매"(7절). 젊은 유두고(Eutychus)는 – 그와 같은 사람들은 기독교계에서 긴 설교를 들을 때 많아지게 되었는데 – "바울이 강론하기를 더 오래 하매 졸음을 이기지 못하여"(9절) 삼층 누에서 떨어지거늘 일으켜 보니 죽었다. 이 그의 우습던 모습은 별안간 비극으로 바뀌었다.

비극은 그처럼 우리에게도 찾아올 수 있다. 우리가 교회에 있고, 모든 일은 평시와 같이 진행되고 있다. 이때 누군가가 앞쪽으로 쿵 떨어지거나 어떤 비명이 나온다. 충격을 받고 비극은 통상의 흐름을 삼켜 버린다. 한때 발랄했던 젊은 제자는 죽었다 – 말씀은 듣기에 귀에 거슬린다. 문은 쾅하고 닫힌다. 끝이다. 죽음이다. 우리는 갑자기 말이 없어지고 움직일 줄 모른다. 죽음은 사람들에게 그렇게 작용한다.

"바울이 내려가서 그 위에 엎드려 그 몸을 안고" 슬퍼하는 교회를 향하여 말한다. "떠들지 말라"(10절). 고정되어 움직여지지 않는 주검 위에 부드러운 포옹을 했다. 이 포옹은 엘리야(Elijah)의 극적인 이야기(왕상 17 : 21 – 24)를 본으로 삼아 한 것이다. 그 이야기에서는 선지자가 사렙다(Zarephath)에서 과부의 죽은 아들을 껴안아 소생시켰다(예수께서 나사렛 설교 중에 예를 들어 말씀하신 이야기이다[눅 4 : 24 – 27]). 그리고 엘리사(Elisha)는 수넴(Shunammite)에서 과부의 아들을 소생시켰다(왕하 4 : 34). 이스라엘의 이 으뜸가는 선지자들이 죽음으로부터 생명을 되돌리는 능력을 행사했던 것처럼, 바울은 사망으로 흘러가는 생명을 역전시키기 위하여 고정된 법칙의 흐름을 차단한다. 바울은 그의 이전의 선지자들처럼, 세상이 그렇게 할 수밖에 없는 방법에 대한 우리의 예상을 깨고 또 다른 실상을 잘 보여 주고 있다. 우리가 사망에의 포옹을 예상한 곳에서 생명에의 포옹을 만나고 있다. 우리는 교회의 예배가 장례식으로 바뀔 것으로 예상했는데, 바울은 자부심과 함께 떡을 떼고 먹으며, '날이 새기까지' 설교를 계속했다(어떻게 죽음과 같은 사건이 좋은 설교자의 설교를 중단하게 했던가?). 그리고 그 청년은 살아 있었다. 누가의 간결한 논평으로 이 드라마는 끝났다. 그들은 "위로를 적잖게 받았더라"(12절).

엘리야와 엘리사 같은 선지자들이, 그리고 지금 바울이 슬픔에 시달리던 하나님의 사람들을 위로하고 있다. 현상과 대결하고 그들의 예언자적 도전의 몸짓으로 주어진 실상을 공격함으로써 그렇게 하고 있다. 하나님은 주권자이시다. 당신은 마음에 근심할 것이 없다. 하나님께는 죽음보다 더 큰 적은 없다. 인간의 생각과 상상과 결심을 지배할 수 있는 원수보다 더 큰 원수는 없기 때문이다. 죽음은 미래를 독점하도록 허락 받지 않았다. 바울의 설교에 대한 누가의 설교의 주제는 (바울이 사용하기에 좋았으리라고 생각되는 간략한 말로) "떠들지 말라."이다. 왜냐하면 생명이 있기 때문이다. 이 생명의 말씀과 행위는 교회를 원상으로 복귀시킨다. 교회를 생명에로 되돌려 놓는다. 그리고 문을 잠그고 여기저기에 모여 두려워하고 있던 작은 무리가 "생명이 있다."라고 소리치면서 죽음으로 된 세상의 것들과 맞설 수 있는 확신에 찬 담대한 선지자들 무리가 되도록 바꾸어 놓는다.

그렇다. 그 설교는 길었다. 그러나 월요일 아침에 활기차게 살고 '적잖게 위로를 받은' 사람들이 되게 하여 세상으로 되돌아가게 했다면 교회가 주일예배에 무엇을 더 바랄 수 있겠는가?

20 : 13~38
교회의 지도력 : 바울이 에베소의 장로들에게 당부하다

경건한 유대인인 바울은 오순절에 예루살렘에 있기를 원한다(20 : 16) - 그는 지금 끊임없이 이방인들을 접촉하는 중에 있지만 자신의 전통을 어떻게든 버리지 않고 있다. 바울이 에베소의 장로들에게로 가는 것이 그들이 밀레도(Miletus)에 있는 바울에게로 오는 것보다 쉽지 않았을까? 그는 말썽을 일으키는 사람으로 에베소(Ephesus) 입성이 금지되고 있었던가?(고후 1 : 8 - 10을 보라.) 누가의 주된 관심사는 이런 것들이 아니라 장로들에게 했던 긴 말씀이다(20 : 18 - 35). 이 말씀 속에서 누가는 **교회 지도자들의 본질**에 관하여, 그리고 모범적 지도자로서의 바울에 관하여 권위 있는 설명을 할 수가 있게 되었다.

예수께서 자신의 죽음을 향하여 나아가시면서 어떻게 이별의 말씀을 하셨는지(막 13장, 눅 22 : 14 - 38, 그리고 가장 광범하게 요 13 - 17장) 회상하면서 우리는 하나의 가장 중대한 발표를 엿듣고 있음을 느낀다. 주님이 떠나실 때 제자들의 질문은 어린이들이 자기네 부모가 하루 저녁 동안 떠날 때 묻는 그런 것들이었다 - 어디로 가시나이까? 무슨 일이 있겠나이까? 누가 우리와 함께할 것이옵니까? 누가복음에 있는 식탁에 둘러앉았을 때의 이별강화(離別講話) 중에 예수께서는 제자들에게 말씀하셨다. 자신이 고난을 당하게 될 것이며, '보라' 그들 가운데 자기를 배신할 자들이 있게 될 것이며, 자신이 남겨 두고 가는 그 공동체에서 지도력의 본질에 관하여 제자들 중에는 오해가 발생할 것이지만 제자들은 '섬기는 자' 로서의 자신을 모방해야 한다는 것이었다(눅 22 : 14 - 38). 그러고 나서 그들이 감람산으로 나갔을 때 예수께서는 다가오는 시험들과 위험들을 경고해 주시고 "시험에 들지 않기를 기도하라."(눅 22 : 40)고 말씀하셨다. 제자들을 향한 예수의 이별말씀과 에베소 장로들을 향한 바울의 이별말씀 사이의 유사점들은 너무도 많아서 우연이라고는 말할 수가 없다.

여기에 말할 자격을 갖춘 사람이 있다. 왜냐하면 그가 "눈물이며…… 당한 시험을 참고" 주를 섬긴 것을 우리 모두가 알고 있기 때문이다(20 : 19). 지금 그의 얼굴은 (예수처럼) 예루살렘을 향하고 있다. 결박과 환난이 자신을 기다리고 있음을 알고 있으면서도 그렇게 하고 있다(23절). 누가복음의 마지막 몇 장에 폭풍의 구름들이 몰려들고 있었는데, 그 구름들은 바울을 향해 모여들고 있다. 이 참제자는 "나의 생명을 조금도 귀한 것으로 여기지 아니하노라."고 말할 수 있지만, 그의 생명이 어떤 침울한 종말에 다가가고 있음을 우리는 안다. 왜냐하면 그의 생애에 있어서 유일하게 중대한 것은 "달려갈 길과 주 예수께 받은 사명, 곧 하나님의 은혜의 복음을 증거하는 일"(24절)에 충성하는 것이기 때문이다.

바울은 고난을 받아왔으나 이제는 장로들이 고난을 받을 차례가 되었다. 왜냐하면 그가 떠난 뒤에 흉악한 이리가 그들에게 들어올 것이기 때문이다(29절, 딤전 1 : 13, 딤후 1 : 15를 참조하라.). 교회를 먹이는 자들은 교회를 감시도 해야 한다. 왜냐하면 자기들의 목적을 위하여 사도적 신앙을 그르칠 자들이 있기 때문이다(30절).

약간 놀랍게도 바울은 이단(異端, heresy)에 대한 염려로부터 자기는 아무의 은이나 금이나 의복을 탐하지 아니하였음(33절)과, 아굴라(Aquila)와 브리스길라(Priscilla)와 함께 천막을 만드는 사람으로 일함으로써 증명된 사실인 자기 손으로 일하여 자신의 생활을 유지하였음을 주장하는 쪽으로 말을 옮겨간다. 아무튼 교회 지도자들의 의무에 관하여 말하게 되면 이단, 배신, 은과 금에 대한 애착은 나란히 손을 잡고 가는 격이다. 돈은 나쁜 교리만큼이나 빠르게 설교자의 증거를 타락시킬 수 있다. 현대교회의 지도력을 향한 도전들에 관하여 쓰면서 뉴하우스(Richard Neuhaus)는 말했다.

> ……신클레어 루이스(Sinclair Lewis)의 엘머 캔트리(Elmer Cantry)는 여전히 그리스도인 사역에 대해 의심의 그림자를 던지고 있다.……젊은 목사나 목회자 부부가 하게 되는 결심들 가운데 돈에 대한 태도를 어떻

> 게 할 것인가보다 더 중대한 결심은 없다. 가능하다면 초기에 원하거나 갖고자 노력하는 최고의 수입액을 결정해야 한다.……그렇지 않으면 욕망은 불가피하게 커지고, 탐욕은 저절로 자라난다. 그리하여 실제로 탐욕스러운 욕망의 희생이 됨으로써 끝나고 만다. 그리고 한때 사역에 들였던 시간과 날들을 걱정과 죄의식과 불만으로 소모하게 된다.……오늘날 단순한 생활을 하고 소비자 중심주의의 이해로부터 자유로워지는 다행스러운 새로운 각성이 있다. 매우 일찍 우리는 우리의 앞날을 내다보며, 그리고 하나님의 부르심을 생각하며, 두려워 떪으로써 세운 우리들 자신들의 계획대로 '좋은 생활' 을 할 것인지, 아니면 텔레비전에서 제시하는 대중화한 '좋은 생활' 을 할 것인지 결정해야 한다.(pp. 191 - 192).

최후의 만찬(the Last Supper) 중에 하셨던 이별의 말씀 가운데 예수께서는 '이방인의' 지도자들과 제자들의 지도력을 대조하셨다(눅 22 : 25 - 27). 동료 제자들 중에서 지도자는 '섬기는 자' 이지 특권, 권세, 권위를 구하는 자가 아니라고 하셨다. 바울도 지도력을 말하면서, 돈에 대한 사랑을 말하면서 비슷한 요점으로 말하고 있다. 교회의 지도자들을 평가함에 있어서 "주는 것이 받는 것보다 복이 있다."(20 : 35)라는 말씀을 내세우면서 그렇게 하고 있다. 세상이 지도력을 판단하는 방법과 교회 안에서 요구되는 지도력의 방법은 현저하게 다르다.

바울은 에베소의 장로들에게 충고하고 있을 뿐만 아니라 감히 자신을 표본으로 제시하고 있다. 오늘의 성직자들이 충성에 있어서 자신들을 모범으로 제시하기란 쉽지 않지만, 바울은 그렇게 망설이지 않는다. "내가 그리스도를 본받는 자 된 것같이"(고전 11 : 1), 바울은 확신이 있기 때문에 매우 담대하게 말했다. "그러므로 내가 너희에게 권하노니 너희는 나를 본받는 자 되라"(고전 4 : 16). 그는 말씀이 자기에게 고난을 불러왔지만 꺼리지 않고 하나님의 뜻을 다 전하였다(27절). 그리고 그는 지금 그의 마지막 여행으로 예루살렘을 향하고 있는데, 그는 담대할 만한 이유를 갖고 있다고 느끼고 있다. 장로들은 자신들이 맡은 양떼를 위하여 먹이고 보살피며 깨어 있음으로써 바울이 보여 준 모범을 따른다면 잘 하는 일이었다.

따라가기 위한 모범자들을 내세울 수 없게 된다면, 그리스도인들이 세상에 줄 것이란 사실상 없다. 예수께서는 새로운 철학을 선포하려고 오시지 않았다. 예수께서는 삶과 죽음의 새로운 길을 설교하기 위하여 오셨다. 거룩한 관념들은, 최소한 누가복음과 사도행전의 견지에서는 그분의 주된 관심사가 아니었다. 거룩한 사람들(Holy people)이 바울의 가르침과 증거의 제목이었다. 그 사람들은 바울이 전한 말씀 안에서 세워지고 거룩하게 되었다(32절). 거룩하게 살고 또 죽는 모범은 어느 시대에나 교회에서 중요하다. 만일 우리 그리스도인들이 캘커타(Calcutta)의 테레사(Teresa)나 데스문트 투투(Desmund Tutu)나 마틴 루터 킹(Martin Luther King)이나 바울을 제시할 수 없다면, 우리는 설교할 것이 별로 없다. 만일 예수의 복음이 진실이라면, 그 복음은 예수를 따르는 사람들의 생활 중에 그 모습을 보일 것이라고 주장하는 세상의 말은 옳다. 그러한 사람들을 갖지 못한다면 우리는 그리스도인의 신앙을 지성의 문제로 바꾸게 된다. 학구적 토론의 문제요 심오한 어떤 것, 이해하기 어려운 감정이나 세상의 다른 사람들과는 다르게 보고 생각하며 행동하는 사람들을 만들어 내는 과업에서 우리를 이탈시키는, 어떤 눈에 안 보이는 활동으로 바꾸게 된다. 일어서서 교회와 세상을 향하여 "내가 항상 너희 가운데서 어떻게 행한 것을 너희도 아는 바니"(18b절)라고 바울이 말한 것같이 말할 수가 없게 된다. 우리는 우리가 너무 겸비하고 자신을 나타내지 않는 자들이라서 양떼나 어떤 다른 사람들을 향하여 자신들을 모범으로 제시하지 않는다고 말한다. 그러나 실제로 우리는 너무 교만하여 하나님의 은혜의 복음을 증거하는 데 요청되는 생활과 마음의 변화에 순응하지 않고 있다(24절). 만일 우리가 "설교자가 휴무일 때 무엇을 하든 누가 탓하랴?" 또는 "성직자가 주일 설교를 잘하기만 하면 그가 주간에 어떻게 생활하든 실제로 문제가 안 된다."라고 말할 수만 있다면 교회 안의 지도력은 더욱 쉬운 일이 될 것이다.

에베소 장로들을 향한 바울의 말은 임직 설교나 우리의 임직을 위한 신학의 재건에 훌륭한 본문이 될 것이다. 교회 지도자의 **행위**와 **지도자됨**의 상호작용에서 양떼를 먹이고 돌보며 보호하는 장로들의 의무에 초점을 맞춤에 있어서, 그리스도인 사역에 **고통이 있을 수 있다**는 솔직한 인정에서 바울의 말은 우리로 하여금 (바울 자신이 하나의 모범인 것처럼) 하나의 모범과 함께 그리스도인 사역에 관하여 생각하게 한다. 아마 그 이유 때문에 대부분의 임직예배에서 오늘의 목사들이 '양무리의 본(本)'이 되어야 하는 그 의무를 솔직하게 설명함에 있어서 사도행전 20장의 여러 모습들과 관심사를 직접 인용하는 것 같다. 「성공회 공동기도서」(*Episcopal Book of Common Prayer*, pp. 531–532)에서 신부 지원자에게 묻는 질문은 상징적이다 : "귀하는 귀하의 사람들에게 건전한 모범이 되기 위하여 귀하의 생활을 그리스도의 가르침에 일치하게 바꾸는 데 최선을 다하겠느뇨?"

21 : 1~16
제자됨의 대가

"구하라, 그러면 너희에게 주실 것이요. 찾으라, 그러면 찾을 것이요. 문을 두드리라, 그러면 너희에게 열릴 것이니……하물며 너희 천부께서 구하는 자에게 성령을 주시지 않겠느냐 하시니라"(눅 11 : 9, 13). 이 말씀은 사랑받는 말씀이며 기도에 관한 예수의 말씀을 누가가 모아 놓은 것 중에 있다. 이 말씀은 제자들이 성령을 통하여 능력을 덧입는 것을 누가가 강조하는 특징을 보여 주는 것 같다. 제자들이 풍성한 생명(abundant life)을 구하기만 하면 모든 것을 받는 것처럼 보인다. 이것이 누가가 강력하게 주장하는 '영광의 신학'(theology of glory)이다. 이 신학은 제자들이 그저 구하기만 하면 받을 수 있는 성령의 은혜와 은사들과 능력을 강조한다.

그러면서도 누가는 겟세마네에서의 예수의 이야기도 전해 준다(눅

22 : 39 - 46). 거기서 예수는 아버지께 구하셨다. "이 잔을 내게서 옮기시옵소서"(눅 22 : 42). 예수께서는 이 간청에 대하여 "아니다."(no)라는 응답을 받으셨다. "아니다."는 우리가 바라는 응답은 아니지만 역시 기도의 한 응답이다. 그러나 겟세마네에서 "내 원대로 마옵시고 아버지의 원대로 되기를 원하나이다."(눅 22 : 42)라는 예수의 기도는 응답되었다. 사도행전의 제자들은 능력과 신유의 기적과 큰 표적들과 기사들만 받고 있지 않다. 그들은 구하여 하나님의 뜻을 알아낸다. 제자들은 때때로 고난을 포함한 하나님의 뜻을 알아냈기 때문이다. 그 실례로 바울을 보라.

바울은 눈물을 흘리는 장면 속에서 에베소인들과 이별한다(행 20 : 36 - 38). 예루살렘으로 가는 길에 도시마다 들러 여행하면서 두로(Tyre)와 돌레마이(Ptolemais) 같은 곳에서는 그리스도인 공동체들에 의해 격려를 받기도 한다. 교회는 문화들에 저항하여 지금 제국 전체를 이리저리 여행하며 투쟁하는 선교사들을 돌봐 주는 공동체들로 세계적 조직망을 갖게 되었다. 기도와 친교(20 : 36, 21 : 5)는 로마를 향한 그의 불길한 예감의 여행이 한걸음씩 나아가도록 바울을 지켜 주었다. 사도행전 18 : 21에서 바울은 에베소인들에게 말했다. "만일 하나님의 뜻이면 너희에게 돌아오리라." 그의 여행은 자신의 의향에 의한 것이 아니라 하나님의 안내를 받고 있다. 그의 관심은 자신의 뜻보다 하나님의 뜻을 행하는 것이기 때문이다. 아가보(Agabus)는 그의 예언 중에(21 : 10 - 11) 바울의 앞날에 관하여 그에게 경고한다. 예수께서도 경고를 받으셨듯이(눅 9 : 44, 18 : 32) 바울 역시 그러했다. 하나님의 종들은 성령으로 능력과 은사를 받기도 하지만(9 : 17, 눅 3 : 21 - 22, 4 : 16 - 19), 그렇다고 해서 진리를 위한 고난을 면제받는 것은 결코 아니다. 누가복음에서 예수께서는 자신이 가야 하는 길의 일부로서 고난과 죽음을 받으셨다(9 - 23장). 예루살렘을 향한 바울의 여행은 예수의 수난과 병행을 이룬다. 왜냐하면 예수께서는 고난의 길을 포함하여 모든 길에 있어서 제자들을 앞서 가시는 '인도자' 요 '개척자' 이시기 때문이다(행 5 : 31). '예수의 이름으로' 드리는 기도는 무엇이든지, '성령 안에' 있음을 의미하는 것은 무엇이든지 고통을 면제받지 않았음을 의미한다.

사도행전 21 : 1~16의 현실적이고 우울한, 잠시 중간에 끼인 이야기에서 사도행전의 기자는 성령으로 능력을 받음을 강조함과 함께 제자됨의 대가(cost)에 관하여 생겨날 수도 있는 오해를 시정하고 있다. 성령의 시대는 예수의 부활과 승천하심으로 오순절날에 시작되었다. 그러나 성령의 시대라도 질병, 고통, 악, 불공평, 무지, 그리고 배척이 끝난 것은 아니다. 그러한 관념은 마치 그 나라가 이미 온전히 도래한 것처럼 행동하는 '실현된 종말론'(realized eschatology)으로 빠져들게 할 것이다. 그런가 하면 누가는 그리스도 안에서 결코 아무 일도 일어나지 않고, 우리는 여전히 구원을 기다리고 있는 것처럼 행동하지도 않는다. '예수의 이름 안에' 있는 자들은 악의 세력과 죽음에 대한 결정적인 승리를 이미 얻었음을 알고 있지만, 여전히 싸워야 할 싸움들이 있음도 알고 있다. 누가복음과 사도행전에는 고난 그 자체에는 구속의 의미가 없다. 고통은 그 자체로서는 영광스럽지 않다. 바울과 같은 제자들의 고난은 그들이 진실로 하나님의 뜻에 동참하고 있음에 대한 표(sign)임을 의미한다. 하나님의 뜻이란, 악과 대결하고 신비하면서도 확실한 말씀과 그 말씀이 주는 효과가 커짐으로써 그 악을 이겨냄을 말한다.

제자들이 증언을 해야 하는 세상은 야박한 곳이다. 세상은 구유에 있던 그 아기가 실로 누구인지 알아보지 못했고 알아보게 되었을 때에는 불화를 일으켰다. 예수께서 그의 첫 설교를 나사렛에서 끝내시자마자 그들은 그의 피를 요구하며 부르짖었다. 예수께서 자기를 따르는 자들에게 경고하심과 같다.

> 이 모든 일 전에 내 이름을 인하여 너희에게 손을 대어 핍박하며 회당과 옥에 넘겨주며 임금들과 관장들 앞에 끌어 가려니와……심지어 부모와 형제와 친척과 벗이 너희를 넘겨 주어 너희 중에 몇을 죽이게 하겠고 또 너희가 내 이름을 인하여 모든 사람에게 미움을 받을 것이나(눅 21 : 12-17).

사도행전 전반에 걸쳐 우리는 스데반의 순교로부터 바울이 당하고 있는 괴로움까지의 냉혹한 예언들이 성취되는 것을 본다. 사도행전의 메시지는 세상을 포용하고 사랑하라가 아니고, 세상으로 하여금 회개하도록 가르치는 것에 관한 것이다. 여기에 땅에 불을 던지고 아이들로부터 그 부모를 돌이키는 사역이 있다(눅 12 : 49).

바울은 자기에게 다가오는 고난을 자신있게 대할 수 있었다. 왜냐하면 자신의 생애 중에 "주의 뜻이 이루어질 것"(The will of the Lord be done, 21 : 14 – 개역성경에는 "주의 뜻대로 이루어지이다."라고 번역되었음 – 역주)을 확신했기 때문이다. 이 확신은 – 기도 중에 – 바울과 예수께 똑같이 온 것처럼 우리에게도 온다. 예수께서는 겟세마네에서 기도 중에 자신을 향한 하나님의 뜻이 이루어지도록 씨름하셨다. 바울은 교회와 함께 끊임없이 기도했다. 예수의 경우에 있어서처럼, 바울의 친구들은 그의 안전을 염려하고 그의 사명을 단념시켜 보려고 했다(21 : 12). 예수처럼 바울은 하나님의 뜻이 이루어지도록 요지부동이었다. 이것이 '예수의 이름으로' 기도함의 의미이다. 성령으로 능력을 받는 것은 온갖 마음의 아픔과 고통을 막아 주심을 의미하는 것은 아니다. 신실한 사람들에게는 좋은 일들만 생긴다는 생각은 갈보리에서 금요일 오후에 잠들게 되고 말았다. 성령으로 은사를 받았다는 것은 투쟁 중에 재능을 발휘함을 의미함에 틀림없다. 그리고 하나님의 목적들을 수행하기 위하여 충성스럽고자 노력하는 중에 우리가 받게 되는 치욕, 상심, 재난이 어떤 것일지라도 하나님은 그것들을 이용하실 수 있다는 확신이다.

> 이와 같이 성령도 우리 연약함을 도우시나니 우리가 마땅히 빌 바를 알지 못하나 오직 성령이 말할 수 없는 탄식으로 우리를 위하여 친히 간구하시느니라.……만일 하나님이 우리를 위하시면 누가 우리를 대적하리요? 자기 아들을 아끼지 아니하시고 우리 모든 사람을 위하여 내어 주신 이가 어찌 그 아들과 함께 모든 것을 우리에게 은사로 주지 아니하시겠느뇨? 누가 능히 하나님의 택하신 자들을 송사하리요?……누가 우리를 그리스도의

> 사랑에서 끊으리요? 환난이나 곤고나 핍박이나 기근이나 적신이나 위험이나 칼이랴?…… 이 모든 일에 우리를 사랑하시는 이로 말미암아 우리가 넉넉히 이기느니라(롬 8 : 26－27, 31－33, 35, 37).

떡은 떼어져서 제단 위에 놓였고 피처럼 붉은 포도주는 잔에 부어졌다. 목사는 그의 손을 들고 축복했다. 한 어린이가 그 몸짓을 보고 소리쳤다. "저봐요, 엄마! 목사님은 십자가 위의 예수님처럼 보이려 하고 있어요."

한 사람의 그리스도인에 관하여 말했다. 그것은 듣기에 나쁘지 않다.

바울이 붙잡혀 로마로 가다
사도행전 21 : 17~28 : 28(29)

사도행전의 이전 몇 장에서 구름들은 줄곧 모여들었다. 바울은 예루살렘에서 기다리고 있는 시련에 대한 경고를 받아 왔다. 그러나 성령에 의한 인도를 받으며, 바울은 본국의 기지로, 이 도(道, Way)의 모교회로 돌아가기로 결심한 그대로이다. 우리는 지금 바울의 종말의 시초에 접하고 있음을 안다.

그러나 우리는 마치 소설의 마지막 장, 이야기의 결말을 읽고 있기나 하듯이 이 부분을 너무 결론적으로 말하고 있다. 누가는 사도행전의 이 마지막 몇 장으로 우리에게 많은 것을 말해 주려고 한다. 앞으로 큰 위험들이 있을 것이다. 예루살렘은 예수께서 자기의 친한 자들에 의해 힘을 얻고자 그들을 모으신 곳이었다. 그러나 그곳은 그의 원수들의 손에 의해 죽임을 당하신 곳이기도 하다. 사도행전이 끝나는 이 몇 장에서 바울에게도 매우 동일한 일들이 일어날 것이다. 그러나 바다 항해의 큰 모험과, 바울과 그의 일에 관한 길고도 유창한 사건진술과 변호 또한 있다. 우리가 사도행전 전반에서 보아 왔던 여러 개의 궤도를 이들 마지막 장에서 만나게 된다. 방해를 극복하는 복음은 그 정당함이 입증될 것이며 데오빌로와 그의 교회, 그리고 우리들 자신들의 교회는 "당신이 전해 들은 사실들에 관한 진실성……"(눅 1 : 4, 개역성경에는 "그 배운 바의 확실함"이라고 번역되었음－역주)에 대한 누가의 마지막 말을 듣게 될 것이다.

21 : 17~26
예루살렘으로 돌아옴

예루살렘을 향한 바울의 마지막 여행에 관한 이 기록에서 누가의 주된 관심은 예루살렘에 있는 사도들에 의한 축복 속에서 바울의 사역을 견고하게 다지는 것이다. 우리는 사도행전의 전반에 걸쳐 예루살렘공동체의 권위를 보전하려는 노력을 보았다. 이방인 선교의 새로운 강력한 진전이 있을 때마다 그들로 하여금 승인하게 했다. 스데반(Stephen)이 죽임을 당하자 시작된 흩어짐 중에(6 : 8－8 : 3)－열두 사도를 제외한 모든 믿는 이들이－예루살렘에서 멀리 떨어진 곳까지 흩어져 나갔다. 누가는 열두 사도가 떠날 수 없었음을 기록했다. 그들은 예수의 사역이나 부활의 사실들과 연관된 목격자들을 대표하는 자들이었기 때문이다. 누가에게 있어서 예루살렘은 교회에 대한 충성의 최종 표준이 되는 전통과 사실과 사도적 신앙의 중심지이다. 누가의 바울은 예루살렘에 의해 대표되는 전통과 일치하지 않으면 안 된다. 아마 이 사실은 바울이 이방인과 유대인 사이의 일치의 표시로 이방인들로부터 예루살렘에 전달하게 되어 있던 모금(募金, 롬 15 : 25－31을 보라.)이 여기서 언급되고 있지 않는 사실을 설명하는 것 같다. 예루살렘에 있는 유대인 그리스도인들이 이방인들이 보낸 자선을 거절했던가? 우리는 알지 못한다. 여하간 누가는 그 모금을 언급하지 않는다. 아마 그것은 바울과 예루살렘 사이에서 논란의 근원이었는지도 모른다. 그리고 누가는 바울과 본 교회와의 불일치보다는 연합을 보여 주고 싶어한다.

21장 안에 있는 형식은 우리가 사도행전의 다른 데서 보았던 친숙한 그것이다. 이방인들에게로의 접근은 예루살렘이 축복하는 합법적으로 인정된 일이다. 그리하여 이방인 개종자들은 예루살렘을 향하여 화해의 몸짓으로 반응을 보였다(10 : 1-11 : 18, 11 : 19-30, 13-15장, 16 : 1-4, 16-21장을 보라.). 사도행전 21 : 17~26은 우리가 16~20장에서 들어온 이방인 중에서 했던 사역에 관한 이야기의 절정이다. 바울은 그곳 장로들의 승인을 받기 위하여 예루살렘으로 돌아오고 있다.

예루살렘의 그리스도인들은 우리를 기꺼이 영접했다(21 : 17). 그리고 이방인 중에서 그가 했던 사역의 보고를 듣고 하나님께 영광을 돌렸다(21 : 20). 그들은 이방인과 유대인 그리스도인들 사이의 교제에 관한 이전에 있었던 예루살렘 회의의 합의를 다시 확인하기도 했다(21 : 25).

바울은 자신에 대한 혐의가 잘못된 것임을 예루살렘인들에게 확신시키기 위하여 수순(手順)을 밟기 시작한다. 바울은 "이방에 있는 모든 유대인을 가르치되 모세를 배반하고 아들들에게 할례를 하지 말고 또 규모를 지키지 말라 한다."(21 : 21)는 바르지 못한 비난을 받고 있다. 바울은 나실인 서약(Nazarite vow)을 함으로써(21 : 24) 사도행전에 있는 교회의 모든 지도자들처럼 자기는 철저히 정통적이며 이스라엘의 역사적 믿음에 충실하고 있음을 과시했다. 바울을 대적하는 자들은 그렇게 보지 않겠지만 우리는 그와 같이 이 도(道)에 속한 자들이 신실한 유대인들이라는 누가의 주장을 다시 생각하게 된다.

만일 우리가 바울을 1세기의 '자유주의적'(liberal) 인물로, 즉 그의 보수주의적 친구들을 더욱 개방적이고 포괄적인 관념들을 향해 끌고 가려 했던 큰 혁신자(innovator)로 변모시킨다면, 사도행전의 바울을 매우 불공정하게 대하는 것이다. 누가의 마음속에 있는 이스라엘의 신앙에 대한 바울의 충절(忠節)이, 그의 이방인들을 향한 급진적 움직임의 원천이다. 우리가 자주 관찰하듯이 '급진적'이라는 말의 'radical'은 라틴어 '뿌리'를 뜻하는 *radix*에서 왔다. 누가가 21장과 같은 말씀 속에서 시사하는 것은, 만일 우리가 감히 이스라엘 신앙의 뿌리에 도달한다면, 우리는 초대교회가 전진하면서 하게 되는 매번의 전환이 타당함을 알게 된다는 것이다. 수많은 현대인들은 실존적 자아(實存的 自我, existential self)에 매혹되어 추억과 역사를 모두 버리고 있다. 그들은 신뢰할 가치가 있는 유일한 진리는 **나**의 진리(the truth of *me*)인데 조상들에 관한 증거를 염려할 이유가 무엇인가라고 말한다. 우리는 전통을 원래부터 보수적이고 고풍적이며 골동품애호적(antiquarian)이라고 생각한다. 그러나 때때로 전통을 찾는 것은 시간에 있어서가 아니라 실질에 있어서 우리의 근원으로 돌아감을 의미한다. 우리의 문화는, 우리가 전진하기 위하여 전통은 우리들 뒤에 두어야 하는 어떤 것으로 생각하도록 조건을 설정한다. 그러나 때때로 기억은 사역에 혁신적으로 새롭게 돌진하도록 하는 근원이다. 우리는 우리의 전통을 통하여 중요한 것들을 붙잡고, 기억을 통하여 미래를 위한 상상에 의해서 새로운 설계를 할 수 있게 된다. 추억이 없는, 안내와 축복을 받기 위해 돌아가야 할 어떤 '예루살렘' 이 없는 교회는 현상의 감옥에 갇히게 되고, 단지 현재의 것들보다 더한 것을 보지 못하는 비전이 없는 사람들이며 배회하게 되는 사람들의 견해에 노예들이다.

말(Hans Mol)은, 카리스마적인(Charismatic) 성경적 지도자는 전통을 쇄신하는 사람인 개혁자라기보다는 기초를 부수는 혁신자라고 말한다. 선지자는 전통을 다시 요청하고 전통에 충실하도록 요청하는 자이다. 선지자는 혁신하기보다는 다시 원상으로 돌아가게 한다. 종교적 제도는 전통을 그르칠 수도 있고 자체의 목적에 맞추기 위하여 신앙의 어떤 부분들은 무시할 수도 있지만, 선지자는 전통을 버리지는 않는다(pp. 45-46).

하늘의 환상에 순종하여, 자신이 본 것에 충실하기 위하여 모든 것을 각오한 가운데, 하나님의 인도하심에 따르려고, 자신의 복지와 안전을 위한 모든 관심을 옆으로 미루고, 바울은 자신의 '유대인됨'(Jewishness)과 세상이 다른 방향으로 바쁘게 움직이고 있음에도 불구하고, 하나님께 충성하는 것이 자신들에게 큰 고통임을 의미함에도 불구하고, 여러 시대를 거치면서 하나님께 귀를 기울이고 순종하고자 노력해 온 사람들 중에 자신도 한 사람인 것을 과시하고 있다. 누가는 '전통주의' 에 역행하는 그 무엇도 갖고 있지 않다. 문제는 우리가 과거의 전통을 귀하게 여길 것이냐가 아니다. 문제는 **어떤 전통이 우리의 전적인 마음과 영혼과 힘을 바칠 만한 가치가 있느냐**이다. 누가는 교회가 '보수적' 으로 되는 데 아무런 거리낌을 느끼지 않는다. 닫혀진 마음을 가진 보수주의자들과 개방된 마음을 가진 자유주의자들에 대한 우리 현대인들의 구분은 누가에게는 아무런 관심도 없는 잘못된 양분법이다. 문제가 되는 것은 우리가 보존하고 있는 전통이 **참된 것**이냐이다.

21 : 27~22 : 21
하나님을 향한 열심 : 바울이 성전 뜰에서 연설하다

경보가 들린다. "도우라! 이 사람은 각처에서 우리 백성과 율법과 이곳을 훼방하는 자이다." 누가 어떤 새로운 것을 가르치는가? 누가 전통과 거룩한 곳을 모독하고, 모든 것을 뒤섞고 전복시키고 있는가? 그러한 혐의는 확실히 군중을 모이게 하고, 그 군중은 곧 폭도가 된다.

누가는 불과 몇 차례의 굵은 붓을 휘둘러 사람들이 소리지르고 서로 밀치며 바울을 구타하는 혼란과 폭력의 장면을 그리고 있다. 이 민간인들의 혼란으로 누가는, 바울이 그의 간증을 그 앞에서 하게 될, 예루살렘에 있는 로마의 수비대 사령관 천부장을 그의 이야기 속에 소개할 수 있게 된다. 천부장은 그 혼란을 수습하기 위하여 군사들과 함께 도착한다. 그는 무슨 일이 일어났는지 확인할 수가 없어서 바울을 쇠사슬로 묶고 폭도로부터 구출했다. 바울은 폭도의 격노로부터 구출되었다. 그리하여 그는 로마의 당국자들 앞에서 연설할 수 있게 되었다. 사슬에 매인 채로 하게 되는 연설이다. 쇠사슬까지 밝힌 이 미묘하게도 상세한 기록은(33절) 점차적으로 더해 가는 이 이야기의 불길한 긴장상태를 조성하는 데 한몫을 한다. 왜냐하면 우리가 알고 있듯이, 바울이 천부장에 의해 속박된 사실은 그가 다시 자유의 몸이 되는 것을 우리가 보지 못하게 된다는 사실을 알려 주기 때문이다(26 : 29을 참조하라.). 본론에서는 26장에서 절정에 이르게 될 일련의 시련의 장면들이 소개된다.

우리는 제재를 가하는 폭도에 의해서 매를 맞아 거의 죽게 된 사람이 어떻게 지금 천부장이 인도하던 계단 위에서 감동적인 연설을 하게 되고, 어떻게 울부짖던 폭도가 조용히 귀를 기울이게 되었는지에 대해서는 깊이 생각하지 않겠다. 연설의 장소와 청중이 우리의 주의를 끈다. 우리는 성전 앞에 서서 그가 이스라엘의 종교를 모독했다는 고발 때문에 거의 교수형을 당할 뻔한 한 사람의 말에 귀를 기울이는 격이다. 이 상황이 바울의 연설에 의미를 더해 준다. 바울은 품위 있는 헬라어로 자기가 애굽인 혁명당원(revolutionary)이 아니며, 결코 초라한 도시가 아닌 길리기아(Cilicia)의 다소(Tarsus)성(城)의 시민이며 경건한 유대인이라고 천부장에게 알린다(21 : 39). 천부장은 그가 당국자들이 예상하는 말썽을 일으키는 사람이 아닌 것을 알게 된다. 사도행전 1 : 11에 의하면 최초의 그리스도인들은 자기들의 메시야께서 새로운 나라를 세우실 것으로 예상하고 있었다. 로마인들은 유대인의 민족적, 메시야적 소망에 대하여 계속 감시해야 한다는 것을 알고 있었다. 천부장은 바울이 로마의 지배를 전복시키려고 했던 애굽인 유대인이 아닌 것을 알고 안심하는 것처럼 보인다. 유대인들과 바울과 같은 이들 유대인 그리스도인 사이의 문제는 종교적 문제이다 – 그리하여 천부장은 스스로 안심했다. 그는 바울로 하여금 그의 동료 유대인들 앞에서 자신의 사건을 진술하도록 허락한다. 그리고 이 유대인이 자기가 장악하고 있는 예루살렘의 안전에 손상을 주려고 하지 않음에 만족해 하고 있다. 천부장은 바울이 비정치적이라고 추정한다.

바울이 천부장에게 자기가 '백성에게' 말할 수 있도록 허락해 줄 것을 요청하는 사실(21 : 39)은 의미가 깊다. 그는 사도행전에서 유대 백성을 가리키는 데 자주 사용된 그 말을 사용한다(3 : 23, 4 : 8, 7 : 17). 21 : 39에서 바울은 "나는 유대인이라."고 주장한다. 이 연설은 대부분 그 주장에 대한 변호일 것이다. 폭도가 스데반을 죽이고자 했을 때(결국은 성공했다.), 그는 이스라엘의 역사를 상세하게 말함으로써 자신을 변호했다. 바울은 자기 자신의 과거사를 상세하게 말함으로써 자신을 변호하고 있다. 22 : 1~21의 연설은 '부형들' 에게 아람어로 진행되었다 – 여기에 자신에게 무슨 일이 있었던가에 관하여 자기 가족에게 증거하는, 그들이 시도하는 그대로의 한 방법이 있다. 자신의 행위가 그 가족의 가치와 전통으로부터 자신을 밀어낸 것처럼 보여지고 있지만, 자신은 여전히 그 가족의 한 사람임을 호소한다.

우리는 이 연설 안에 네 가지의 기본적인 단위들이 있음을 확인할 수가 있다.

1. 바울이 받았던 열정적인 유대인으로서의 훈련에 관한 설명(3 – 5절)
2. 바울의 예수 만남(6 – 11절)
3. 아나니아(ananias)와 그의 도움(12 – 16절)
4. 바울이 성전에서 본 환상(17 – 21절)

1. 바울이 자신의 유대교와의 관계를 설명하면서 현재형을 쓰고 있는 점에 유의하자. "나는 유대인이다"(I am a Jew.). 그를 구타했던 자들이 전통과 법과 질서에 열정적인 자들이기 때문에, 바울은 자신을 하나님께 열정적인 사람으로 말한다(3절). 그들과 마찬가지로 바울은 종교적 의의 명분으로 다른 이들을 핍박하는 것이 무엇을 의미하는지 안다. 왜냐하면 그가 '이 도(道)' 를 향하여 꼭 그렇게 했기 때문이다(4절). 말로, 자신이 받은 교육으로, 자신이 했던 열광적 행동으로, 바울은 자신을 청중과 연결시키고 있다. 만일 누군가가 자기를 믿지 못한다면 대제사장과 공회에 물어보면 된다(5절)고 말한다.

2. 이렇게 우리는 바울이 더할 나위도 없이 신뢰할 만한 전통적이고 경건한 신자였다는 증언을 들었다. 자신에 관하여 하는 모든 말은 자기를 청중과 하나가 되게 하고 있다. 이제는 다메섹으로 가는 길에서 바울에게 일어난 반전(反轉)에 관한 설명이 나온다. 이 설명과 9 : 3~9에 있는 그것과는 많은 유사점들이 있으나, 몇 가지 눈에 띄게 다른 점들도 있다. 그 한 가지로 여기서는 **빛**에 관하여 더 많이 말하고 있다. 그 환상이 태양이 가장 강렬할 때인 '오정쯤' 에 나타났었다고 말한다. 그리하여

만약 바울이 더 밝은 빛에 의하여 눈이 멀게 되었다면 그 빛은 참으로 대단한 빛이었을 것임이 틀림없다. 22 : 9과 9 : 7을 조심스럽게 비교해 보면, 첫 번째 기록에는 바울의 동행자들이 음성은 듣고 아무것도 보지는 못했다(9 : 7). 지금 바울은 우리에게 말하기를 그의 동행자들이 빛은 보면서도 소리는 듣지 못했다는 것이다(22 : 9). 이 연설 중에서 9절은 다시 한번 그 빛의 위력에 대해 우리의 주의를 환기시킨다. 바울은 많은 이들이 빛은 보았으나 자기만이 들려주시는 말씀을 들었음을 강조한다. 그리하여 이 빛은 이 만남의 드라마를 강렬하게 해준다. 하시는 말씀은 특별히 바울이 무엇을 해야 할까에 관한 것이었다. 누가는 9 : 3~9의 개종을 취급했던 것과는 약간 다르게 이 연설을 취급하고 있다.

우리는 또 바울이 이 다메섹 길의 체험을 회상함에 있어서 더욱 능동적으로 행동하고 있는 것처럼 보이는 점을 주시한다. 앞에서 바울은 엎드러져서 "주여, 뉘시오니이까?"라는 말밖에 할 말이 없었다. 지금 바울은 자기가 "주여, 무엇을 **하리이까?**"라고 여쭈었다고 말하고 있다. 앞에서는 바울이 사람의 손에 이끌렸다고 했다. 지금 바울은 자기가 해야 하는 것에 관한 예수의 말씀이 이루어지기를 기다렸었다고 말하고 있다(22 : 10 – 개역성경에는 이 내용이 없음 – 역주).

3. 아나니아(Ananias)의 방문(12 – 16절)으로 바울은 자기가 위임받은 것을 알게 되는 도움을 받는다. 9장에서는 아나니아가 그 공동체의 오랜 원수였던 그가 친구로 바뀐 사실을 강조하는 역할을 한다. 여기서는 그러한 강조가 빠졌다. 우리는 아나니아가 경건하고 율법을 존중히 여기는 사람 – 바울의 청중이 존경해야 하는 어떤 인물 – 이라고 듣고 있다. 여기서 아나니아의 역할은 소명을 전달하는 것이다 : "그가 또 가로되 우리 조상들의 하나님이 너를 택하여 너로 하여금 자기 뜻을 알게 하시며 저 의인을 보게 하시고 그 입에서 나오는 음성을 듣게 하셨으니 네가 그를 위하여 모든 사람 앞에서 너의 보고 들은 것에 증인이 되리라"(14 – 15절). '우리 조상들의 하나님' 은 이스라엘의 하나님을 가리키는 전통적 방법이다(예를 들면, 창 43 : 23, 출 3 : 13, 신 1 : 11). 과거 이스라엘의 하나

님이 지금 일어나고 있는 일에 대한 '증인'이 되게 하시려고 바울을 선택하셨다는 것이다.

4. 이 부분의 말씀에서는 바울이 성전에서 기도하는 것을 보여 준다(22 : 17). 여기가 신실한 유대교의 심장이며, 이곳이 바울이 서 있는 처소이고, 여기서 바울은 이 순간에 이 연설을 하고 있다. 18절은 바울과 그의 동료 유대인들 사이에 있는 충돌의 첫 번째 징후를 소개한다. 이 시점까지 쌍방은 일치했다. 바울은 자기의 동료 유대인들이 자기를 믿을 수 있게 하는 것은 다름 아닌 자신의 핍박과 열광적 행동의 전력(前歷) 때문이라고 주님께 말씀드렸다고 말한다(19-20절). 그러나 아니다, 주님은 바울을 위하여 다른 것을 마음에 두셨다. 만일 그가 충성스러우려면 그는 놀랄 만한 위탁에 순종해야 한다. "내가 너를 멀리 이방인에게로 보내리라."(21절)는 위탁이다.

군중은 여기까지 듣다가 분노하게 된다. 이것이 바울의 연설의 절정이었으며, 청중은 그것을 알고 있었다. 원수를 쓰러뜨렸다는 내용, 이 내용은 우리가 9장에서 바울의 개종 기록의 특징이라고 말했었다. 22장의 내용은 **충성스럽고 열광적인 유대인을 부르셨음**으로 요약될 수 있다. 사도행전 9장에서 바울은 부르심을 받았으나 그 부르심은 그 기록 속에 숨어 있는 추진력은 아니었다. 여기 22장에는 그리스도에 의한 바울의 소명이 두 가지로 설명되고 있는데, 그는 소명에 따라 행동했음과 예루살렘에서는 그가 거절당하게 될 것이라는 이유 때문이라는 것이다. 그는 자기가 이방인들에게로 간 것이 유대교를 버렸기 때문이 아니라 유대교의 하나님께서 움직이시는 대로 따라가야 하기 때문이라고 주장함으로써 자기의 행위들을 정당화하려 하고 있다. 그건 하나의 변호인데, "저희는 네가 내게 대하여 증거하는 말을 듣지 아니하리라."(22 : 18)는 그리스도의 예언의 성취이다.

그가 늘 그렇게 하듯이, 누가는 이 부분의 말씀에서 여러 주제들을 동시에 취급하고 있으며 각각 다른 여러 계층에 영향을 주고 있다. 본문의 말씀들은 **그리스도인의 국가에 대한 관계와 정부 당국자들의 역할**에 관한 문제들을 생각하도록 하고 있다. 로마의 천부장은 그리스도인이 자기 직업에 대해서, 또는 자기들이 점령하고 있는 유대에서 자기의 존재에 대하여 어떻게 생각하든 종교적 논쟁에 개입하고 바울의 생명을 구원했다. 지금 그는 바울에게 무슨 일이 있었는지를 증거할 수도 있다. 18 : 12~17과 19 : 23~41에서 이교도인 그들 당국자들은 믿는 이들이 심하게 찢겨질 위험으로부터 그들을 보호하는 데 크게 도움이 되었다. 바울은 자기가 애굽인 혁명당원이 아니라고 부인하면서(38절), 자신이 정치적 혁신자가 아니라고 말했다 – 최소한 천부장은 바울을 그런 사람으로 생각할 것이라고 느끼면서 그렇게 말했다. 혁명적 폭력은 그리스도나 그를 따랐던 자들에 의해 옹호된 수단이 아니었다. 누가의 이야기에 있어서 그들은 법을 준수하는 이교도 국가의 시민이었다(눅 2 : 1-7, 20 : 21-25을 참조하라.). 22 : 24~29에서 바울은 고문으로 심문하려는 자들로부터 자신을 보호하고자 로마의 시민권에 호소한다. 그리하여 그리스도인들은 불공평으로부터 자신들을 보호하고, 그리스도의 진리를 증거할 수 있는 수단으로 쓰기 위하여, 이교도의 정부로부터 받은 것일지라도 합법적인 권리를 자유롭게 사용할 수 있음을 시사한다. "관원들은 선한 일에 대하여 두려움이 되지 않고 악한 일에 대하여 되나니 네가 권세를 두려워하지 아니하려느냐? 선을 행하라, 그리하면 그에게 칭찬을 받으리라. 그는 하나님의 사자가 되어 네게 선을 이루는 자니라."(롬 13 : 3-4)고 바울이 로마 교회를 향하여 충고함과 같다. 예수에 관한 누가의 이야기는 로마의 법이 요청함에 따라 성 가족(the holy family)이 베들레헴으로 가는 여행으로 시작된다. 하나님은 그의 목적들을 달성하기 위하여 시저(Caesar)의 명(命)을 이용하셨다. 지금 하나님은 복음의 확산을 더하게 하려고 로마의 천부장까지 쓰고 계신다.

바울이 동료 유대인들에게 했던 연설 중에 그가 했던 기본적인 강조는 부르심을 주제로 한 것이다. 자기의 '개종' 에 관한 그의 설명은 우리가 22장에서 읽는 바와 같이 **바울이 하나님께로부터 받은 사명에 관한 설명**이다. 여기에 다메섹으로 가던 길에 "어두운 데서 불러 내어 그의 기이한 빛에 들어가게 하신 자"에 대한 설명이 있다(벧전 2 : 9). 여기서 바울은 그가 볼 수 없었던 어떤 것을 보았고, 그가 듣지 못했던 것을 들었다고 말한다. 이 이야기는 이 사실을 암시해 준다. 그리스도인들로서 하나님이 우리에게 주신 '직업'은 우리가 단지 '생계를 위하여' 종사하는 것이 아니고, 하나님이 우리의 삶 속에 주신 위임에 대한 반응이며, 세상에서 하나님의 일의 일부로서 우리가 하도록 하나님이 요청하시는 것들이라는 사실이다. 이 이야기가 암시해 주는 것이 또 있다. 우리는 우리를 부르신 일에 충실하고자 함에 있어서 괴로움이나 고통이 없기를 기대해서는 안 된다는 사실이다. 모든 사람이 소명 중에 나타나는 사건들을 '볼 때' 우리가 그것들을 보는 것과 동일하게 보지 않는다. 우리가 보는 빛, 우리들 위에 비치고 우리들의 여행의 의미를 알도록 도와 주는 바로 그 빛이 다른 사람들을 당황케 하거나 눈을 멀게도 한다. 우리가 하나님이 우리에게 주신 소명에 충실하고자 할 때, 우리는 그렇게 부르심을 받지 않았거나 우리가 들은 대로 듣지 못하고 우리가 본 대로 보지 못한 자들에 의해 오해를 받을 수도 있고, 심지어 미움을 받을 수도 있다. '부르심'에 순종하는 우리의 생활 중에 생겨나는 곤란한 일들은 하나님께 충실하고자 하는 데서만 생겨나지 않는다. 우리를 이해하지 못하는 우리의 형제들과 자매들 앞에 우리 자신들을 이해시키는 데서도 생겨난다. 다메섹 길에서 바울을 일깨웠던 그 빛이 많은 사람들의 눈을 멀게 했고, 많은 사람들을 좌절시켰는데, 누가가 그려내는 세계 속에서는 더욱 그러했다. 이런 일은 오늘날에도 일어날 수 있다.

이방인들에 대한 선교는 하나님의 주도하심에 의한다는 주제는 물론이고, 이 부분의 말씀은 또한 **전통 대 전통주의**를 생각해 보도록 하고 있다. 폭도는 자기들이 '전통'에 열렬하게 따르기 때문에 바울을 죽이고자 했다. 그러나 바울의 변명은, 자기는 참으로 전통을 따르는 자라는 것이었다. 왜냐하면 그는 하나님의 인도하심에 충실하게 순종하려고 했기 때문이라는 것이다 - 그 인도하심이 그로 하여금 이방인들에게로 향하는 그러한 놀라운 하나님의 은혜의 영역으로 가게 했을 때에라도 그러했다는 것이다. 이스라엘의 충실한 일원이 된다는 것은, 바울의 연설이 암시해 주는 바로는, 스스로 놀라면서도 기꺼이 하나님의 은혜에 의한 예상 밖의 영역들로 인도하심을 받는 것이다. 이렇게 하는 것이 보존할 가치가 있는 **전통**이며, 오늘 우리들의 시대에 생활에 옮길 가치가 있다. 그리고 이러한 전통은 우리가 언제나 해왔던 것에 맹목적으로 따르도록 하는, 의미가 없고 때로는 생명력이 없는 **전통주의**에 반대한다. 성전에 모였던 그 신실한 사람들처럼, 오늘의 교회는 새로운 하나님의 부르심과 계시를 필요로 한다. 전통 대 전통주의에 관한 이 토론을 잘 이해하여 이제 우리는 이 말에 귀를 기울이고 유의해야 한다-존중히 여겨지고 있는 우리의 전통과 우리의 습관화된 방법들이, 우리가 그리스도의 부르심을 듣지 못하게 하고 새로운 계시의 빛 앞에서 소경이 되게 할 수도 있다.

22 : 22~23 : 11
공회 앞에서 답변

신학을 하는 데는 각양의 방법들이 있다. 성행하는 한 방법은 성경으로부터 어떤 추상적인 명제나 원칙들을 이삭 줍듯 모아서 그 명제들을 오늘날 교회들이 갖는 관심사에 적용하면서 조직적으로 발전시키는 것이다. 이러한 방법의 신학은 철학적인 한 방법이다. 이런 방법은 관념의 반영과 적용에 쓰인다. 누가는 또 하나의 방법으로 신학적 문제들을 해결하고 있다. 이야기들을 통하여 문제들은 복잡한 가운데서도 점검된다. 주장을 이끌어내지만, 드라마를 보여 주는 맥락 안에서 그렇게 한다. 독자들이 스스로 결론을 내리도록, 사건들을 새로운 방법으로 보도록, 논란의 문제에 관하여는 그것의 강조점을 택하든지 애매한 점을 택하든지 내버려 둔다. 그 결과 우리는 내용을 알게 될 뿐만 아니라 개종을 체험한다. 바울에 관한 이야기는 우리의 이야기가 된다. 우리는 달라진 **시각**(視角, 글자 그대로의 의미는 **꿰뚫어 본다**)을 갖고 우리의 삶으로 돌아간다. 왜냐하면 이야기가 우리를 부추겨서 이야기가 아니면 어려울 수밖에 없는 방법으로 세계를 보고 돌아보게 하기 때문이다.

만일 우리가 사도행전 22 : 22~23 : 11에서 '정보'를 찾는다면 실망할 것이다. 장면들은 혼란스럽고 비밀스러우며 때로는 비논리적이다. 왜 바울은 그가 로마의 시민권자임을 천부장에게 알리기를 기다렸는가?(22 : 25) 왜 천부장은 유대인의 공회를 소집하는가?(22 : 30) 공회의 심문 중에 바울 외에 어떤 다른 사람도 발언을 했는가?

그러나 이러한 의문들은 누가의 극적인 장면에 어울리지 않는다. 그 장면은 폭도의 울부짖음으로 시작되었다. "……이러한 놈은 세상에서 없이 하자! 살려 둘 자가 아니라"(22 : 22). 이방인들을 향한 바울의 사명이 선포되자(22 : 21), 그들은 21 : 36의 그를 향한 부르짖음이 메아리가 되어 격분한다. 유대인 지도자들과 그 백성은 바울이 사라지고 조용해지기를 원했다. 그들은 하나님의 뜻에 대한 자기들의 견해에 계속 도전하는 말을 듣는 것보다 그를 죽이기를 원했다.

호기심 많은 로마의 천부장이 이제 이 이야기에 끼여든다. 그는 매질을 하여 이 유대인들의 소란의 근원을 알고 싶어했다(22 : 24). 유대인들은 신학에 관하여 논쟁을 할런지 모른다. 로마인들은 사실을 알아내기 위한 그들 나름대로의 방법 - 고문 - 을 갖고 있다. 그런데도 바울은 종교적 적개심이나 정부가 가하려는 탄압의 희생자가 아니다. 그는 쇠사슬에 매여 있으면서도 여전히 상황을 좌우하고 있다. 누가는 바울이 (거의 무심결에) 요청함으로 고문이 곧 끝나게 되는 것을 아름답게 서술했다. 그 요청은 "너희가 로마 사람 된 자를 죄도 정치 아니하고 채찍질할 수 있느냐?"(22 : 25)였다. 데오빌로는 이 이야기가 기분좋게 전환되는 것을 온전히 즐겼음에 틀림없다. 바울의 로마 시민권이 천부장 자신의 그것보다 더욱 강한 인상을 준다는 사실(22 : 28)을 밝힘으로써, 바울이 그 군사들을 혼동케 하여 보낸 사실을 생각하면서 그렇게 했을 것이다. 천부장은 10센트 잡화 상점 같은 싸구려 로마인이다. 이에 반하여 바울은, 천부장이 채찍으로 국민윤리를 가르치려 했던 사람인데, 나면서부터 시민권자이다. 지금은 누가 웃고 있는가? 그의 사역 중에 바울은 유대교의 신앙과 제국의 백성 사이에서 다리가 되어 왔다. 그리하여 그의 생활 중에 바울은 유대인(22 : 3)일 뿐 아니라 로마의 시민(22 : 28)이기도 하다.

바울은 잘난 체하는 압제자들의 주인인 시저의 권세 앞에서 지혜롭고 약삭빠르며 익살맞다. 일이 엉뚱한 방향으로 진행되는 것을 보는 데 익숙해 있는 사람들에게는 이 이야기가 듣기에 유쾌할 것임에 틀림없다. 예수의 비유들과 같은 훌륭한 이야기들은 종종 전복(顚覆)의 기능을 갖는다. 그 이야기들은 익숙해진 역사의 흐름을 설정한다. 그러고 나서 그 흐름을 갑자기 거꾸로 가게 한다. 우리는 이야기가 전통적이고, 예상한 대로, 예고할 수 있는 쪽으로 흘러가다가 예상 밖의 모양으로 바뀔 때 끌려가고 싶은 유혹을 받는다. 사도행전의 이야기들 중에 이따금씩 웃음이 터져 나온다. 왜냐하면 웃음거리는 우리가 사물의 현재 상태와 그것이 마땅히 그렇게 되어야 하는 상태 사이의 간격에 마주칠 때, 그리고 현재 상태의 고정된 세계와 하나님의 목적을 향하여 움직이는 세계 사이의 공간에 마주치게 될 때 생겨나기 때문이다. 누가와 같은 설교자는 이 공간 사이에서 그 공간들을 열어 보이는 이야기를 하면서 즐거워하고 있다. 그가 그러한 이야기를 하는 목적은 우리가 시저의 권세와 하나님의 권세 사이의 부조화를 보고 놀라고, 웃게 하며, 사슬에 매인 사람이 칼을 가진 사람보다 상황을 더 잘 조절하는 것을 기뻐하게 하기 위함이다.

교회에의 핍박, 제자들에게 고통, 전제정치에 의한 잔혹 같은 재난에 부딪쳤을 때 어떻게 하는 것이 신실한 반응인가? 데오빌로는 그 상황 속에서 울 수 있었을 것이다. 그 정도라면 별 문제가 안 된다. 사도행전에는 데오빌로를 위한 위로와 격려로 가득 차 있다. 그럼에도 불구하고 교회 안에는 많은 눈물이 있었음에 틀림없다. 아니면 데오빌로는 웃을 수 있었다. 웃음은 우리가 절망에 공세(攻勢)를 취했을 때, 재난에 대항하여 주도권을 잡았을 때, 악과 죽음의 권세에 대하여 내일을 포기하지 않기로 결심했을 때 생긴다. 교회가 '담대' 해지는 데는 한 가지 이상의 방법이 있다(23 : 11). 시저의 군대는 그러한 거룩한 유머(humor, 해학)에 대하여 무능력하다. 정치적으로 좌익이나 우익의 폭군들은 모두 유머를 미워한다. 그러기에 풍자를 경멸한다. 우리의 참 훌륭한 희극배우 중 대부분은 불공정한 결과를 받았을 때 어떠한가를 아는 사람들의 계층에서 나온다. 그리스도인들이 교회 안에서 웃는 것은 아주 작은 죄에 속한다.

이제 천부장은 "무슨 일로 유대인들이 그를 송사하는지 실상을 알고자"(22 : 30) 유대인의 공회를 소집한다. 바울은 그들을 "형제들아!"라고 부르고 있다(23 : 1). 대제사장은 전에 예수를 심문했을 때 행동했던 대로 모의를 하고 속임수를 쓴다. 바울의 자세는 확고하다. 그러나 율법에 충실하여(23 : 5) 성경에 그렇게 하라는 대로 대제사장에게 경의를 표한다. 바울은 자신의 바리새적 유산(遺産, heritage)에 호소한다(23 : 6). 이 호소로 사두개인들(Sadducees)과 바리새인들(Pharisees)이 즉시 고함을 지르는 설전(舌戰)을 하게 된다. 보수적인 사두개인들은 영과 부활에 관한 문제로 더욱 진보적인 바리새인들과 싸움을 하려는 태도를 취한다(23 : 7-8). 바리새인들은 바울에게서 들은 것으로 상당히 기뻐하고 있다. 만일 그가 천사나 영의 지시를 받고 행동해 왔다면 자기들로서는 상관할 바가 아니라고 말한다. 바울이 자기는 지금 바리새적 유산을 뒤로 하고 깨달음을 받은 그리스도인이 되었음을 말하지 않는 점에 유의하자. 그는 "나는 바리새인이다."라고 말한다. 누가는 이렇게 기독교와 바리새적 유대주의를 연결시키고 있다. 바리새인들과 그리스도인들은 이미 많은 점에 있어서 서로 일치하고 있었는데 성전의 파괴(누가가 사도행전을 쓰게 될 때까지)와 더불어 왜 서로 함께할 수 없었을까? 우리가 차후 23 : 12~35에서 만나게 될 파렴치한 광신자들과는 다르게 이들 지식 있고 경건한 바리새인들은 "우리가 이 사람을 보매 악한 것이 없도다."(23 : 9)라고 말한다. 이 장면 중에서 보여지는 주요 신학적 요점은 사도행전 안에서 반복해서 떠오르는 것이다 : **기독교는 유대교의 최상의 것들과 연속성을 갖는다**는 것이다. 여기서는 더욱 특별하게, 바리새적 유대교와 그렇게 하고 있다. 유대교는 더욱 진보적인 그리스도인들이 이탈할 수밖에 없는 그러한 낡은 신앙이 아니다. 그리스도께서 주장하신 것들은 유대교의 소망이 성취된 것들로서 인식이 가능하다. 이 도(道)가 상대하기 어려운 것은 유대인과 유대인 사이에 있는 민족 내부의 맹렬한 논쟁이다.

바울은 논쟁의 희생자가 될 뻔한 자리에서 천부장에 의하여 구출을 받는다. 때때로 그리스도인들은 자신들을 보전하기 위하여 국가의 질서와 권세에 의존한다. 바울의 목적과 천부장의 그것이 극적으로 상반될지라도 그렇다. 때때로 믿는 이들 사이에 있게 되는 사나운 논쟁 중에 믿지 않는 이교도가, 믿는 이들이 자기들끼리 물고 늘어지려는 것을 막아 주는 일을 하게 되는데, 누가는 이 사실을 약간 원통하게 여긴다. 의심할 여지가 없이, 천부장이 이 유대인 가족 내부의 불화장면을 보고 인상을 받는 것과 - 오늘의 세계가 오늘의 그리스도인들이 상호비방하는 것과 교단의 내부에서 시기심을 갖는 것을 보고 인상을 받는 것은 결코 차이가 없다. 그날 밤에 바울은 그의 사역 내내 지시를 내려 주셨던 주님의 방문을 받는다. 이 주님께서 "담대하라."고 그를 격려해 주시고, "로마에서도 증거하여야 하리라."고 그에게 지시를 내려 주셨다(23 : 11).

23 : 12~25 : 12
너희 안에 있는 소망을 인하여!

그의 이야기 중에 여러 단계로 이론을 전개하는 것은 누가의 전형적인 방법이다. 23 : 12~25 : 12의 내용 역시 예외는 아니다. 주제들은 다시 나타나고, 반복되고, 확장된다. 사건들은 다른 사건들에 의해 공명(共鳴)된다. 동일한 관념이 취급되지만 다른 시각으로 취급된다. 우리는 바울에 관한 사도행전의 이 풍부한 자료가 있는 부분에서 중요한 주제들을 끌어올리도록 하자.

바울은 항상 생명이 위험한 중에 있다. 주님은 아나니아에게 "그가 내 이름을 위하여 해를 얼마나 받아야 할 것을 내가 그에게 보이리라."(9 : 16)고 말씀하셨다. 바울은 예루살렘에서 그를 반대하는 자들에 의해 세 차례나 죽을 뻔한 일(21 : 31, 36, 23 : 12 - 15, 25 : 3)을 포함하여 **많은 환난을 겪으며 부르심에 따라야 했다**. 그리스도인의 신앙은 하나님께서 진리를 말하도록 선택하신 사람들을 통하여 매우 인격적인 방법으로 세상 속으로 전달된다. 그러기에 복음의 원수들이 복음을 옮기는 사람들을 죽임으로써 복음의 확산을 막아 보려고 하는 것은 매우 자연스러운 일이다. 바울을 죽이겠다고 떠들고 있는 자들은 단식함으로써 그들의 맹세를 확인하면서 전심으로 애를 쓰고 있다. 그들은 실패할 것이다. 왜냐하면 바울은 하나님이 택하신 그릇이기 때문이다(9 : 15). 바울이 천부장에 의해서 보호를 받은 이야기는 모험이야기에 능숙한 누가가 보여주는 하나의 실례이다. 계획적인 매복은 천부장의 개입과 바울의 생질(甥姪)의 비밀 폭로로 어긋나고 말았다. 우리가 이미 논한 바와 같이(*특주 : 누가의 정치론*) 누가는 로마제국을 완전히 부정적으로 보지는 않지만, 대체로 좋지 않게 본다. 로마인들이라도 제자들이 보호를 받는 데 유용할 수 있다. 천부장이 바울을 보호해 준 정성은 로마 국가에 대한 누가의 지지 정도보다 더하다. 시저의 군대까지도 하나님께서 위험 중에 있는 자기의 사자(使者)들을 보호하시고, 그들이 목적을 달성할 수 있게 하시는 데 필요하다는 사실은 오히려 정상적이라고 말할 수 있다.

천부장 글라우디오 루시아(Claudius Lysias)는 로마의 법에 관한 한 바울이 결백함을 선언하면서 벨릭스(Felix)에게 편지를 보낸다(23 : 26 - 30). 이 편지로 말미암아 누가는, 국가가 책임질 수 있을 만큼 **바울이 죄 없이 고발당했을 수 있다는** 그의 요점을 반복하여 말할 수 있게 되었다. 글라우디오 루시아, 벨릭스(암시적으로 24 : 23, 26 - 27), 그리고 베스도(Festus, 25 : 25)가 바울의 무죄를 선언한다. 바울에 대한 논쟁은 유대인들 사이에 있던 신학적 논쟁이며(23 : 29, 25 : 18), 부활에 관한 논쟁이다(24 : 15, 26 : 6 - 7). 누가의 주장은 바울이 유대교나 로마를 배반한 죄가 없다는 것이다. 물론 사도행전에서 바울의 참 청중은 로마나 유대의 관리들이 아니고 데오빌로시대의 교회-유대인과 이방인으로 구성된 교회-이다. 첫째로, 누가가 말하고 싶어하는 것은, 자기들의 운동이 바리새인들처럼 부활을 믿는 신실한 유대교의 한 분파로 가장 잘 이해가 되었다는 사실이다. 둘째로, 자기들은 자기들의 목적을 이루기 위하여 로마제국 안에서 역사(役事)할 수 있다는 사실이다.

대제사장 아나니아는 벨릭스 앞에서 더둘로(Tertullus)를 통하여 변론할 때, 이 로마의 총독 앞에서 굽실거리고 아첨하면서 자기는 그의 통치를 '감사무지' 하게 받아들인다고 말한다(24 : 3). 아나니아는 바울을 "나사렛 이단의 괴수", "성전을 더럽게 하는 염병"이라고 부르고 있다(24 : 5-6). 예수를 심문할 때처럼(눅 23 : 2) 바울을 대적하는 자들은 이 사실을 신학적 논쟁이라기보다는 정치적인 문제로 내놓으려 하고 있다. 바울은 법과 질서를 위협하고 제국의 안전도 위협하는 자라고 말하고 있다. 우리는 이 거짓된 고발들을 앞에서 보아왔다. 그들은 바울에게 로마의 고위 관리인 총독 벨릭스 앞에서 자신을 변호할 기회를 준다. 그 연설은 사도행전에 있는 다른 연설들과 같이 데오빌로시대의 교회를 향한 신중하게 작성된 진술로, 당시 그리스도인의 정체를 확립해나가는 것을 목적으로 한다.

바울은 정치적 파괴행위라는 고발이 거짓이라고 말한다. 왜냐하면 그는 붙들리기 전에 12일 동안 예루살렘에 있었고 폭동을 일으키도록 그 누구도 선동하지 않았기 때문이다(24 : 10-13). 바울은 말한다. "나는……조상의 하나님을 섬기고 율법과 및 선지자들의 글에 기록된 것을 다 믿으며" 부활의 소망을 갖는다는 것이다(24 : 14-15). 이 도(道)는 어떤 급진적인 새로운 혁신적인 것이 아니고 역사적으로 있어 온 유대교의 중심이 되는 주장들과 같은 노선에 서 있는 어떤 것이다. 논쟁의 문제가 되고 이 도와 대제사장 사이에 언쟁을 일으키는 것은 바로 이 도가 주장하는 죽은 자의 부활이다(24 : 21). 오늘의 학자들은 부활에 대한 그리스도인의 확신이 율법과 선지자들의 글에 기록되었는지(24 : 14)에 관하여 확신을 갖지 못할 것이다. 그러나 이 사실은 누가가 벌이는 논쟁의 중심부분이다.

벨릭스는 판결을 연기하고 바울을 구류해 둔다. 벨릭스는 바울에 대한 사건을 끌도록 하면서 자기의 판결을 기다리는 죄수에게 친절을 보여 주지 않는다. 바울의 친구들이 그에게 수종들도록 허락함으로써 바울을 향하여 외견상의 친절을 베푸는 것은 24 : 24~27에 기록된 벨릭스에 관한 누가의 논평에 의해 흐려지고 만다. 밝혀지고 있듯이, 벨릭스는 "바울에게서 돈을 받을까 바라는 고로"(24 : 26) 바울을 가두어 두었다. 우리는 앞에서 그리스도인들에 관한 이 같은 이교도의 착각을 보았다. 그리스도인들은 능력을 갖고 있으나, 그 능력은 재력이 아니다. 그런데 벨릭스의 아내 드루실라(Drusilla)가 이야기 속으로 들어온다. 그녀는 시저의 관리와 결혼한 유대인이다. 그녀의 두 번째 결혼이었다. 바울은 이 제국의 관리 부부에게 "의와 절제와 장차 오는 심판"에 관하여 말한다. 이 제목들은 벨릭스나 드루실라를 즐겁게 할 수 없었다. 바울은 정치적인 것으로부터 사적인 것으로 화제를 바꾸고 있다. 정치인이 의회의 의원석에서 바른 일을 위하여 찬성투표를 하는 한 그의 침실에서 무엇을 하든 누가 관여하겠는가? 그것이 우리의 도리이다. 그러나 바울의 도리는 아니다. 이와 같은 그리스도인들의 좀 지나친 언행에는 한계가 없는 것일까? 그들은 신학적 당국자들에게도 도전할 뿐만 아니라 정치적 당국자들에게도 도전한다. 구류 중에 있으면서, 자신의 운명이 이 행정관의 손에 있으면서도 바울은 하나님의 충성스러운 선지자이다. 이스라엘의 선지자들처럼 치러야 하는 대가에도 불구하고 하나님의 진리를 담대하게 선포하고 있다. 그는 대제사장을 향하여 퉁명스럽게 말할 수가 있고, 이 파렴치한 벨릭스 앞에서 입을 봉하고 있지 않다. 그의 예언자적 담대함과 윤리에 대한 관심으로, 바울은 이스라엘의 최상의 신앙을 대표하고 있다.

25 : 13~26 : 32
아그립바 앞에서 답변

다메섹으로 가던 길에서 바울은 위임을 받았었다. “내 이름을 이방인과 **임금들**과 이스라엘 자손들 앞에 전하기 위하여”였다(9 : 15, 굵은 글씨는 저자에 의함.). 사도행전의 뒷부분 내내 우리는 바울이 “너희에게 손을 대어 핍박하며 회당과 옥에 넘겨 주며”라는 예수의 말씀을 이루고 있는 것을 눈여겨보아 왔다. 지금은 바울이 그 예언의 나머지 부분을 이룰 때이다 : “이 모든 일 전에 내 이름을 인하여……**임금들과 관장들** 앞에 끌어 가려니와”(눅 21 : 12, 굵은 글씨는 저자에 의함.).

누가는 바울이 로마에서 그를 기다리고 있는 운명을 향하여, 유대인의 땅을 떠나기 이전에 마지막 극적 장면을 보여 주기 위하여 무대가 설치되었음을 전한다. 가엾은 베스도(Festus), 아마 좋은 의도를 갖고 있었는지 모른다. 그러나 바울이 무엇에 관련되고 있는지 이해하기에는 극히 적합하지 않은 그는, 다른 사람이 아닌 아그립바 왕 2세(King Agrioppa Ⅱ)와 그의 누이 버니게(Bernice)의 방문으로 요행을 만난다(25 : 13-27). 이 예상 밖의 방문으로 인해 누가는 베스도가 이 이상한 죄수에 관하여 네로 황제(Emperor Nero)에게 자신이 어떻게 보고해야 할지 이 왕가의 방문객들에게 의견을 묻는 것을 기록할 수 있게 되었다. 베스도는 아그립바에게 “오직 자기들의 종교와 또는 예수라 하는 이의 죽은 것을 살았다고 바울이 주장하는 그 일에 관한 문제로”(25 : 19) 바울을 고소하는 자들의 말에는 어리둥절할 수밖에 없다고 말한다. 베스도는 유대인들과 그리스도인들에 대하여 역시 나쁜 견해를 갖고 있음이 분명하다. 그 이상한 유대인들의 싸움은 아그립바의 호기심을 끌어 “나도 이 사람의 말을 듣고자 하노라.”고 말한다. 요란한 나팔소리와 대단한 화려함 중에 버니게와 아그립바가 재판정으로 들어온다. 청중은 조용해진다. 모든 사람들의 눈이 바울에게로 집중된다. 마지막 순서로 바울이 자기 변호를 하려고 일어선다. 누가는 여러 사람의 개성들과 논제들을 능숙하게 묘사한다. 그리고 사도행전 26장에 극적으로 제시되고 있는, 바울이 유대인 적대자들과 어리둥절해 하고 있는 제국의 대표자들 앞에서 하게 되는 마지막 변론을 위한 무대를 만든다.

우리는 사도행전 22장에서 바울이 율법과 그 백성을 거슬러 가르치고 있다는 고발에 대한 자기변호를 들었다. 거기서 그가 한 변론은 자기는 오직 하나님께서 시키시는 대로만 행동하는 충성스러운 유대인이라는 것이었다. 그 이후 몇 장에서 바울에게 부가된 혐의들을 우리는 들었다 : 그는 '염병', '선동자' 이며, 그의 추종자들은 성전을 모독하려 한다(24 : 5 - 6)는 것 등이었다. 바울은 시저에게 호소한다고 했고(25 : 11), 그리하여 지금 재판의 절차를 밟아 가야 한다. 베스도는, 자신의 견해로는 바울이 죽임을 당할 죄가 없다고 주장하면서, 아그립바가 친히 바울을 심문해 주도록 제의한다. 베스도는 바울에 관하여 시저에게 보낼 혐의가 없으므로(25 : 23 - 27) 본 사건에 관하여 자신이 어떻게 결정할 것인지 아그립바가 도와 주기를 희망하고 있다. 이제 바울이 자기에 대한 모든 고소 사실에 대하여 자기변호를 요약하여 말한다.

바울은 자기변호를 시작하면서 전형적인 연설가들이 전통적으로 취하는 태도로 그의 손을 앞으로 폈다. 그는 유대인의 모든 관습을 알고 있는 아그립바 왕을 신뢰한다고 말한다. 이 말은 어떤 이들로 하여금 아그립바가 유대인인지 그렇지 않은지를 생각하게 한다. 그러나 이 생각은 그 다음의 말을 들을 수 없게 하는 방해가 된다. 다음의 말은 누가가 기록한 이 특별한 변론 연설의 목적에 대한 미묘한 진술이기 때문이다. 바울은 죽은 자의 부활에 관한 유대인들 내부의 논쟁 때문에 자신이 희생자가 되고 있다고 말하려 하고 있다. 그리고 이 문제는 '관습과 논쟁'에 관한 것으로 사형선고를 받을 만하지 않다고 말한다.

가빈터(Gaventa)는 우리가 이 변론의 서론과 사도행전 22장에 있는 바울의 이전 연설의 그것을 비교해야 한다고 충고한다(pp. 79 - 80). 거기서 바울은 그의 연설을 히브리어로 '부형들' 이라는 말로 시작했었다. 여기서 그는 마치 자기가 그 사람들로부터 어떻게든 구별되고 있는 것처럼 '유대인들' 중의 논쟁에 관하여 말하고 있다. 그가 자신의 바리새적 생활을 설명할 때(26 : 5)에도 그는 거의 외인으로서 말하고 있고, 바리새인들을 하나의 집단이나 종파로 설명한다. 사도행전 22장에 있는 모든 것은 바울이 충성스럽고 신실한 유대인임을 잘 보여 주기 위하여 작성되었다. 여기 사도행전 26장에서 우리는 바울이 유대교로부터 거리를 두고 자신을 분리시키고 있는 인상을 받는다. 아그립바와 같이 관련이 없는 방관자를 향하여 어떤 신앙을 말할 때 사용하는 그러한 유형의 말들을 하고 있다.

"이제도"(6절)라는 말은 이 연설의 회전축 역할을 한다. 여기서부터 그의 옛날의 생활태도는 과거에 속하고 어떤 새로운 것이 시작된다. '아버지의 약속하신 것'은, 처음에는 메시야의 오심과 함께(1 : 4, 눅 24 : 49) 성령을 선물로 주시겠다는 약속을 말씀하신 것이었다(2 : 39, 13 : 23). 그러나 지금은 그 말씀이 부활의 약속을 의미하고 있다. 이 사실은 부활이 바울과 그의 반대자들 사이에서 중심이 되는 문제임을 가리킨다(22 : 22 - 23 : 11 참조).

이 주장에 이어 핍박자로서의 바울의 활동에 관한 긴 설명이 나온다. 9장과 22장에 있는 자료들이 반복되고 또 상세하게 설명되고 있다. 우리는 바울이 예수를 만난 이야기를 접하게 되는데, 이전의 기록들보다는 좀 흥미 있는 방법으로 달라진 진술을 듣게 된다. 바울이 소경이 된 것에 대한 언급이 없고(9 : 8, 22 : 11과 비교) 아나니아의 도움도 말하지 않는다. 우리는 밝고 강력한 빛, 정오의 태양이 비치는 중에도 인상적일 만큼의 빛(13절)에 대하여 듣는다. 바울이 들었던 음성은 "가시채를 뒷발질하기가 네게 고생이니라."(26 : 14)는 말만 제외하고 똑같다. 가빈터는 다음과 같이 말한다 : 이 말은 큰 힘에 대항하는 것이 무익함을 가리키는 헬라 문학상의 일반적인 표현이라는 것이다. 누가는 익숙한 헬라어의 표현을 사용하면서 바울이 그리스도의 능력에 저항할 수 없었음을 설명하고 있다.

이 만남의 결과는 예수께서 바울에게 그가 해야 할 것을 알리시는 것이었다.

"……내가 네게 나타난 것은 곧 네가 나를 본 일과 장차 내가 네게 나타

> 날 일에 너로 사환과 증인을 삼으려 함이니, 이스라엘과 이방인들에게서 내가 '너를 구원하여 저희에게 보내어 그 눈을 뜨게 하여 어두움에서 빛으로, 사단의 권세에서 하나님께로 돌아가게 하고……"(26 : 16－18).

문법적으로 어려운 이 문장은 의문을 갖게 한다. 바울은 아직 많은 것을 보지 못했는데, 어떻게 그가 본 것을 증거할 수 있을까? 바울은 어떤 유대인들과 이방인들로부터 구원을 받을 필요가 있었는가? 우리는 이 연설이 마지막 변호라는 사실을 기억해야 한다. 이방인 청중을 향한 이방인식의 요약된 변호이며, 누가가 기록한 바울의 자기변호의 절정임을 기억해야 한다. 우리가 돌이켜보면 많은 사건들과 노력들이, 누가의 견해로는, 하나님의 위임의 견지에서 볼 때에만 의미가 있다.

그 위임의 성격은 무엇인가? 바울이 '사환' 이 되는 것이다. 바울이 자기 자신의 어떤 특권을 행사할 수 있는 소유를 갖는 사람이 아니라, 누구로부터 할 일을 받은 사람, 즉 '사환' 이 되는 것이다. 이 말은 사도들에게 규칙적으로 적용된 말이다(예를 들면, 1 : 22, 2 : 32, 3 : 15). 누가는 바울을 한 사람의 사도로 부르지는 않는다. 그럼에도 불구하고 그는 사도들이 했던 동일한 일에 종사했다. 그리스도 안에서 무슨 일이 일어났었는지를 말로 전하고, 나타나는 표적들로 보여 주었다. 바울은 그가 보내심을 받은 자들에게, 동일하게 유대인과 이방인에게 가야 했다. 그들의 반응이 하나님께서 핍박받는 바울을 그들의 폭력으로부터 건져내셔야 하는 그런 때에도 가야 했다.

이사야는 하나님께서 하시는 말씀을 들었다 : "너를 세워 백성의 언약과 이방의 빛이 되게 하리니 네가 소경의 눈을 밝히며"(사 42 : 6－7). 누가는 바울이 받은 위임, '그 눈을 뜨게 하여' 에서 소경의 눈을 밝혀 주는 영상을 떠올린다. 부활하신 그리스도께서 바울의 눈을 열어 주신 것과 똑같이(16절), 바울은 다른 이들의 눈을 열기 위하여 보내심을 받는다. '어두움에서 빛으로' 의 이동은 개종을 설명할 때 표준으로 쓰는 말로(벧전 2 : 9) 사단과 악으로부터 돌아서는 것을 암시하는 이동이기도 하다

(엡 2 : 2, 골 1 : 13). 그리고 사도행전 26 : 18에서 명백하게 말씀하고 있는 전환이다.

자신이 받은 위임에 대하여 바울이 하고 있는 설명을 다 듣고, 우리는 지금 사도행전 9장과 22장에서 발견되는 것들과는 다른 개종의 기록을 읽고 있음을 깨닫는다. 이 기록에서는 바울이 해야 하는 일, 돌아서게 하고 밝혀 주는 그 일이, 이 이야기의 중심 초점이 되고 있다. 바울이 순종하여 행동한 것은 바로 이 위임이다(19절). 이 위임은 돌아서게 함(개종, conversion)과 회개를 함께 포함한다. 이 돌아섬과 회개는, 이 기록 중에서는 연합된 동작을 하게 하는 행위들이다(20절). '회개에 합당한' 행위를 하도록 하는 회개에 대한 이 말씀은 누가복음 3 : 8에서 아직 회개하지 못한 자들을 향한 세례 요한의 요청을 회상하게 한다.

이 변호는, 바울은 자기가 받은 위임에 순종할 수 있도록 언제나 하나님이 도와 주셨다는 주장으로 끝난다(22 - 23절). 그의 증거는 선지자들과 모세의 그것과 다르지 않다. 그는 신실한 이스라엘인들이 언제나 선포해 왔던 것을 담대하게 선포해 오고 있기 때문에 결백하다.

누가는 바울의 진지한 호소에 대한 반응이 엇갈렸다고 말한다. 베스도(저자는 벨릭스라고 쓰고 있으나 착각인 것 같다 - 역주)는 바울이 미쳤다고 생각한다(24절). 아그립바는 바울이 짧은 시간 안에 자기가 그리스도인이 되기를 기대한다고 말하면서 의심을 갖는다(28절). 유대인의 논쟁을 문화적으로 경멸하고 있는 이 사람들은 그렇게 쉽게 설득되지 않을 것이다. 그들은 지성적으로 닳고 닳은 자들이며, 잘난 체하고 권력을 지닌 사람들이다. 그들은 돌이키거나 회개하지 않는다. 그러나 그들은 "……이 사람은 사형이나 결박을 당할 만한 행사가 없다."(31절)는 데에 일치하고 있다. 그들은 바울에 대한 어떤 믿을 만한 혐의들을 찾아내고자 희망했으나 반대로 바울을 무죄라고 했다. 바울은 오직 시저에게 호소했기 때문에 로마로 가게 되어 있다.

22장에 있는 변호와는 다르게, 이 연설은 동료 유대인들에게 한 것이 아니라 제국의 대표자들 앞에서 한 것이다. 바울은 이스라엘의 집(the house of Israel) 안에서 말하는 자로서가 아니라 더욱 철학적 수단으로 설득해 보려는 자로서 말하고 있다. 22장에서 바울은 자신을 이스라엘의 전통 안에 확고하게 두려고 했다. 여기서는 자신을 내부적 파벌주의의 희생자로 제시한다(26 : 3). 자기가 예수의 부활을 믿기 때문에 배척당하는 사람으로 제시한다. 살아나신 주님은 그가 '사환'과 '증인'이 될 것을 말씀하셨다. 그리하여 22장처럼 개종에 관하여보다 **부르심**에 관하여 많이 이야기하고 있다.

바울의 변론이 객관적인 내용 – 그가 순종해야 하는 어떤 일이 자기에게 일어나게 하셨다는 내용 – 을 갖기는 했으나, 자기변호를 전달하는 그의 수법은 **개인적 경험에 대한 주관적 설명**이었다. 사도행전 26장에 있는 그의 연설은 여러 세대에 걸쳐 그리스도인들의 개인 간증의 형식이 되었다. 자신들이 체험한 증거를 그 능력에 대한 누가의 극적 기록을 모방하여 하고 있는 것이다. 사실상 "너희 속에 있는 소망의 이유"에 대한 설명(즉, 간증 – 역자 삽입)은 우리들에게 큰 감명을 준다. 그리하여 후대의 많은 그리스도인들이 이것(간증 – 역자 삽입)은 우리들의 생활 속에 있는 그리스도의 능력에 대한 증거의 **유일한** 수단이라고 느끼게 되었다(*특주 : 사도행전에 나타난 개종*을 참조). 신자들은 대대로 예수께서 "집으로 돌아가 하나님이 네게 어떻게 큰일 행하신 것을 일일히 고하라."(눅 8 : 39)고 이르신 저 고침 받은 사람을 따라해 왔다.

오늘날 많은 현대의 그리스도인들은 개인의 개종경험에 대한 진부하고 판에 박힌 설명들을 의심하거나 싫증을 낸다. 이 설명들은 어떤 교회들 안에서 간증예배 때에 꾸준히 반복되고 있다. 아니면 전파를 통한 그리스도인들의 토크 쇼(talk show)들에서 선전식으로 하고 있다. "예수 내 생명 속에 오셔서 해주신 것들"이라는 프로그램을 1만 회째 듣고 난 다음에, 우리는 이 지나치게 주관화되고 무모하게 경험적인 방법에 의존한 그리스도인의 신앙을 더 이상 안 들으려고 도망가는 사람들을 나무랄 수 있을까? "전 비참했어요." "그때 전 예수님을 발견했어요." "지금 저의 생활은 만족스럽고 행복합니다." 우리는 이러한 간증의 형식을 수천 번이나 들어 왔다. 아그립바 앞에서 했던 바울의 간증과 비교할 때 이 형식은 좀 모자란다는 사실에 유의하자. 첫째로, 어디에서도 바울은 자신이 비참했거나 자신의 생활 가운데 어떤 모자람을 느꼈다고 말하지 않는다. 바울은 현대인들과는 다르게 그의 다메섹 길의 경험 이전에나 이후에 종교를 기본적으로 자기성취의 요건으로 생각하지 않았다. 둘째로, 누가는 그 누구도 예수를 '찾아내지' 않는다는 사실을 잘 보여 주기 위하여 길게 이야기하고 있다. **예수께서 우리를 찾아내신다.** 바울은 그리스도인 이단자들 외에 그 누구를 찾아내기 위하여 다메섹으로 간 것이 아니었다. 변화와 전환에 관한 이 모든 이야기들에 있어서 주도권은 언제나 하나님께 있었다. 누가는 내가 예수를 발견했다느니, 내가 예수를 내 생명 속에 모셔들였다느니, 내가 내 생명을 그리스도께 드렸다고 믿는 잘난 체하는 우리의 영적인 선언에 대해서 일체 아는 바가 없다. 누가에게 있어서 우리와 하나님 사이에 놓인 다리 위에서 왕래하는 교통의 대부분은 우리들 쪽으로 오는 것이다. 끝으로, 기독교로 개종한 결과로서의 행복에 관한 의문이다. 바울은 하나님의 도구가 된 데 대하여, 이스라엘과 이방인들에게 좋은 소식을 전하는 자가 된 것에 대하여 기쁨을 느꼈을 것임에는 틀림이 없을 것이다. 그러나 아그립바 앞에서 증거하는 이 사람은 사슬에 매인 채로 그렇게 했다. 그는 매맞고 돌에 맞고 감옥에 갇혔다. 예수를 만남으로써 바울의 모든 문제가 풀렸다고 주장하기란 어려울 것이다 – 사실상 예수를 뵙고 난 시초부터 문제는 시작되었다. 그러지 않았더라면 분명히 피했을 것이며, 자기에게 그런 문제들이 찾아오기를 원하지도 않았을 것들이다.

"그리스도인 토크 쇼"(Christian Talk Show) 진행자는 웃으며 말한다. "감격스럽게도 우리는 오늘 그의 간증을 듣기 위하여 유명한 한 분의 그리스도인을 모시게 되었습니다. 그분은 성(聖) 바울입니다." (열광적인 박수)

"우리에게 말해 줘요, 바울 – 혹은 '성인' 이라고 불러 드려야 할까요? 어느 호칭을 더 좋아하세요?"

"바울입니다. 그저 바리새인 바울이라고 부르시면 좋아요, 짐(Jim)."

"좋습니다! 바울, 주 예수님이 당신의 생명 속에 오셨을 때 생겨난 그 모든 굉장한 사건들을 우리에게 말해 줘요."

"저, 어디 봅시다. 첫째로 전 소경이 되어 버렸죠. 그건 해결했어요. 그러자 누군가가 절 죽이려 했어요. 그래서 전 바구니에 담겨서 도피해야 했어요. 그러고 나서 그들은 절 돌로 쳤구요. 그리고……"

증언에 대한 오늘의 어떤 정의들은 부적절하다. 그러나 누가가 이 사실을 믿은 것만큼은 의심이 없다. **살아나신 그리스도를 개인적으로 경험하는 것은 신실한 증언이 그 위에 세워지는 큰 바위라는 사실이다.** 바울에게 오셔서 말씀하신 분은 바로 이 그리스도이시다. "내가 네게 나타난 것은 곧 네가 나를 본 일과 장차 내가 네게 나타날 일에 너로 사환과 증인을 삼으려 함이니"(26 : 16). 우리가 사도행전에서 만난 바울은 (그가 우리들이 서한서들에서 만나는 바울과 아무리 다르더라도) 개인적인 증거를 한다. 자신의 입장에 대하여는 반박할 수 없는 이론으로 살아나신 주님에 대한 자기 개인의, 그리고 지속되는 체험을 개인적으로 증거한다. 물론 이 개인적이고 지속되는 체험은 성경과 전통과 그리스도인 공동체 자체의 엄격한 조사 앞에서 대답할 수 있다. 그러나 바울의 증언은, 우리가 사도행전에서 보는 그것은, 개인적 체험의 힘에 의해 끌려가고 있다.

당신 속에 있는 소망의 이유에 대한 설명을 하도록 당신에게 요청하는 누구에게나 말해 주기 위하여 당신은 언제나 준비하고 있어야 한다. 그러나 베드로전서 3 : 15b 말씀은 온유와 두려움으로 하라고 충고한다. 사도행전 26장에 따라서, 우리들의 논쟁하기 좋아하는 동료 신자들과 의심이 많은 이교도 이웃들 앞에서 무엇이 우리로 하여금 효과적인 증언을 하게 하는가? 어떤 **사실들을 알고 있어야 한다.** 그리스도인의 신앙은 매우 깊은 느낌들이라도 그 느낌들에 관한 것이 아니다. 일어난 어떤 일, 우리에게 일어난 어떤 일에 관한 것이다. 부활하신 그리스도에 의한 사실이다. 우리가 위에서 말한 것처럼 이 신앙은 그리스도의 실재를 개인적으로 체험함으로써 확인된다. 바울은 단순히 그리스도에 **관하여** 알고 있지 않고, 그는 그리스도 자체를 알고 있었다. **부활하신 그리스도께**

서 우리 생활의 일부가 되시고, 무언가가 우리를 움직이고 힘을 주기 전에는 설사 우리가 그 사실들을 안다고 하더라도 우리는 할 말이 별로 없다. 끝으로 사도행전 26장은 우리가 **알아야 하고, 우리의 증거를 받아들이는 자들을 존중히 여길 것**을 충고한다. 바울은 자기를 부르심을 들었다. 단지 진리를 말하기 위해서가 아니라 부활하신 그리스도께서 그들이 빛을 향하여 돌아서도록 증인을 보내실 만큼 사랑하시는 그들에게 진리를 말해 주기 위해서이다. 바울의 연설들은 청중들에게 잘 맞추어졌다. 그의 증거의 내용은 놀랄 만큼 한결같으나 그의 양식, 접근방법, 언어, 그리고 목표들은 각각의 상황에 따라 다르다. 그는 22장에서 자기 변호를 시작하면서, "부형들아!"라고 부르면서 자기 동료 유대인들에게 듣기 좋은 말을 했다. 그러나 26장에서 베스도와(저자는 벨릭스라고 쓰고 있으나 착각인 것 같다 – 역주) 아그립바와 같은 자만심이 있는 이교도 앞에 서 있을 때, 그는 어떻게 행동해야 할지를 알고 있었다. 오늘날의 그리스도인 신앙의 전달자들(교회 내에서의 모두를 포함하여)은 사도행전 22장과 26장에 있는 바울의 연설을 그리스도인 간증의 표본으로 하여 깊이 생각한다면 잘하는 일일 것이다.

우리는 예수께서 받으신 심문과 수난의 공명(共鳴)을 듣지 않고는 이들 로마의 법체제의 약아빠진 대표자들 앞에 선 바울의 이야기를 읽을 수 없다. 예수와 바울은 하나님의 뜻에 순종하여 고난을 받고 죽으시기 위하여 예루살렘으로 가셨다(19 : 21, 눅 9 : 51 참조). 두 분 다 산헤드린 공의회와 로마의 행정관과 총독 앞에 섰다. 두 경우에 그들의 동료 유대인들은 "없이 하자."라고 소리쳤다(21 : 36, 눅 23 : 18). 두 분 다 매맞고, 두 분 모두 죄가 없다고 몇 차례씩 선언되었다(31절, 23 : 29, 눅 23 : 4, 14 – 15, 22). 예수께서 받으셨던 고통과 심문을 그의 종 바울도 역시 받았다. 예수께서는 "무릇 온전케 된 자는 그 선생과 같으리라."(눅 6 : 40)고 약속하셨다. 바울은 증인과 종의 사역이 얼마나 주인의 생활과 시련을 닮게 되는지에 대하여 모범을 보였다.

그러나 예수의 시련과 죽으심, 바울의 시련과 죽음 사이의 유사성은 끝난다. 바울의 죽음은 예수의 죽으심과는 다르게 누가의 이야기 중에서 거의 관심거리가 되지 못한다. 왜냐하면 바울이라는 한 종의 이야기는 사실상 부활하신 그리스도에 관한 한 이야기이기 때문이다. 바울은 그의 주인과는 다르게 예루살렘에서 죽지 않았다. 예수께서는 심문을 받고 계실 때 단지 한두 마디, 그것도 매우 간략하게 말씀하셨던(눅 22 : 67－70, 23 : 3) 반면에 바울은 계속하여 증거했다. 바울과는 다르게 예수께서는 심문을 받으시는 동안에 계속해서 말씀하실 필요가 없으셨다. 왜냐하면 그분 자체가 그 변호의 내용이셨기 때문이다. 예수의 죽으심은 놀라우리 만큼 상세하게 이야기된다. 반면에 누가는 사도행전의 끝에서 바울의 죽음에 관한 보도를 하지 않는다. 이 사실은 예수의 죽으심과는 다르게, 바울의 죽음이 부활을 통한 하나님의 목적을 입증함도 아니고 구속에 대한 하나님의 행위도 아니며 단순히 그리스도를 위한 바울이 했던 사역의 절정이었기 때문일까? (누가가 바울의 죽음 이전에 본서를 쓰지 않은 한) 누가가 바울의 죽음을 말해 주지 않은 사실은 사도행전의 풀리지 않는 신비이다.

아마 바울이 받은 심문에 있어서의 진정한 문제는 그의 메시지에 대한 입증인 것이다. 이와는 반대로 예수께서 받으신 심문에 있어서의 문제는 하나님의 메시야되심을 확인하는 것이었을 것이다. 바울의 죽음은, 그의 주님의 그것과는 다르게, 이야기되지 않는다. 왜냐하면 바울은 부활하신 주님을 위한 그릇이기 때문이다. 그의 생애와 죽음은 그리스도의 진리를 선포하기 위한 매개이다. 바울이 받은 심문의 핵심은, 그리고 그의 증거의 제목은 바울이 아니고 그리스도이시다. 그는 그리스도께 순종하는 종이 된 것에 만족해 한다.

27 : 1~28 : 16
위험한 항해

가장 초기의 문학이 있을 때부터 인간의 상상력은 바다 항해의 이야기에 사로잡혀 왔다 – 항해사 신바드(Sinbad the Sailor)의 여행들, 오디슈스(Odysseus)의 포도주처럼 먹장 같은 바다로의 전설적인 탐험, 니느웨(Nineveh)로 가다가 물고기에 의해서 삼켜진 요나(Jonah), 갈릴리(Galilee) 바다에서 폭풍 중에 예수께 울부짖던 제자들……. 그렇게 된 것은 바다가 상징하는 그 음울한 위험들과 물에 의한 죽음의 위협 때문일까? 아니면 우리는 우리 자신들이 걷는 나그네, 해도(海圖)가 없는 바다의 항해자, 자연의 처분에 맡긴 순례자들임을 알기 때문에 이들 바다 여행의 이야기에 매력을 느끼는 것일까?

인간은 구원을 찾아 나서는 나그네라는 그리스도인들의 관념은 더 이상 서양문화를 알리려는 것으로 보여지지 않는다. 인생은 여전히 여행으로, 또 순례자로 생각되고 있는가? 아니면 단지 뿌리가 없고 논리가 일관되지 않은 내적 자아에 대한 탐구라고 생각되는가? 우리는 모험보다는 안전을, 진리보다는 대인관계에서 얻어지는 보상을 원한다. 만일 우리가 쉴 수 있는 장소를 발견한다면 우리는 거기에 정착한다. 그리스도께서는 "나를 따라 오너라."라고 말씀하신다. 여행의 모험을 한다고? 환상과 진리와 실재의 사실을 알리려는 갈망에 크게 사로잡혀 우리가 바다로, 하나님만이 아시는 곳으로 기꺼이 갔던 바울처럼 된다는 것이 무엇을 의미하는 것인지 알 수 있을까?

바다는 생명과 죽음을 제공한다. 고대 세계에서 사람들을 사로잡았던 바다에의 공포를 우리는 상상할 수 있다. 히브리인들에게 있어서 바다는, 육지가 공허로부터 형성될 때 창조자께서 밀어내심으로써 생긴 저 물의 혼란이다. 그 사실이 어떤 경이로움이 될까?(창 1 : 6 – 10) 최초의 항해사였던 노아의 때에 그 바다는 인간에 대한 하나님의 진노 때문에 솟아올라 모든 생물을 지면에서 쓸어냈다. 노아와 그의 가족에게 있어서 바다는 인간의 죄에 대한 하나님의 심판의 도구였다. 뿐만 아니라 하나님의 신실한 자들을 위한 은혜로운 구원의 처소이기도 했다. 멸망에 쓰였던 그 물은 깨끗하게도 하고 구원도 하는 물이었다. 그리고 우리가 마침내 새 하늘과 새 땅을 얻는 자들이 될 때 바다, 저 거대한 위협을 주는 심연은 더 이상 있지 않을 것이다(계 21 : 1). 오늘날에도 바다는 위험과 인간의 나약성을 드러내는 장소다. 그리고 자칭 항해사라는 자들이 그것의 풍랑에 목숨을 내어 맡기게 되는 이 처소는 하나님의 손에 의해서만 안전하다.

사도행전의 이 부분에서, 최초의 일인칭 복수이야기 진행자는 "우리가 올라 행선할 새"라고 말하고(27 : 2) 바울의 모험이 시작된다. 사도행전 27 : 1~28 : 16을 꼼꼼하게 검토하기 전에 소리내어 읽어 보라. 누가는 우리가 신학적 암시들을 수집하기 이전에 이 이야기의 드라마를, 감동을, 그리고 그 풍부한 영상들을 맛보았으면 하고 있다.

이 바다 여행은, 누가가 사도행전에서 말하고 있는 열 번이나 열두 번의 그것들(예를 들면, 9 : 30, 11 : 25 – 26, 13 : 4, 13) 중에 마지막 여행이다. 금식의 절기는 이미 지났다(27 : 9). 이 절기는 9월부터 10월 어간에 있는 유대인의 속죄일(Day of Atonement)을 가리킨다. 일 년 중에 이때가 항해에는 위험스러운 때이다. 바울은 백부장 율리오(Julius)에게 계속 항해하지 말도록 권유하지만, 그는 선장의 충고를 받아들인다(27 : 10 – 11). 율리오는 바울에게 친절했고(3절) 다음 번에는 바울의 말에 귀를 기울이려고 한다(31절). 율리오는 바울을 구원하고자 하여(43절) 죄수들 모두를 죽이자는 제의를 막아 버린다. 바울은 이 이교도 군인이 인솔하는 죄수이지만, 누가가 그려내는 율리오의 모습은 (전형적으로) 단순한 인물이 아니다. 대부분의 이교도인들처럼 율리오 역시 자기가 이 무지한 유대인보다 더 많이 알고 있다고 잘못 생각하고 있다. 그러나 이 군인에게서 친절과 동정심이 보이고 있다.

이교도 군인들이 이 이야기의 주역(主役)은 아니다. 바울이 행동의 중심 인물이다. 그는 일기와 항해에 관하여 전문적인 충고를 했고, 맹렬한 폭풍 속에서 놀라운 평온을 유지했으며, 구원의 여망이 다 없어져 의욕이 마비된 항해자들에게 설교를 하기까지 한다(27 : 20 – 25). 그리고 폭동이 일어나지 않게 돕고 있다. 그는 누구의 생명도 잃지 않게 될 것이라고 예고한다(27 : 22). 이 예언은 다 상륙하여 구원을 얻게 되었을 때

(27 : 44) 그대로 이루어졌다. 요나(Jonah)와 그의 고달픈 바다 여행에 관한 이야기에는 마음 내켜 하지 않는 중에 있었던 이 선지자가 동행했었기에 그 배에 있던 모든 사람의 생명이 위험하게 되었다. 바울은 마음 내켜 하지 않는 하나님의 사자가 아니었다. 그가 동행하였기에 배에 있던 모든 사람을 위한 구원의 길이 열리게 했다. 요나가 니느웨 사람들에게 회개의 설교를 하려 하지 않았을 때, 그는 거의 죽을 뻔했다. 한편 바울은 로마에서 설교하기 위하여 가라고 하시는 주님의 명령(23 : 11)에 순종한다. 그러자 바다의 폭풍 중에 그와, 그리고 함께한 여행자들을 위하여 상황은 다르게 진전된다.

바람과 바다의 파도는 하나님의 장중(掌中)에 있다(시 95 : 5). 자신의 생명이 하나님의 선교에 연관되어 있음을 알고(27 : 24), 바울은 스스로 용기를 가질 뿐만 아니라 배에 함께 탄 사람들에게도 용기를 넣어 주려고 한다(27 : 25). 그리고 바울은 궁극적인 확신에 찬 행동으로 동행자들에게 떡을 먹으라고 강권한다. 그가 떡을 들고, 축사하고, 떼어서 먹기를 시작했다(27 : 35). 그와 똑같이 하여 부활하신 주님을 알아볼 수 있게 되었던(눅 24 : 30 - 31) 식탁에서 하는 그 네 가지 행동은 배에 탄 모든 사람들이 용기를 갖게 된 바탕이다(27 : 36). 낙담과 두려움 중에 교회가 보여 주는 반응은 무엇인가? 바울과 같이 교회는 떡을 들고, 축사하고, 떼어서 먹기를 시작한다. 세상은 "그것이 무슨 효과가 있나요?"라고 물을 것이다. 우리는 하나님의 능력과 임재하심 중에서 소망의 표시인 이 순서를 행함으로써, 폭풍 중에라도 우리가 필요로 하는 것을 주신다는 것이 하나님의 뜻이라는 확신을 갖는다. 이러한 확신에 찬 성만찬적 증거에 의해, 교회는 자체에 영양을 공급하고 세상을 향하여는 증거를 하게 된다. 물론 우리는 이 식사가 주님의 만찬(the Lord's Supper)을 기념하는 성례식이었다는 것을 듣지 못한다. 그런가 하면 배를 타고 가던 그 이교도 사람들이, 바울이 축사한 그 음식에 참여했는지의 여부도 우리는 듣지 못한다. 그러나 분명히 데오빌로의 교회는 그들이 어떤 '폭풍'에 부닥치고 있는 중에 주일날 함께 먹는 식사와 이 바다에서 불행한 날에 먹던 식사를 연관지을 것이다. **성만찬은 폭풍 중에 함께 나누어 갖게 되는 확신을 얻는 음식이다.**

이전에 있었던 심문들에서 바울은 변론이나, 재판관의 판결, 또는 사람들에 의해 정당함을 입증받았었다. 지금 배에 탔던 자들이 안전하게 뭍에 오름에 따라, 바울은 바다로부터 구원을 받음으로써 정당함을 입증받고 있다. 호머(Homer)가 쓴 *Odyssey*(오디세이)에서는 오디슈스(Odysseus)의 승무원들이 죽는다. 왜냐하면 그들이 헬리오스(Helios)의 신성한 암소들을 죽였었기 때문이다. 요나의 이야기에서는 항해사들이 고통을 받는다. 그들은 이 고통이 배에 함께 탄 그 마음 내켜 하지 않는 선지자 때문에 하나님이 진노하여 내리신 것으로 알고 있었다(욘 1 : 7-10). 이제 그들은 별망 당할 상황 중에서 구원을 받았다. 그리고 그들 모두는 이 충성스러운 선지자 바울을 위한 하나님의 은혜를 알아차리게 된다.

극적이고 행복한 폭풍의 결말이 하나님께서 바울을 인정하시는 충분한 증거가 되지 않았는지, 누가는 또 하나의 기적적인 구출의 이야기를 보태고 있다. 바울이 멜리데(Malta) 섬에서 독사에게 물렸을 때 원주민들은 "진실로 이 사람은 살인한 자로다."(28 : 4)라는 결론을 내리게 된다. 결국 전통적인 지혜에 따르면 나쁜 일은 나쁜 사람에게 생기고, 나쁜 행위와 신속하고 공정한 하나님의 보복 사이에는 분명한 인과관계가 있다는 것이다. 그러나 바울이 뱀에 물려서 어떤 불행한 결과도 보이지 않게 되자, 그들의 이론은 극히 반대로 바뀌어 "말하되 신(神)이라."(28 : 6)고 한다. 나쁜 이론은 재난의 의미를 평가하는 데 있어서나 행운의 이유를 말할 때 모두 적절하지 못하다. 바울은 신이 아니다. 그는 하나님의 종이다. 그에게 하나님의 영적 기운이 있다고 추정하는 데 있어서는 멜리데 사람들이 옳았다. 이교도였던 당국자들이 바울을 무죄하다고 선언한 것과 같이 사도행전의 이 두 이야기-바다의 폭풍과 독사에 관한 이야기-는 자연의 신비한 힘도 하나님의 종들 앞에 무릎을 꿇는다는 사실을 보여 준다.

바울을 보호해 주었던 그 능력들은 단순히 자신이 즐기기 위한 것들이 아니다. 바울은 봉사를 계속하기 위하여 살아남고 있는 것이다. 이 섬에서 제일 높은 위치에 있는 보블리오(Publius)의 부친이 병들어 있다. 바울이 그를 방문하고 안수하며 기도하자 노인이 고침을 받았다(28 : 7-8). "의인의 간구는 역사하는 힘이 많으니라"(약 5 : 16). 바울의 의로움은 분노한 바다로부터의 구출과, 치명적인 독사가 물었는데도 무사했던 사실과, 다른 이들을 치료하는 데 효력을 보인 그 능력에 의해 확증되었다.

고대 세계의 사람들은 자연의 변덕과 변천에 전적으로 매달려 살았다. 그들은 그들의 운명을 이겨낼 힘을 요망했다. 한때 우리들의 선조들에게 큰 파멸을 준 세력들이 있었다. 그 세력들을 억제하는 힘을 가진 우리 현대인들은, 파도를 잔잔케 하고 열병으로 뜨거워진 이마를 치료한 능력에 관한 이야기에 더 이상 감동을 받지 않을른지 모른다. 우리의 의사들과 선장들은 이 일을 날마다 하고 있다. 우리는 마치 하나님처럼, 우리 세계의 모든 세력들을 억제할 수 있는 것이 우리의 권리라고 생각한다. 그리고 우리가 그렇게 못할 때 심히 속상해하고, 배신감을 느낀다. 우리는 이들 기적과 경이로운 구원의 이야기들이 지닌 천진난만함을 보고 별것 아니라고 웃음지을 것이다. 그러나 우리는 일기예보에, 여행에의 위협을 제거하는 데, 병과 고통과 장애가 없는 삶을 얻고자 하는 데 많은 자원이 소모되어 온 세계 안에서 살고 있다. 우리의 대부분의 도시들에 있는 가장 큰 건물들은 신들의, 최소한 전통적 신들의 신전들이 아니다. 가장 큰 건물들은 우리의 운명, 범세계적 신 같은 세력을 억제해주기로 우리에게 약속하는 병원들이나 정부의 부처들이다. 고대의 멜리데 사람들을 모방이나 하듯이, 우리는 전문기술자들 앞에 고개를 숙여 절한다. 왜냐하면 그들에게 우리의 초월성이 있기 때문이다. 우리가 만든 기계들은 삶을 더욱 기계적으로 만듦으로써-합리적이고, 확언할 수 있고, 의존할 수 있게 함으로써-우리를 구원한다. 과학기술은 우리에게 위험이나 고통이나 신비가 통하지 않는, 우리들 스스로가 하는 말로, 영원한 생명을 줄 것이다. 이러한 우리가 어떻게 멜리데 사람들의 천진난만한 종교성을 보고 웃을 수 있겠는가?

사도행전의 이 극적인 이야기는 여행자들이 마침내 로마로 그들의 길을 떠나는 것으로 끝난다(28 : 14). 바울은 사슬에 묶인 패배한 포로로서가 아니라 거의 개선하는 장군처럼 환영을 받으며 그 도시로 들어간다. 로마에 있는 그리스도인들에게 기별이 가게 되자(분명히 누가는 바울이 도착하기 이전에 거기에 있던 한 공동체를 알고 있다.), 그들은 바울을 만나기 위하여 40마일이 넘는 길을 여행하여 왔다. 그리고 그를 그 도시로 환영한다. "……바울이 저희를 보고 하나님께 사례하고 담대한 마음을 얻으니라"(28 : 15). 능력과 기적적인 구원과 하나님의 개입에 관한 내용으로 가득한 이야기 중에서도, 이것이야말로 그리스도인의 신앙을 통하여 제자들이 활용할 수 있는 최대의 힘일 것이다 - 그것은 교회 안에 있는 형제들과 자매들의 힘이다.

불공평, 잔인함, 그리고 생(生)의 난제들과 싸우는 가운데 교회가 우리에게 주는 가장 큰 선물 중에 하나는 역시 교회이다. 만일 누가가 교회에 몰두하는 것처럼 보인다면, 그것은 누가가 교회야말로 복음선포의 속알맹이가 되었음을 알기 때문일 것이다. 예수께서는 오셔서 단순히 인생의 새로운 철학이 아닌 삶의 새로운 방법을 설교하셨다. 그분은 한 새로운 백성, 한 새로운 공동체를 형성하셨다. 19세기의 역사가 로이지(Alfred Loisy)가 이렇게 한 말이 종종 인용되고 있다. "예수께서는 하나님의 나라(the Kingdom of God)를 선포하셨고, 나타난 것은 교회였다." 로이지는, 이 말이 종종 그렇게 반복 인용되듯이, 냉소적인 투로 말하지 않았다. 마치 교회가 뒷날 원래의 것, 즉 더욱 개성이 강한 예수의 교훈들을 오해한 것처럼 그 말을 한 것이 아니라, 예수의 메시지는 하나의 독특한 백성을 만들었다. 그의 메시지는 한 새로운 공동체에 관한 것이었다. 사도행전의 질문은 단순한 지성적인 "당신은 동의합니까?"가 아니라, 행정적이고 사회적인 "당신은 우리와 함께하겠습니까?"이다.

바울은 교회를 하늘의 영지(領地, colony)로 말했다(빌 3 : 20). 영지는 교두보, 즉 다른 나라 안에 있는 고립된 곳이다. 자기들 스스로, 개개인 이민자는 외국의 문화 속에서 살아남을 수 없을 것이다. 그리하여 그들은 함께 일하고 함께 살며, 서로 만나기 위하여 나오고, 서로 용기를 준다. 이 영지는 그 조직이 아직 충분하게 서지 못했고 위험에서 떠나지도 못했다. 왜냐하면 이 영지의 사람들은 다른 신들에게 절하는 문화 속에서 살고 있기 때문이다. 북아메리카의 교회는 아메리카의 문화 속에서 자기의 존재가 미약함을 바르게 인식하지 못하고 있는 것 같다. 세계는 우리에게 보내던 호의를 중단했다. 사람들은 이 나라 안에 살고 그 물을 마시며 이곳의 텔레비전을 시청한다고 해서 그리스도인이 되지 않는다. 우리는 – 바울에게 문안하기 위하여 삼관(Three Taverns)까지 달려온 저 형제들과 자매들처럼 – 우리가 우리 스스로를 알고 있는 것보다 더욱 외국인이요, 망명객이요, 이주민이다. 우리를 지지해 주고 우리를 위하여 새로운 역문화(逆文化)를 조성해 주는 교회의 힘은 미래에는 점차 더한 중요성을 갖게 되어 있다.

바울은 여전히 사슬에 매여 있다. 그리고 자기를 기다리고 있는 그 침울한 운명을 알아야 했다(28 : 16). 이야기 중에 그 어떤 것도 저 비극적 종말을 알게 하여 우리를 안도케 하지 않는다. 그러나 바울은 용기충천(勇氣衝天)하다. 왜냐하면 그는 혼자가 아니기 때문이다. 하나님은 여기에도 자기 백성을 두고 계신다. 이 새로운 다국적의 세계적 제국을 "각처에서 우리의 주……예수 그리스도의 이름을 부르는 모든 자들"(고전 1 : 2)로 구성하셨다. 이들이 그의 시련의 때에 그를 붙들어 주고 있다. 하나님께서 명백하게 그 옆에 계실 뿐만 아니라 그리스도 안에 있는 형제와 자매들이 역시 그 옆에 있다. 그들은 자기들의 영웅을 그 도시 안으로 호위하는 특전을 얻고자 하여 삼관까지 그 먼 길을 달려 왔었다. 복음은 외롭지 않게 여행한 한 사람에 의해 제국의 심장부까지 옮겨졌다.

28 : 17~28(29)
하나님의 구원

"로마로 가니라"(28 : 14). 그의 위험스러웠던 여행은 마침내 끝났고, 우리는 이 수도(首都)에 바울과 함께 서 있다. 그러나 바울이 먼저 어디로 가는지 주시하자 – 제국의 도시의 장엄한 광경을 보기 위해서가 아니다. 시저의 문(the gates of Caesar)으로도 아니고 이방인 로마인들을 개종시키기 위해서도 가지 않았다. "사흘 후에 바울이 유대인 중 높은 사람들을 청하여 모인 후에……"(17절) 그들에게 설교했다. 언제나 그랬듯이, 바울은 먼저 이스라엘의 집으로(to the house of Israel) 간다. 그의 설교는 과거에 그가 했던 변호 연설들을 간결하게 요약한 것이다. 그것은 두 가지 요점으로 된 설교이다 : (1) 전에 있었던 자기 행위들에 대한 간략한 변명, 그리고 (2) "내가 이스라엘 백성이나 우리 조상의 규모를 배척한 일이 없다."는 주장(17절)이다. 그는 지금 그의 백성의 반대 때문에 시저의 법정에서 있게 될 재판을 기다리고 있다(18 – 19절). 예수를 그렇게 했던 것처럼 그의 백성이 그를 로마인의 손에 넘겼다. 그리고 예수처럼 그는 결코 자기 민족을 송사하지 않는다(19절). 이 진술은 로마인들이 바울을 구출해 준 사실(21 : 31)에 관련하여 우리가 들은 것과는 정확히 맞지 않는다. 그러나 이 설교 안에서 누가의 목적과는 맞는다 – 바울이 자기 백성 앞에서 했던 변호의 요약, 바울이 받은 심문이 예수께서 받으신 그것과 얼마나 유사한가를 보여 주는 변호가 잘 맞고 있다. 누가의 바울은 로마에서 사슬에 매인 사람으로 자기 백성 앞에 서 있다. 이스라엘의 역사적으로 내려오는 신앙을 파괴하고자 함이 아니라 "이스라엘의 소망"(20절)을 실현시키고자 함이다.

바울의 변명에 대한 반응은 세 가지이다. **첫째로,** 로마의 유대인들은 바울에 관한 공식적인 연락을 받은 것이 없고, 자기들은 이 '파'(派)가 "어디서든지 반대를 받는 줄"(22절) 알고 있다고 말한다. 그들은 자기들 스스로 생각해 보겠다는 것인가, 아니면 공적인 지시를 기다리겠다는 것인가, 아니면 소문을 듣고 판단하겠다는 것인가? **둘째로,** 요청에 의한 잇따른 모임은 아침부터 저녁까지 계속되었다. 바울은 "모세의 율법과 선지자의 말을 가지고 예수의 일로 권하"고자 했다(23절). 바울은 증거를 하는데 많은 시간을 썼고, 그의 말을 듣는 자들이 소중하게 붙들고 있는 전통을 근거로 증거했다. **셋째로,** 그의 유대인 청중의 반응은 눈에 보이게 나뉘어 있었다. 어떤 이들은 수긍하고 다른 이들은 그렇지 못했다(24절). 어떤 이들이 좋은 소식을 듣고 받아들인 데 대하여는 기쁨이 있다. 그러나 많은 이들이 그렇게 하지 않는 데 대해서는 비애도 있다. 그들의 배척을 설명하기 위하여 이사야 6 : 9~10이 인용된다. 이스라엘 중 어떤 이들은 언제나 완악하여져서 둔하게 듣고 마음으로 깨닫지 못한다. 이런 일은 그 이전에도 있었고 지금 다시 그렇게 되고 있었다.

이렇게 하고 있는 이스라엘을 전면에 내세우면서 교회는 불신앙의 신비를 설명해 보려고 한다. 불신앙은 믿는 이들에게는 언제나 신비이다. 우리에게 동기를 주고 세상을 설명할 수 있도록 우리를 돕고 우리들의 삶에 의미를 주는 진리가, 다른 사람들을 감동시키지 않는 이유를 우리는 어떻게 설명할 수 있을까? 어찌하여 어떤 이들은 그리스도를 바라보면서 세상을 비추는 빛을 보는데 다른 이들은 아무것도 보지 못하는가? 눈과 귀는 다르게 보고 다르게 듣는다. 우리의 복음을 배척하는 행위는 하나의 흉한 징조로 인식된다. 만일 진리가 우리에게 그렇게 자명하다면, 왜 모든 사람이 다 믿지 못할까? 불신앙자들이 악하다고 말하지 말고 믿는 이들로 인하여 즐거워해야 하겠다. 그리고 이 신비는 하나님의 헤아릴 수 없는 목적들 속에 숨어 있는 신비로 남아 있게 해야 한다. 바울처럼 우리는 귀를 기울여 들을 수 있는 자들에게로 가야 한다(30절). 본문의 이야기는 "그런즉 하나님의 이 구원을 이방인에게로 보내신 줄 알라. 저희는 또한 들으리라."(28절)는 바울의 말로 끝난다. 누가가 그것을 목격하듯이 이방인들은 귀기울여 듣고 있다. 그들이 유대인들보다 더 나은 사람들이기 때문이 아니라 (이스라엘을 향한 - 역자 삽입) 이들 약속 밖에서는 구원의 가능성이 절대로 없기 때문이다. 누가는 큰 잔치에 관한 이야기를 했었다. 이 잔치에 원래 초대받은 자들은 다 일치하게 사양했다(눅 14 : 18). 배척을 당한 주인은 "가난한 자들과 병신들과 소경들과 저는 자들을" 데려오기 위해서 사환들을 보냈다(14 : 21). 이 외인들은 그들이 특별히 지각이 예민해서가 아니라 갈 곳이 없기 때문에 오게 되었다. 어떤 다른 이의 초청이 없는 한 그들에게는 소망이 없다. 가난한 자들이 이 나라에 들어간다. 왜냐하면 작은 자들(little ones)이 주인이 되어 있는 이 나라에서는 오직 가난하고 굶주리며 슬피 울고 욕(辱)을 당하는 자들이 들을 수 있도록 마음속이 비어 있고, 주어진 초청을 받아들이기 때문이다. 이방인들은 이스라엘을 향한 약속들이 성취되는 중에 주어진 소망 외에 다른 소망을 갖고 있지 않기 때문에 반응을 보인다.

자기가 이제는 이방인들에게로 가겠다는 바울의 선언은, 하나님이 마침내 이스라엘에게 해주신 약속들을 파기하셨음을 의미하지는 않는다. 예수의 사역의 초기부터 예수께서는 복음에 대하여 분열된 이스라엘을 만나고 계셨다. 이스라엘의 많은 이들이 지금도 예수에 관한 메시지를 거절하고 있는 사실은, 그 메시지의 주요 수익자들로서의 그들의 신분을 부정하지 않는다. 이스라엘을 향한 선교는 사도행전의 전반에 계속된다 - 바울은 로마에서 맨 처음 유대인들에게로 갔다 - 그리고 우리는 그 상황이 데오빌로의 교회 안에서도 계속되었을 것이라고 쉽게 예상할 수 있다. 이스라엘을 향한 하나님의 약속들, 누가가 그 안에 그처럼 큰 의미를 두고 있는 약속들이, 단순히 그것들을 받아야 하는 대부분의 사람들에 의해서 거절당했다는 이유로 끝났다는 암시는 없다. 누가의 사도행전에서 소개되는 하나님은 변통성이 있고 쉽게 포기하지 않는 끈기가 있는 하나님이시다. 바울이 인용했던 이사야의 말씀은, 그 원래의 문맥에는, 비타협적인 이스라엘에게 하시는 하나님의 역사가 끝났음을 신호하지 않고 오히려 그것의 시작을 신호한다. 이스라엘을 향한 선교는 완전한 실패는 아니었다(21 : 20). 누가는, 교회가 후대에 그렇게 한 것처럼, 한 세대가 배척한 그 죄를 또 다른 세대로 전가하려고 하지 않는다. 복음을 거절했던 유대인들이 자신들을 향한 그 호소를 아주 끝내야 한다는 필요를 느끼지는 않았다. 이 사실은 빌라도의 행위가 이방인들을 향한 선교를 중단하도록 유도하지 않은 사실과 꼭 같다. 누가는, 후대의 어떤 그리스도인 주석가들이 그렇게 했던 것처럼, 유대인들에 대한 하나님의 보편적 사랑을 부정하면서 새로운 특정은총설(特定恩寵說, particularism)을 주창하지 않았다(*특주 : 누가와 동료 유대인*들을 보라.). 유대인이나 이방인이 내리는 복음에 대한 평가는 혼합적이다. 그러므로 바울은 자기에게 오는 사람을 다 환영했나(30절).

방해 없이 설교하고 가르치다
사도행전 28 : 30~31

아마 바울은 이 도(道)의 사람들이 회당에서 배척을 당했기 때문에(28 : 22 참조) 자신의 셋집에서 찾아오는 모든 이들을 환영하고 있었던 것 같다(28 : 30). 바울이 호흡하고 있는 한 어떤 방해물도 "그가 하나님 나라를 전파하며 주 예수 그리스도께 관한 것을 가르치"는 것(28 : 31)을 잠잠하게 하지 못할 것이다. 실제로 사도행전의 마지막 절은 본서 전체의 요약으로 볼 수도 있을 것이다. 오순절에 강림하신 성령은 그 어린 교회에 "하나님의 큰일"(2 : 11)을 알리는 혀를 주셨다. 우리는 교회가 모든 방해와 온갖 장애에도 불구하고 저 큰일들을 선포하는 것을 보아 왔다. 귀를 기울이게 될 모든 사람들을 향한 담대한 선포 또한 하나님의 큰일이다.

사도행전 20 : 25, 38은 누가가 바울의 재판의 결과를 충분히 알고 있었음을 암시한다. 데오빌로와 그의 교회 역시 바울이 마침내 로마에서 순교의 죽음으로 죽은 것을 알았음에 틀림없다. 앞에서 우리는 바울의 마지막 재판 및 고난과 누가복음에 기록된 예수의 수난 사이의 유사점들을 주시하여 보았다. 왜 누가는 바울의 죽음에 대한 기록을 예수의 죽으심과 병행시키기 위하여 계속 말하지 않았을까?

우리는 누가가, 그가 그렇게 해놓은 대로 사도행전을 끝내기로 한 이유를 단지 추측만 할 수 있을 뿐이다. 우리는 그의 끝맺음이 우연이 아님을 확신할 만큼 그의 극적 필치를 충분히 알고 있다. 사도행전은 누가가 데오빌로에게, 자신의 두 번째 책은 "예수의 행하시며 가르치시기를 시작하심부터……승천하신 날까지" 계속된 내용이 될 것이라는 말로 시작된다(1 : 1-2). 그리스도의 말씀과 행하심은 그의 제자들의 역사(役事)와 선포 중에서 계속된다. 그들은 예수를 말하지 않을 수 없었다. 왜냐하면 성령께서 이 예수의 사람들에게 능력을 주셔서 오고 있는 하나님의 나라를 계속해서 말하도록 하셨기 때문이다. 사도행전에서 우리는 어떻게 그 담대한 선포가 듣고자 하는 사람에게는 누구에게나, 그 모든 사람들에게 이르렀는지를 목격해 왔다(4 : 29, 28 : 31). 시저가 복음을 잠잠케 하지 못했다. 그 선포는 갈보리(Calvary)에서 조용해지지 않았고, 스데반이 돌에 맞았을 때에 끝나지 않았으며, 그 이야기는 바울이 로마에서 죽음으로써도 끝날 수 없다. 바울은 자연의 세력으로부터 구출되었다(27 : 1-28 : 16). 그는 줄곧 로마인의 법정에서 무죄선고를 받았다. 그는 이렇게 가장 두려운 권세들을 이겨냈다. 무엇이 그의 증언을 중단시킬 수 있을까? 부활하신 그리스도께서는 그의 제자들에게 말씀하셨다. "너희는 이 모든 일의 증인이라"(눅 24 : 48). 이야기는 끝난 것이 아니라 시작되었음을 암시하셨던 것이다. 사도행전은 예루살렘과 온 유대와 사마리아와 땅 끝까지(행 1 : 8)에서 되어진 그 증거에 관한 이야기의 연속이다.

믿는 이들이 견뎌 내야 하는 실제 고통은 물론이고 복음이 극복해내야 하는 실제 도전들도 어떻게라도 부인할 수 없다. 그러나 사도행전은 하나님의 진리를 앞으로 진전시킨 적극적인 이야기들을 말해 줌으로써 데오빌로에게 용기를 주려는 결의에 차 있다. 오순절에 삼천 명이 세례를 받았다. 21장까지에서 예루살렘의 장로들은 당시 유대인 수만 명이 예수를 믿는다고 보고할 수 있었다(21 : 20). 빌립(Philip)은 마술사 시몬(Simon Magus)보다 능력이 우월했었다(8 : 9-13). 바울은 마법사 엘루마(Elymas)를 패배시켰다(13 : 6-12). 성공의 이야기들은-핍박받고 의기소침한 교회가 들을 필요가 있는 이야기들은-사도행전에 많다.

이 세상이 종종 복음과 그 증인들에게 푸대접을 하는 장소이긴 하지만 참된 개종은 가능하다. 세상에 알려지지 않은 그 능력을 증거하는 제자들은 세상에 있어야 한다. 세계가 빛의 자녀와 어두움의 자녀로 극단적으로 단순하게 나누어져 있는 모습은 누가의 사도행전에서는 발견되지 않는다. 개종자들은 놀랍게 생겨난다. 그 누구에게도 소망은 있다. 바울은 지금은 복음을 로마로 옮겨가고 있으나 한때는 하나님의 무시무시한 원수였다. 그 구스인(Ethiopian)은 외인이었다. 고넬료는 외국인이었다. 성령께서 활동하시는데 누가 이 복음을 무효하게 할 수 있겠는가? 이 증인들을 잠잠하게 하고자 했던 고등 법정의 일원이었던 가말리엘(Gamaliel)은 말했다. "이 사람들을 상관 말고 버려두라. 이 사상과 이 소행이 사람에게로서 났으면 무너질 것이요, 만일 하나님께로서 났으면 너희가 저희를 무너뜨릴 수 없겠고"(5 : 38 – 39). 미래는 이 도(道)의 것이다.

어떤 사람들이 그렇게 하듯이(D. L. Tiede, pp. 139 – 140), 누가의 사도행전을 '승리주의적'(triumphalistic)이라고 부른다면 – 생명을 걸고 싸우는 핍박받는 소수인 – 누가가 의도하는 청중을 무시하는 것이 된다. 사도행전의 밑바탕에 숨어 있는 낙관주의가 수세대의 그리스도인들에 의해서, 때로는 승리주의자식(勝利主義者式, triumphalist fashion)으로 남용되었다. 그러나 그것은 누가의 의도가 아니다. 누가의 관심은 데오빌로와 그의 교회 – 희망을 잃을 위험에 처한 작은 무리의 겁에 질린 신자들에게 있다. 잘난 체하고 자만하며 문화에 동화된 교회는 사도행전을 쉽게 이해할 수 없다.

오늘의 미국 교회는 지배적 문화의 변방으로 밀려나 있고 이전의 지지자들과 사회적 버팀목으로부터 단절되어 있는 자신을 보고 있다. 그리하여 사도행전에 있는 격려의 말씀들은, 우리의 더욱 '성공적인' 날들을 보냈던 그리스도인들이 알지 못하는 용기를 줄 것이다. '승리주의자'의 복음은 '성공적인' 교회들에게는 위험스러운 유혹이 되겠지만 핍박받고 억압당하는 주님의 사람들을 위해서는 적절한 용기를 주는 샘(泉)이다.

당신과 나는 사도행전의 이야기가 계속되는 가운데서 살아간다. 사도행전은 죽음으로 문이 닫혀 버리지 않고, 일하고 증거하기 위하여 여전히 열려 있는 채로, 자기 나름대로의 생각을 자유롭게 말할 수 있는 식(式)으로 끝나야 한다. 왜냐하면 성령은 여전히 활동하고 계시기 때문이다. 누가는 단순히 역사를 쓰고 있지 않다. 그는 성령, 당신과 나 같은 사람들 속에서 구체적으로 역사하시는 성령의 이야기를 쓰고 있다. 데오빌로의 교회는 "주께서 이스라엘 나라를 회복하심이 이때니이까?"(1 : 6)라고 물었다. 언제 그 이야기가 끝나게 되고 모든 약속들은 성취될까? 언제 우리는 하나님의 은혜를 온전히 받게 될까? 제자들이 일으킨 기적들 속에서 우리가 보게 되는 그 능력은 우리와 영원히 함께할까?(28 : 30) 누가는 그 이야기가 계속된다는 사실 외에 아무런 대답도 주지 않는다. 우리가 언제나 그랬듯이, 이 세상에서 잠깐 동안 살아가면서, 교회는 할 일이 있다. 성령께서 이 세상에서 활동하시는 동안 우리는 하늘을 우러러 바라볼 필요가 없다(1 : 11). 교회가 해야 하는 세계 선교의 기간은 지금이다. 이 땅 위에서 무슨 일이 일어났었는지를 알려 줄 시간은 아직도 있다. 우리는 미래와 맞섬에 있어서 움추릴 필요가 없고, 어떤 격변하는 원자력에 의한 종말을 무서워할 필요가 없다. 환난이 있을 것이다. 그리고 그 환난의 어떤 것은 온통 거기에 미쳐 버린 우리의 과학기술의 수중에 있기도 할 것이다. 제자들에게는 언제나 환난이 있었다－세상의 다른 사람들이 매우 평화롭고 안전함을 느끼고 있는 그때에도! 믿는 자들로서 우리의 안전은, 그 안전이 언제나 그러했듯이, 과학기술이나 초능력의 무기에 의한 인류 발전의 낙관적 성취에 있지 않다. 우리의 희망은 사랑과 능력을 베푸시는 하나님의 손안에 있다. 이 사실을 알게 될 때, 핵(核)으로 인한 심리적 마비나 미래에 대한 공포가 많은 사람들을 절망적인 침묵 속에 세워 두는 때에라도, 우리는 입을 열어 말할 수가 있게 된다. 오순절 이래 그 무엇도 하나님의 신실한 증인들의 혀를 잠잠케 할 수 없었다. 그 이야기는 당신의 교회와 나의 교회 안에서 계속되고 있다.

누가복음 24 : 47과 사도행전 1 : 8의 명령은 신실함을 계속하고, 복음을 거침없이(unhindered, 28 : 31) 선포하는 오늘의 증인들을 위해 여전히 효력을 지닌다. 바울은 시저의 사슬에 매여 있어도 금하는 사람이 없이 증거를 계속했다. 바울이 제국에 의하여 죽임을 당했을 때에도 복음은 데오빌로의 교회 안에서 금하는 사람이 없이 계속되었다. 이제 누가가 데오빌로에게 본서를 써 보낸지 거의 2천년이 된다. 사도행전은 우리들로 하여금 생각하게 한다. 배척, 핍박, 방해, 그리고 우리들 자신의 무기력이나 비겁에도 불구하고, 복음선포는 하나님의 은혜로 금하는 사람이 없이 이 세상의 저 끝까지 계속되고 있음을 생각하게 한다.

참고문헌

1. 더 읽어야 할 책

BRUCE, F. F. *The Book of Acts*(Grand Rapids : Wm. B. Eerdmans, 1956).

DIBELIUS, MARTIN. *Studies in the Acts of the Apostles,* translated by M. Ling(New York : Scribner's, 1956).

JUEL, DONALD. *Luke−Acts : The Promise of History*(Atlanta : John Knox Press, 1983).

KRODEL, GERHARD. *Acts*(Philadelphia : Fortress Press, 1981).

O'NEILL, J. C. *The Theology of Acts in Its Historical Setting*(London S.P.C.K., 1961).

TALBERT, CHARLES H. *Luke−Acts : Perspectives from the Society of Biblical Literature Seminar*(New York : Crossroad, 1984).

2. 인용한 문헌

ADAM, ADOLF. *The Liturgical Year*(New York : Pueblo Publishing, 1981).

BAUR, F. C. *Paul, the Apostle of Jesus Christ, His Life and Work, His Epistles and His Doctrine*(London/ Edinburgh : Williams and Norgate, 1873−1875).

BECKER, ERNEST. *The Denial of Death*(New York : Free Press. 1973).

BERGER, PETER and THOMAS LUCKMANN. *The Social Construction of Reality : A Treatise on the Sociology of Knowledge*(Garden City, N.Y. : Doubleday & Co., 1966).

CADBURY, H. J. *The Book of Acts in History*(London : Black, 1955).

CAIRD, G. B. *The Gospel of St. Luke*(Philadelphia : Westminster Press, 1963).

CONZELMANN, HANS. *The Theology of St. Luke*(Die Mitte der Zeit[1953]), translated by Geoffrey Buswell(New York : Harper and Row, 1960).

CULLMANN, OSCAR. *Baptism in the New Testament*(London : S.C.M. Press, Ltd., 1950).

DIDACHE, THE. *Teaching of the Twelve Apostles,* ANCIENT CHRISTIAN WRITERS, translated James A. Kleist(Westminster, Md. : Newman Press, 1948).

DODD, C. H. *The Apostolic Preaching and Its Development*(New York : Harper and Row, 1937).

EUSEBIUS. *Historia Ecclesiastica*(New York : G. P. Putnam's Sons, 1926 – 1938).

FARLEY, E. *Ecclesial Man : A Social Phenominology of Faith and Reality*(Philadelphia : Fortress Press, 1975).

FIORENZA, ELISABETH SCHUESSLER. *In Memory of Her : A Feminist Theological Reconstruction of Christian Origins*(New York : Crossroad, 1983).

FREND, W.H.C. *Martyrdom and Persecution in the Early Church : A Study of a Conflict from the Maccabees to Donatus*(Oxford : Blackwell, 1965).

GAVENTA, BEVERLY R. *From Darkness to Light : Aspects of Conversion in the New Testament*(Philadelphia : Fortress Press, 1986).

HAENCHEN, ERNST. *The Acts of the Apostles,* translated from the 14th

German edition(1965) by Bernard Noble and Gerald Shinn. Translation updated and revised by R. McL. Wilson(Philadelphia : The Westminster Press, 1971).

HARNACK, ADOLPH. *Luke the Physician,* NEW TESTAMENT STUDIES, I(New York : Putnam, 1907).

HAUERWAS, STANLEY. *Vision and Virtue : Essays in Christian Ethical Reflection*(Notre Dame : Fides Publishers, 1974).

_______ . "On Taking Religion Seriously : The Challenge of Jonestown," *Against the Nations : War. and Survival in a Liberal Society* (Minneapolis : Winston Press, 1985).

HENGEL, MARTIN. *Acts and the History of the Earliest Christianity*, translated by John Bowden(Philadelphia : Fortress Press, 1979).

JEREMIAS, JOACHIM. *The Eucharistic Words of Jesus*(Philadelphia : Fortress Press, 1977).

JERVELL, JACOB. *Luke and the People of God : A New Look at Luke–Acts*(Minneapolis : Augsburg Publishing House, 1972).

JOSEPHUS. *Antiquities*(New York : Putnam' s Sons, 1926–1943).

JUEL, DONALD. See 1. For further study, above.

JUSTIN MARTYR. I *Apology*(New York : Christian Heritage, 1949), 14 : 2–3.

KELSEY, DAVID H. *The Uses of Scripture in Recent Theology* (Philadelphia : Fortress Press, 1975).

KUENG, HANS. *The Church*(Garden City, N.Y. : Doubleday & Co., 1976).

MEEKS, WAYNE A. *The First Urban Christians : The Social World of the Apostle Paul* (New Haven : Yale University Press, 1983).

MOL, HANS J. *Identity and the Sacred*(New York : Free Press, Division of The Macmillan Publishing Co., 1977).

MOULE, C.F.D. "The Christology of Acts," in Leander Keck and J. L, Martyn, editors, *Studies in Luke–Acts*(Nashville : Abingdon Press, 1966).

MUNCK, JOHANNES. *The Acts of the Apostles*(Garden City, N.Y. : Doubleday & Co., Inc., 1967).

NEUHAUS, RICHARD JOHN. *Freedom for Ministry*(San Francisco : Harper and Row, 1979).

O' CONNOR, FLANNERY. *The Habit of Being, Sally Fitzgerald*, editor(New York : Vintage Books, 1979).

SANDERS, E. P. *Paul and Palestinian Judaism*(Philadelphia : Fortress Press, 1977).

SNOWDEN, F. M., Jr. *Blacks in Antiquity*(Cambridge : Harvard University Press, 1970).

STAGG, FRANK. *The Book of Acts : The Early Struggle for an Unhindered Gospel*(Nashville : Broadman Press, 1955).

_______. "The Purpose and Message of Acts," *Review and Expositor*, XLIV(Jan. 1947), pp. 3 – 21.

STEINMETZ, DAVID. "Reformation and Conversion," *Theology Today*, 35(1978), pp. 25 – 32.

TALBERT, CHARLES H. *Acts*(Atlanta : John Knox Press, 1984).

_______. *Luke and the Gnostics*(Nashville : Abingdon Press, 1966).

TIEDE, DAVID L. *Prophecy and History in Luke – Acts*(Philadelphia : Fortress Press, 1980).

TRACY, DAVID. *The Analogical Imagination : Christian Theology and the Culture of Pluralism*(New York : Crossroad, 1981).

WALLIS, JIM. *Call to Conversion*(New York : Harper and Row, 1982).